智库 I

大国前途

于　今◎主编
成思危　吴敬琏　厉以宁　李君如◎等著

中央编译出版社
Central Compilation & Translation Press

共同关注国家前途

每个人都关注自己的前途,国家同样也要关注前途。习近平主席曾在不同场合多次提及国家前途问题:"宪法与国家前途、人民命运息息相关。""青年一代有理想、有担当,国家就有前途,民族就有希望,实现中华民族伟大复兴就有源源不断的强大力量。""确立价值观'最大公约数',关乎国家前途命运。""中国人民关注自己国家的前途,也关注世界的前途。"实现中国梦是他对国家前途的完整表述:"在新的历史时期,中国梦的本质是国家富强、民族振兴、人民幸福。我们的奋斗目标是,到2020年国内生产总值和城乡居民人均收入在2010年基础上翻一番,全面建成小康社会。到本世纪中叶,建成富强民主文明和谐的社会主义现代化国家,实现中华民族伟大复兴的中国梦。"以习近平同志为总书记的中央领导集体已经形成了完整的关于国家前途的施政纲领。

本书汇集国内顶尖学者对国家前途的关注和探讨,从政治改革到国家安全,从经济新常态到民生建设,从多方面对中国国家前途进行分析。他们以深入浅出的理论功底,分析社会转型过程中的重大问题,明辨国家发展的战略方向,提出切实可行的实践建议,令读者豁然开朗,对国家的前途充满了信心。

国家前途系于全面深化改革。调整计划生育政策在增加未来劳动年龄人口；城乡养老并轨为人们提供了"老有所养"的制度保障；考试招生制度改革着眼于促进教育公平、科学选才；铁腕反腐，刮骨疗伤……随着涉及人民群众切身利益的改革举措不断推出，人们越来越真切地感受到个人命运与国家前途紧紧相连，在全面深化改革的时代浪潮中一起分享改革发展的成果。全面深化改革，承载着中华民族伟大复兴的光荣与梦想，关系着党和国家的前途与命运。十八届三中全会指出，全面深化改革的核心问题，是如何处理政府与市场的关系。关键是如何正确理解并履行政府职能。成思危先生认为："从历史和现实的角度看来，在任何时候，政府这只看得见的手和市场这只看不见的手都要发挥作用，这里有一个度的把握问题。如果把握好了这个度，就能够实现1+1大于2的结果。如果政府对市场的干涉过度，那市场就会丧失效率，政府的公信力也会受到影响。因为市场的力量不是靠政府一个命令就能抑制的，如果政府宣布了某个目标但又没有做到，政府的公信力肯定会受到影响。所以研究政府和市场的关系问题，实际上最重要的是要研究这个度的把握问题。"当然，全面深化改革并不止于此，它是一项复杂的系统工程，充满着挑战和风险，用什么样的原则来规范改革、什么样的标准来衡量改革？需要社会科学进一步探讨。

国家前途系于国家安全。"安而不忘危，存而不忘亡，治而不忘乱。"国家安全是国家前途命运的基础。没有国家安全，国家前途就无从谈起。2014年4月15日，习近平主席主持召开中央国家安全委员会第一次会议。他强调，国家安全是推进国家治理体系和治理能力现代化、实现国家长治久安的迫切要求，是全面建成小康社会、实现中华民族伟大复兴中国梦的重要保障。当前，要准确把握国家安全形势变化的新特点新趋势，坚持总体国家安全观，以人民安全为宗旨，以政治安全为根本，以经济安全为基础，以军事、文化、社会安全为保障，以促进国际安全为依托，走出一条中国特色国家安全道路。在五大安全问题中，人民安全被放在第一位，而其他几方面的安全问题则相应并列，显示了中央将民众安全视为最重要的问题。贯彻落实总体国家安全观，既要重视外部安全，又要重视内部安全；既要重视国土安全，又要重视国民安全；既要重视传统安全，又要重视非传统安全；既要重视发展问题，又要重视安全问题；既要重视自身安全，又要重视共同安全。总之，总体国家安全观是大安全时代的一种国家安全大思路，深刻揭示了当代国家安全和国家安全工作的全面性、整体性和系统性。它的提出既体现了新一届领导集体与时俱进的改革精神，也为国家前途的美好未来保驾护航。展望未来的中国，国家安全强盛、民族振兴发达、人民富裕幸福！

国家前途系于民生建设。民生连着民心，民心关系国运。民生问题是中国改革最大的问题，解决民生问题是最大的政治，改善民生是最大政绩。正如习近平主席所说："我们党和政府做一切工作出发点、落脚点都是让人民过上好日子。"将国家前途落脚在民生建设，落脚在所有人的共同发展上，国家前途定能以稳健有力的步伐予以实现。从"贫穷不是社会主义"到"共同富裕"，从"发展是硬道理"到"全面建成小康社会"，几十年来，发展经济，改善民生，始终是党和政府最重要的工作。面向未来，"我们的人民热爱生活，期盼有更好的教育、更稳定的工作、更满意的收入、更可靠的社会保障、更高水平的医疗卫生服务、更舒适的居住条件、更优美的环境，期盼着孩子们能成长得更好、工作得更好、生活得更好"。民生改善"没有最好，只有更好"。民生改善是一项长期的、系统的、艰巨的、复杂的工程。正如习近平主席所强调的："保障和改善民生是一项长期工作，没有终点站，只有连续不断的新起点。"党和政府要通过坚持不懈的努力，拓展民生工作的内涵与外延。这种着眼于人的全面发展的"大民生"观，让亿万人民逐步共享发展成果，让亿万人民充满了对国家前途的信心。

国家前途系于社会善治。中国是一个典型的转型社会。国家的经济发展取得了令世人称奇的奇迹。但是，国家的治理体系却还处在旧有动员式氛围里，这是一种明显有碍于国家持续发展的情形。因此，理顺国家与社会的关系，划分清楚国家、市场与社会的边界，实现三者各自的善治，推进国家进入总体的善治状态，事关国家前途命运。善治的社会，一定为善治的国家提供优良的社会土壤；善治的国家，也一定会为善治的社会供给优良的法治和积极的政策。这是一种值得所有现代国家追求的社会治理状态，也是值得它们在现实中矫正治理失当、改进治理状态时应注重的治理基准。从统治到治理，是国家发展的一个结构性转变；而从治理跃升到善治，则是国家发展需要努力追求的目标。而要实现中国社会的善治，前提条件就是国家释放社会。国家腾出社会空间，致力治理好那些属于国家权力领域的事务，社会公众以自主自治的方式治理好社会的事务。国家与社会，除开以法律和政策供给的方式发生关联以外，必须被区隔为两个互不干扰的领域，让它们各自沿循法治和自治的轨道，有效地运行起来。

个人前途与国家前途紧密相连。每个人既要关注个人前途，也要关注国家前途。国家前途美好，每个人才能获得幸福而又尊严。正如习近平主席在2015年新年贺词中所说："我们正在从事的事业是伟大的，坚忍不拔才能胜利，半途而废必将一事无成。我们的蓝图是宏伟的，我们的奋斗必将是艰巨的。全党全国各族人民要团结一心，集思广益用好机遇，众志成城应对挑战，立行立改破解难题，奋发有为进行创新，让国家发展和人民生活一年比一年好。"

编者写于2015年1月22日美国访问期间

目录

第一编　国家前途与国家政治

习近平的治国使命与中国未来的转型发展……………汪玉凯　002

国家治理体系现代化是"第五个现代化"…………施芝鸿　010

充分发挥人民政协在社会主义民主政治建设中的重要作用

………………………………………………李君如　015

中国农业发展形势及面临的挑战………………………陈锡文　019

破解《旧制度与大革命》之问……………………………胡德平　041

第二编　国家前途与全面深化改革

需要我们重视的几个改革议题…………………………张卓元　060

建设符合市场化改革方向的服务型政府

——兼谈不要误解了行政审批改革……………卢中原　065

正确处理政府与市场的关系……………………… 成思危 070
我国转型改革的总体趋势……………………… 迟福林 077
政治体制改革的共识、目标与路径选择………… 周瑞金 084
实现法治化市场经济需要哪些改革……………… 李曙光 092
新型智库为深化改革提供动力支持……………… 于 今 098

第三编 国家前途与国家安全

中国国家安全环境策析…………………………… 林宏宇 104
以"和平的多边主义"争取可持续安全…………… 刘江永 114
国际格局转变与中国外交转型…………………… 崔立如 133
新丝绸之路:做什么、怎么做?…………………… 郑永年 144
中国—中东欧国家关系中需要注意的问题和几点建议
……………………………………………………… 朱晓中 150

中国特色外交的新常态 ················· 赵 磊 155

第四编　国家前途与经济新常态

深刻认识我国经济发展新趋势
　　——深入学习贯彻习近平同志关于经济发展新常态
　　　的主要论述 ················· 易 纲 166
分析当前中国经济形势和全面阐述新常态 ········· 厉以宁 172
如何在中国经济新常态下致胜下一个十年
　　················· 吴敬琏 178
新常态下的财政政策：思路与方向 ············ 贾 康 182
向新常态平稳过渡的对策 ················ 李佐军 189

目录

第五编 国家前途与社会民生

读懂中国经济数据……………………………王小鲁 196

粮食金融化挑战中国粮食安全………………温铁军 212

维护中国能源安全的战略分析………………赵景芳 217

不安来自何方…………………………………柳传志 227

我国食品安全面临的挑战与选择………徐 雪 宋洪远 233

第一编
国家前途与国家政治

习近平的治国使命与中国未来的转型发展

汪玉凯[*]

中共十八大以来,中国发生了一系列重要变化。这种变化不仅体现在中央强力反腐、通过整顿官场转变作风等,更重要的是通过中共的两次全会相继制定了全面深化改革的顶层设计方案和全面推进依法治国的重大战略。按照习近平的话说,这是姊妹篇、上下篇。如何看待十八大后中国所发生这些变化,这些变化与习近平的治国理念、治国使命以及中国社会的现实有什么内在联系,习近平治国使命实现的关键节点在哪里?所有这些都值得我们高度关注和深入思考。

一 习近平的治国理念与治国使命

如果从更理性的角度来观察,笔者认为习近平上任后,在治国理政方面不是零敲碎打,也不是修修补补,而是体现出鲜明的"三整"特征,即:整体思维、整体谋划和整

---

[*] 汪玉凯,中国行政体制改革研究会副会长,国家行政学院教授、博士生导师。

体战略。

在上述思维框架下，集中反映出他的四个特色鲜明的执政理念，这就是铁腕治国、俯首为民、公平正义和独行独立。

从铁腕治国来看，十八大后中央相继出台的一系列铁腕反腐举措，不到两年拿下56位部级及以上官员，包括周永康这样的正国级"大老虎"、徐才厚这样的"军老虎"，使人们看到"零容忍"绝不是一个简单的说辞。从俯首为民来看，以维护人民的利益作为最高标准集中体现了习近平的以民为本的理念和价值导向，诸如"只要人民追求的，就是我们奋斗的目标"，"要让每一个中国人都能实现自己的梦"，"要让每一个司法审判案件能使每一个中国人都能感受到公平公正"等，其思想深处的亲民为民的情怀溢于言表。正像鲁迅先生当年所说的"横眉冷对千夫指，俯首甘为孺子牛"。从公平正义看，不管在全面深化改革的决定中，还是全面推进依法治国的战略中，都把制度公平、机会公平以及规则公平放在突出位置，在他看来这是中国社会长治久安的基石。从独行独立看，他反复强调"不照抄、不照办"，决心要走出一条实现中国梦和中华民族伟大复兴的中国自己独特的发展道路。

习近平治国理念隐含着宏大的治国使命，这种治国使命可以高度概括为"五个重塑、重建或重构"方面，即重塑中共的执政形象、重建中国的官场、重构中国的秩序、重构中国的价值、重构中国的发展方式。

第一，重塑中共的执政形象。重塑形象最核心的莫过于要提升老百姓对中共领导地位的认知度，提升公众对中共执政地位合法性的心理支持度。而这两者，并不等于中共有了领导权、有了程序上的合法就能自然而然得到的。这一点对中共未来的执政和领导都至关重要。从这个意义上说，习近平的重要使命，就是要大大提高中共执政和领导的社会认同度和心理上的支持度，让民众心悦诚服，进一步改善执政党与民众的关系。

第二，重建中国的官场。无须讳言，近年来中国的官场确实出现了很多严重的问题，如买官卖官、权钱交易等，对社会风气起到了非常坏的破坏影响。在习近平看来，中国社会风气败坏，首先是因为中国官场风气败坏以后带坏的,要改变中国社会风气,首先必须矫正中国的官场风气。而十八大提出的"干部清正、政府清廉、政治清明"也许是最好的重塑官场的"猛药"。换句话说,只有我们的710多万党政公务人员每个人能够清正,才可能有政府清廉;而干部清正、政府清廉无疑又是政治清明的前提和条件。

第三,重构秩序。应该说,党的十八届四中全会制定的全面推进依法治国战略,为重构中国秩序提供了一个前所未有的路线图。其内在逻辑是:通过依法治国、依法执政、依法行政,构建中国的法治国家、法治政府、法治社会。在笔者看来,习近平在重构秩序中把维护以宪法为核心的法律权威放在了首位,这充分说明他对宪法的敬畏和尊重。其核心是,中共可以领导制定宪法和法律,但中共也必须在宪法和法律范围内活动,任何违反宪法和法律的行为都要得到追究。

第四,重构价值。重新构建中国的价值体系,不是说对过去的都要推翻重来,而是要解决中国社会长期存在的价值荒漠化以及价值紊乱的问题。这也许是中国真正的风险和危机,即信仰危机。习近平上任后做的第一个大判断是"腐败亡党亡国",所以他强力反腐,既打老虎又打苍蝇。后来他又做了第二个大判断,即"人心向背,决定执政党的生死存亡",这也许更加接近问题的本质。而中共十八大后提出二十四字社会主义核心价值观,试图以此为引领,重构中国的价值。如果取得实质性进展,意义深远。

第五,重构中国的发展方式。中国的发展取得的成就有目共睹,但中国传统的发展方式走到尽头大家也心知肚明。在胡温执政时期提出的转变发展方式的大框架下,新一届政府不断完善发展方式的战略部署,使之尽快取得成效。其中最令人鼓舞的,就是提出"市场决定论",并按照这一思路重构政府与市场、政府与社会的关系,这对未来中国经济的平稳健康发展无疑具有战略意义。

与习近平治国理念和治国使命相对应的是他的治国策略:一是"严党、严军,反贪、治吏"并重。十八大后,中共不断采取重大举措从严治党、从严治军,对贪腐采取高压举措绝不手软,重拳出击治理官场,在党内、军内、官场掀起巨浪。二是"法治、德治并行"。如党的十八届四中全会破天荒地专门研究依法治国的问题,并制定出全面推进依法治国的路线图。与此同时,习近平也十分重视以德治国的实施。在选拔人才时,强调要德才兼备、以德为先。三是"传统和现代融合"。在十八届三中全会上制定出的全面改革路线图里,把完善和发展中国特色社会主义制度、全面推进国家治理体系和治理能力现代化,作为二次改革的大目标,足以说明他所具有的现代治理的价值和理念。但同时,他又不断在中国深厚的传统文化中寻找治国理政的精华,使之与现代国家治理理念融合,如中国历史上的"修身齐家治国平天下"、儒家文化中的仁、义、礼、信、智等,都被他高度推崇,并将之运用于治国的实践之中。

二 习近平治国使命的现实基础

习近平之所以在中国改革开放经历三十多年后的"二次改革"中确立上述治国使命,同样值得我们回味和思考。笔者以为,这应该与中国社会的现实息息相关。当下中国社会的最大现实是:一方面中国改革发展取得了举世瞩目的成就,另一方面中国社会也面临着一系列严重的风险和挑战。从前者看,两个数据足以证明中国改革开放的巨大成就:第一,1978年中国改革开放起步那一年,中国人均GDP还不到非洲最穷国家的三分之一,那时候中国真是世界上最穷的国家。然而,35年后的2013年中国人均GDP达到6700美元,中国整体上进入中等偏上收入国家的行列,这是一个历史性的剧变。第二,1978年至2013年的35年间,中国经济持续高增长,平均达到9.8%的增长速度。迄今为止,在人类历史上还没有如此大的一个经济体经济连续高增长35年的。从这个意义上说中国已经创造了奇迹。

但是我们也要清楚地看到,中国社会经济发展到今天,积累的问题也同样严重。而习近平治国的一个重要特点就是注重问题导向,不管是全面深化改革方案的制定,还是依法治国战略的推出,都是以问题为导向的。这些问题归纳起来,可以概括为四大风险:经济风险、社会风险、信任风险、政治风险。

从经济风险来看,主要有两个问题。其一,要转方式还是要保增长,这两者内在是有冲突的。大家看到十八大以后,我们提出了"稳增长、调结构、促改革、惠民生"的新"十二字方针"。但实施中的情况是:当经济下行压力大的时候,就突出稳增长,调结构肯定会受到影响;当经济增长压力不大的时候,可能突出调结构,但调结构可能对稳增长造成潜在影响。这说明协调两者并不容易。调结构的重要性毋庸置疑,因为我们面临"四个难以为继":低成本出口战略以金融危机爆发为标志难以为继;低端产业主导的经济结构难以为继;资源环境的传统使用方式难以为继;收入分配不公引发的社会问题使社会稳定的大局难以为继。这四个难以为继,说明中国经济转方式非常紧迫。但从2013年开始,中国的经济下行压力越来越大,在这样一种环境下,我们不得不再把稳增长放在非常重要的位置。中国经济下行压力大,究竟是中国经济高增长35年以后的理性回归,还是中国经济真的出现了大问题,看法不一。我认为中国经济目前没有大问题,但至少有四种隐忧:一是严重的房地产泡沫;二是地方债务风险,其中显性约有二十万亿,隐性更多;三是金融体系改革滞后导致影子银行作祟——一方面流动性泛滥,一方面银行缺钱,加大了金融体系的风险;四是产能过剩。因此,转方式、稳增长,这两者内在如何协调,克服冲突,对我们驾驭经济的能力是很大的挑战。

从社会风险来看,最大的问题是中国社会的整体利益格局被扭曲了。造成利益扭曲的原因很多,但在我看来主要有三:分配制度不合理,机会不均等,既得利益者兴风作浪。从分配制度不合理来看,中国35年的改革开放,城乡、贫富、行业、地区四大差距没有一个被缩小,都被放大了。这说明中国的分配制度肯定是出问题了。从机会不均等看,企业和企业发展不在同一竞争的起跑线上,国有企业很强势,很难解决腐败问题,民营企业相对弱势。另外人和人的发展没处在同一发展起跑线上,有权有势的子女游刃有余,要当官可以当官,要发财可以发财;草根小孩、农民小孩即使考到清华、北大一流大学,毕业以后也未必找到体面工作。有人说中国全面进入"拼爹时代",

这可能使社会阶层被固化，底层的人往上流动的空间越来越小，这就可能会诱发暴力。从既得利益者兴风作浪看，他们既掌握权力，又掌握资本，还掌握资源，三者叠加，控制相当多的中国财富，这是中国社会不稳定的根源。

从信任风险上来看，正如我前面所讲，中国问题说到底是一种严重的危机和信任风险。现在是网络时代，中国有6.3亿网民、有12亿手机用户，超过60%的网民都利用手机上网。这些年来出现的如此多的网络事件，多数都是冲着党政机构和官员去的，搞得不好，都可能引发党政公信力的下降。

从政治风险上来看，我们能不能通过反腐，遏制腐败的蔓延，不仅关系到腐败本身，甚至关系到老百姓能不能再次起来支持我们的二次改革。十八大以后，习近平本想尽快推进全面改革，但后来发现改革启动都很困难。所以改变策略，先打虎，后改革，通过打老虎，特别是打大老虎，让老百姓看到希望，有了信心，这样才有可能支持我们的二次改革，这是中国改革成功的前提。通过上述分析，我们可以清晰地看到，习近平的治国理念、治国使命、治国策略是建立这样的社会现实基础之上的。

三 化解改革阻力，防止出现颠覆性错误，是习近平实现治国使命的重要条件

面对中国改革发展的新形势，习近平要能够顺利实现其宏伟的治国使命，关键可能涉及两个问题：一个是要有足够的勇气和胆略化解改革的阻力；另一个是要防止出现颠覆性错误。

就化解改革的阻力而言，笔者认为在目前中国的环境下，最大的阻力可能来自两个方面：一是既得利益者，二是政府自身。

从既得利益的阻力来看，笔者曾经在中共的十八大以前写过一篇文章，认为"二次改革"的最大的风险可能来自于既得利益者。既得利益者就是通过非公平竞争的手段和方式，借助公权力和政策资源，获取巨额利益的相关体。既得利益的形态从目前中国的实际状况看，主要可以归为三类：以贪腐

官员为代表的权贵既得利益者，以垄断为代表的垄断既得利益者，以房地产和资源行业为代表的地产、资源既得利益者。这三大既得利益者既掌握权力，又掌握资本，还掌握资源。而那些借助权力影响力，主要靠子女、配偶等在市场上进行灰色资本的运作并购，一夜之间就可能获取巨额暴利的灰色权力、灰色资本、灰色暴力，则是更大的腐败。周永康案在一定意义上把上述"三灰理论"演绎得淋漓尽致。

既得利益者的最大危害在于激化三种冲突，即官民冲突、劳资冲突和贫富冲突。这三种冲突后面都会看到既得利益者的影子。所以李克强上任后，做的第一大判断，就是动利益比动灵魂都难。习近平多次讲要以更大的勇气和决心排除利益固化的藩篱。在党的群众路线教育总结大会上，习近平第一次使用了"利益集团"四个字，说党内团团伙伙，拉帮结派，利益集团相互输送利益。所以我们说二次改革最大的风险就是来自于既得利益者。如果说中国的一次改革我们主要是和贫穷作战，那么中国的二次改革将主要和既得利益者作战，这是第一种阻力。

第二种阻力极可能来自于政府。政府阻力有可能来自于三个方面：观念阻力、行政审批改革阻力和部门利益阻力。从观念来讲，我们很多官员习惯于以权治国，而不习惯于依法治国。法治政府的核心是治公权的，是治政府的。法律不授权，政府无职权，所以叫法无授权不可为，法定责任必须为，这是对法治政府的基本含义。但是我们很多官员缺少这样的法治思维、缺少法治精神、缺少法治意识。

至于行政审批的阻力，李克强总理上任以后，他说五年内要把国务院的1700多项行政审批事项减少三分之一，但是李克强干了不到两年，就减少了620多项，远远超过原定任务。对于改革成就的大小，我认为还不能评价过高，毕竟国务院的行政审批改革仍未改变部门主导的格局，真正伤筋动骨的不容易精简下放。

与此相联系的，就是部门利益的阻力。权力部门化、部门利益化、部门利益个人化、个人利益被法定化并不少见。过去中国的经济市场化了，社会市场化了，最不该市场化的权力，在一些地方也被市场化了。部门利益权力成为牟利的工具、牟利的手段。从这个意义上说，抑制部门的难度不可低估。

除了化解改革的阻力，习近平治国使命的实现，还要最大限度地防止出现颠覆性错误。我们注意到，十八大后，习近平多次讲到要防止出现颠覆性错误。那么究竟什么是颠覆性错误呢？我以为"文革"就是颠覆性错误，20世纪50年代的"大跃进"是颠覆性的错误，60年代初期"反右"是颠覆性错误，"文革"中的阶级斗争为纲、无产阶级专政下继续革命理论，也是颠覆性错误。所以我说未来中国的转型发展，实现国家治理现代化，实现习近平的治国使命，也要防止出现颠覆性错误。

如何避免颠覆性错误，我认为其核心有以下四点：

第一，要认真研究共产党如何利用好它的执政资源和领导资源。越是一党执政、越有领导地位，越是要审慎；控制的社会政治资源越多，越要防止由于掌握过多资源，出现战略性、全局性错误的发生。这些都是过去留给我们的经验和教训。

第二，要防止意识形态领域的沉渣再起，把中国再次拉到左的道路上。我这样说并非危言耸听、没有任何依据。种种迹象表明，现在的中国意识形态领域正左右交锋。如何把控这个局面，防止中国再次遭受左祸干扰、出现颠覆性错误是至关重要的。

第三，在行政性分权、经济性分权与政治相对集权并行的形态下，如何把握二者之间的平衡点，也是防止出现颠覆性错误的重要环节。

第四，在防止出现颠覆性错误的同时，还要大胆地创新，特别是围绕政治体制的变革进行大胆创新显得尤为紧迫。比如，在现行体制下如何通过改革顶层方案的设计，全面实施依法治国战略，构建一种共产党执政领导的、有效、有为的体制框架就很重要。在笔者看来，中共执政体制下中央和地方可以采取差异化的制度形式，关键要找到中央和地方的关键环节进行变革，不一定都要上下同构，这样也许更有利于国家长治久安，有利于国家治理现代化。

——《中国智库》（总第 12 辑）2015 年第一期

国家治理体系现代化是"第五个现代化"

施芝鸿[*]

党的十八届三中全会明确提出,全面深化改革的总目标是完善和发展中国特色社会主义制度,推进国家治理体系和治理能力现代化。全面深化改革的总目标有哪些特点和亮点?如何推进国家治理体系和治理能力现代化?记者就此采访了全国政协社会和法制委员会副主任施芝鸿。

记者: 党内外、国内外高度关注党的十八届三中全会提出的全面深化改革的总目标。您认为确立全面深化改革总目标的意义是什么?

施芝鸿: 确立全面深化改革总目标的意义就在于,使全党全国人民都明确认识到:到2020年,在重要领域和关键环节改革上取得决定性成果,要朝着什么样的聚焦点、着力点去奋斗,从而心往一处想、劲往一处使,积小胜为大胜,确保改革攻坚战取得成功。

20世纪70年代末,我们党确立了以经济建设为中心,加快发展社会生产力,使国家摆脱贫穷落后状态,让社会

---

[*] 施芝鸿,全国政协社会和法制委员会副主任。

主义优越性在中国充分体现出来的改革目标。

80年代初，我们党在深刻反思的基础上，确立了走自己的路，建设有中国特色的社会主义，建设富强、民主、文明的社会主义现代化国家的改革目标。

90年代初，我们党提出了我国经济体制改革的目标是建立社会主义市场经济体制。这样，就更加明确了在中国特色社会主义这个改革总目标下的社会主义市场经济体制改革的具体目标，把改革开放推进到新阶段。

本世纪初召开的党的十六大，在十五大提出的党在社会主义初级阶段三大基本纲领基础上，明确提出了发展社会主义市场经济、社会主义民主政治和社会主义先进文化，促进社会主义物质文明、政治文明和精神文明协调发展，推进中华民族伟大复兴的改革目标。

党的十七大进一步把建设中国特色社会主义这个全面改革的总目标和三位一体的具体目标，扩展为包括社会主义和谐社会在内的四位一体。党的十八大又把这个目标进一步扩展为包括社会主义生态文明在内的五位一体。

这一切充分表明，我们党领导的改革不但是有方向、有立场、有原则的，而且始终是有明确的奋斗目标的。

记者：三中全会提出的全面深化改革的总目标有哪些特点和亮点？

施芝鸿：总目标的特点和亮点就在于：既简洁鲜明、鼓舞人心，又内涵深刻、层次鲜明。其中，包括两句话的改革目标总概括，就是完善和发展中国特色社会主义制度，推进国家治理体系和治理能力现代化；"三个性"的改革方法论，就是必须更加注重改革的系统性、整体性、协同性；五位一体的具体改革目标，就是加快发展社会主义市场经济、民主政治、先进文化、和谐社会、生态文明；"三个让"的改革根本目的，就是让一切劳动、知识、技术、管理、资本的活力竞相迸发，让一切创造社会财富的源泉充分涌流，让发展成果更多更公平地惠及全体人民。

设定这样的总目标，既高屋建瓴，又提纲挈领，指明了全面深化改革的前进方向，必将成为打胜这场改革攻坚战的决定性因素。

完善和发展中国特色社会主义制度，同推进国家治理体系和治理能力现代化是并行不悖的。

记者： 您谈到了"两句话的改革目标总概括"，这两句话的内在联系是什么？

施芝鸿： 全面深化改革总目标的这两句话，其内在逻辑是：我们党要善于运用不断完善的制度和法律治理国家，并把这些制度和法律转化为管理国家的效能，不断提高党科学执政、民主执政、依法执政水平。

我们党在长期实践中探索形成的中国特色社会主义制度，已被实践证明是唯一能够发展中国、发展社会主义、发展马克思主义的制度体系。我们应当不断增强对中国特色社会主义的道路自信、理论自信、制度自信。那种动辄就想抛开中国特色社会主义而另起炉灶的政治主张，就像鲁迅先生辛辣讽刺过的那样，"恰如用自己的手拔着自己的头发要离开地球一样"可笑。

我们强调"三个自信"，并不意味着中国特色社会主义的一些具体制度就不需要进一步完善了。党的十八届三中全会启动的全面深化改革攻坚战、全会《决定》提出的五位一体全面深化改革的具体目标和各项重大改革措施，都是聚焦于"以更大的政治勇气和智慧，不失时机深化重要领域改革，坚决破除一切妨碍科学发展的思想观念和体制机制弊端，构建系统完备、科学规范、运行有效的制度体系，使各方面制度更加成熟更加定型"的。全面深化改革中提出了许多突破性思路、创新性举措，可以预期，这必将根本改变我国目前多个领域产能过剩而多个领域制度供应匮乏的局面，有力推动中国特色社会主义制度的自我完善和发展。萌生和形成于全面改革过程中的中国特色社会主义，必将更加成熟、更加定型于全面深化改革之中。

完善和发展中国特色社会主义制度，同推进国家治理体系和治理能力现代化是并行不悖的。党的十八大要求全党同志"必须准备进行具有许多新的历史特点的伟大斗争"，这也对国家治理体系和治理能力现代化提出了新的更高要求。因此，我们既要下硬功夫去完善和发展中国特色社会主义制度，又要花大气力推进国家治理体系和治理能力现代化。

可以把推进国家治理体系和治理能力现代化，看成是工业、农业、国防、科技"四个现代化"之后的"第五个现代化"。

记者：您认为应该怎样理解国家治理体系和治理能力现代化？两者之间有什么内在联系？

施芝鸿：国家治理体系和治理能力，是一个国家的制度和制度执行能力的集中体现。国家治理体系是在我们党领导下管理国家的制度体系，包括经济、政治、文化、社会、生态文明和党的建设等各领域体制机制、法律法规安排，也就是一整套紧密相联、相互协调的国家制度。国家治理能力则是运用国家制度管理各方面事务的能力，包括改革发展稳定、内政外交国防、治党治国治军等各个方面。国家治理体系和治理能力是一个相辅相成的有机整体。有了好的国家治理体系，才能提高治理能力；提高了国家治理能力，才能充分发挥国家治理体系的效能。

国家治理体系现代化，既要靠制度，又要靠我们在国家治理上的高超能力，靠高素质干部队伍。从这个意义上，可以把推进国家治理体系和治理能力现代化，看成是我们党继提出工业、农业、国防、科技这"四个现代化"之后提出的"第五个现代化"。这表明，我们党和国家的治理体系和治理能力，正在不断朝着体现时代性、把握规律性、富于创造性的目标前进，正在不断深化对共产党执政规律、社会主义建设规律和人类社会发展规律的认识和运用。

全会《决定》把中国特色社会主义制度的成熟化、定型化提升到推进国家治理体系和治理能力现代化的高度，这不是偶然的。在全会《决定》中，现代化这个关键词共出现了21次之多。这是因为，现在，我们比历史上任何时期都更接近中华民族伟大复兴的目标，也比历史上任何时期都更接近建成社会主义现代化国家目标。所以，全会《决定》不但是以问题为导向，而且也是以国家治理现代化为指向的。

推进国家治理体系和治理能力现代化，必须通过多种信息化手段和智能化平台来辅助实现。本次全会《决定》提出："建立全社会房产、信用等基础数据统一平台，推进部门信息共享"，"完善收入分配调控体制机制和政策体系，建立个人收入和财产信息系统"等。这些举措也表明了信息化系统和平台将在现代国家治理和社会治理中发挥越来越大的作用。

记者："治理"同"管理"仅一字之差，如何理解其内涵的差别？

施芝鸿：国家治理体系、治理能力所强调的治理，同管理既有联系也有区别。管理一般指自上而下的纵向管理、垂直管理，并且管理主体单一，由此而来的横不到边、纵不到底的管理空白、管理漏洞甚多。而治理既包括各方面的科学管理，也包括法治、德治、自治、共治等内涵。治理在内涵上比管理更宽泛，参与共同治理的主体更多元。提出国家治理这个概念，有利于在中国共产党领导下，把国家对现代化建设各领域的有力有序有效管理，同各种范畴、各种层次、各种形式的多元治理相结合，做到国家治理、社会治理的全覆盖。

记者：如何推进国家治理体系和治理能力现代化？

施芝鸿：党的十八届三中全会《决定》部署的全面深化改革，从总目标、路线图到各项具体改革举措，都是从国家治理体系和治理能力现代化的总体角度考虑的。特别是《决定》关于"六个紧紧围绕"的全面深化改革路线图，实际上已为我们指明了推进国家治理体系和治理能力现代化的正确路径。这就是：推进资源配置更加市场化、实现效益最大化和效率最优化；推进党的领导、人民当家作主、依法治国有机统一和协商民主广泛多层制度化、实现国家治理法治化；推进社会主义核心价值体系更加深入人心、文化管理体制和文化生产经营机制更加开放化；推进社会基本公共服务更加均等化、社会治理更加有序化；推进环境治理、生态修复和生态文明建设制度化；推进党的建设制度更加科学化，等等。只要我们锲而不舍地朝着这些方向去努力，就一定能实现国家治理体系和治理能力现代化。

——《经济日报》2013年12月2日

充分发挥人民政协在社会主义民主政治建设中的重要作用

李君如[*]

我国正在推进的由传统的计划经济向社会主义市场经济转变的改革开放，不仅是一场经济体制的伟大变革，而且是一场社会利益关系和结构的巨大变动，已经使得并将进一步使得古老的中华民族，逐渐跻身于现代文明的先进行列。这种利益关系和结构的变动往哪一个方向发展，直接影响到十几亿中国人民的民生和国家现代化的前途。因此，加强民主法治，对于建立健全合理的利益协调机制，构建一个社会主义和谐社会，已经成为一个十分紧迫的任务。新年伊始，中共中央通过了《关于加强人民政协工作的意见》。这个重要文件的一个显著特点，是强调具有政治协商、民主监督、参政议政职能的人民政协，是我国政治生活中发扬社会主义民主的重要形式，要充分发挥人民政协在社会主义民主政治建设中的重要作用。我们作为政协委员，要认真履行时代赋予我们的这一历史使命。

---

[*] 李君如，原中央党校副校长。

第一，我们要充分认识人民政协在社会主义民主政治建设中的独特地位和作用。在民主政治问题上，国内外议论很多；我们要深化政治体制改革，完善社会主义民主，也有许多问题要进行深入的研究。但是，我们以往的做法，对于来自方方面面提出的此类问题，要么是避而不答；要么是讲一些空洞的大道理（比如社会主义民主在本质上要比资本主义民主广泛和优越），等等。在回答来自国内外的挑战中显得相当被动。出现这样的局面，有各种复杂的原因。其中之一，是我们在讨论这些问题的时候，许多人的头脑里有一个参照物，即西方式的选举民主。因此，要深化我们的政治体制改革，发展中国的民主政治，必须对这个思想"参照物"进行反思。我们注意到，20世纪90年代以来，西方一些有识之士如哈贝马斯已经指出这种自由主义民主理论的弊端，他们认为西方式选举民主是富人主导的政治游戏，对于大多数没有金钱实力的公民来讲，只有投票权利上的平等，而没有参与集体决策的平等；对于多元社会中广泛而深刻地存在的道德争端，也常常显得无能为力。联系我们中国的文化传统来思考，这种民主实行的"一朝天子一朝臣"的做法同中国人长期形成的"选贤任能"理念也是冲突的。西方一些有识之士主张，通过发展协商民主（deliberative democracy）来弥补选举民主及其多数决原则的不足。而我们的民主政治，从人民代表大会制度来讲，实行的主要是选举民主；从人民政协制度来讲，实行的主要是协商民主，这种民主形式的突出优点是能够在选举前和选举后保证来自各界的政协委员都能平等地参与公共政策的制定过程，自由地表达自己的意见，包括对道德问题提供协商的空间，在理性的讨论和协商中作出大家都能接受的决策。也就是说，我国的民主制度是"选举＋协商"的民主制度，它有其独特的优点。中共中央在《关于加强人民政协工作的意见》中明确指出："人民通过选举、投票行使权利和人民内部各方面在重大决策之前进行充分协商，尽可能就共同性问题取得一致意见，是我国社会主义民主的两种重要形式。"人民政协就是我国实行协商民主的主渠道和主要形式。我们应该充分重视人民政协在社会主义民主政治建设中发挥的这种独特的作用和贡献。

第二，我们应该在协商民主的框架内完善人民政协的民主机制。既然人民政协是我国实行协商民主的主渠道和主要形式，在社会主义民主政治建设中发挥着独特的作用，我们就应该义不容辞地承担起这一使命。在对人民政协的历史和理论研究中，我们可以看到，人民政协具有统一战线、多党合作、政治协商、民主监督、参政议政等多种政治功能，这都是由历史造就和形成的。从历史来看，人民政协最初是中国共产党领导的统一战线组织。全国人民代表大会召开以后，人民政协既不同于全国人民代表大会，也不是代议制的上院（参议院）这样的国家权力机构，而是中国共产党领导的多党合作和政治协商制度的重要机构。改革开放以来，人民政协进一步突出了政治协商、民主监督、参政议政这三大主要职能和团结、民主两大主题，已经发展成为具有广泛代表性的政协委员平等地参与的协商民主的重要形式。也就是说，参加人民政协的既有各党派，又有社会各界别人士，还有各少数民族和台湾同胞、港澳同胞、归国侨胞的代表以及特别邀请人士，这是具有广泛代表性的协商民主形式。中共中央《关于加强人民政协工作的意见》一个重要精神，就是按照推进政治协商、民主监督、参政议政的制度化、规范化、程序化的要求，对于如何更好地发挥各民主党派和无党派人士的作用，对于如何更好地调动各界别参政议政的积极性，作了比较具体的系统的规定。我们这样从中国的实际情况出发，把人民政协的多种政治功能整合到协商民主的框架内，一定能够进一步提高人民政协在中国特色社会主义民主中的地位和作用。

第三，我们应该认识到人民政协承担的协商民主任务，就其实质而言，就是要做到公民有序的政治参与。我们的民主政治是坚持党的领导、人民当家作主和依法治国相统一民主制度。因此，在把协商民主与选举民主结合起来的过程中，始终要体现"公民有序的政治参与"这一现代民主精神，并把它作为民主和法治的重要内容，引导群众以理性合法的形式表达利益要求、解决利益矛盾。而人民政协就是公民实现有序的政治参与的主要形式。从这个角度来考虑政协的工作，就应该深入研究政协在发挥协商民主作用的时候，如何能够更好地体现"公民有序的政治参与"这一实质。这个问题，涉及许多方面的定位和机制问题。其中之一，就是要加强政协的宣传工作。本届政协比较重视这个问题，除了办好《人民政协报》，还在《人民日报》上开辟了专门阵地，我也写过稿。但是，现在的宣传还是局限在对政协工作的宣传上，而不是把宣传工作的重点放在对政协工作重点对象的宣传上，更没有放在对协商民主的宣传上，因此显得相当单调，影响也不大。政协要加大宣传的力度，不能只是一般地报道政协开了什么会、哪一个专委会做了哪些事，更不是简单地增加宣传的量，而要进行精心的设计。比如，可以设立政协发言人（而不是大会发言人），在关键时刻就政协关心的重大问题发出自己的声音，把政协工作与老百姓关心的问题更好地联系起来，等等。说实在话，面对着来自国内外的关于民主问题的挑战，特别是所谓"颜色革命"的挑战，政协具有的优势应该更好地发挥出来，政协在这方面也应该更有作为。只有这样发挥好"选举＋协商"的民主制度的作用，我们才能做到万众一心，群策群力，自觉维护安定团结，推动社会和谐发展，建设好中国特色社会主义。

——《中国智库发展报告：中国智库如何影响决策？》

中国农业发展形势及面临的挑战

陈锡文[*]

一 我国农业形势整体趋好

如果用我们习惯的眼光来分析，应该说当前的农业农村整体形势是相当不错的。

1. 粮食产量有望实现"十一连增"

从2004年开始一直到去年，我们的粮食产量连续十年获得丰收，农民的收入也连续十年持续增长。2003年我国的粮食总产量是8614亿斤，从我国历史上最高水平1998年的10246亿斤，降到了8614亿斤，减少了1632亿斤，使当时粮食的供求关系进入了一种紧张的状态。从2004年开始，党中央国务院采取了一系列强有力的政策措施，推动农业科技的进步，加强农业的基础设施，完善粮食的保障制度，调动了农民的生产积极性，粮食产量开始持续增长。到2013年，我国的粮食总产量达到了12039亿斤，10年之内，年度的粮食产量从8614亿斤增加到了12039亿斤，

---

* 陈锡文，中央农村工作领导小组副组长、办公室主任。

提高了 3425 亿斤，平均每年增产粮食 342.5 亿斤。能够连续 10 年保持粮食产量的持续增长，这在中国历史上是很罕见的。

2. 农民收入增长速度连续五年高于市民

农民的收入也从 2003 年的 2622 元增加到了去年的 8896 元，10 年之内提高了 6274 元，平均每年农民收入增加 627.4 元，这也是一个非常了不起的成绩。很多人都认为，中国这么大一个国家，能够连续十年保持粮食持续增长，农民收入稳定增长，应该说是一个很了不起的成就，而且这个好的态势，到今年仍然在持续。

今年粮食产量还没有最后定局，但是霜降早就已经过了，北方的粮食也都已经开始收获了，所以大体的局面已定。我们预计今年粮食产量和去年相比大概能继续增产 100 亿斤左右；和去年同期相比，今年的夏粮增加了 95 亿斤，早稻略有减产，减了 2.5 亿斤，估计秋粮能在 8700 亿斤以上，所以和去年相比，能够基本保持稳定、略有增长。这个目标如果实现，我们就已经持续 11 年增产。

从 1—9 月份的情况来看，今年农民的人均现金收入达到了 8527 元，扣除物价指数之后，和去年同期相比实际增长 9.7%，这个增长幅度比去年略有降低，但比同期城镇居民收入的增幅要高。今年 1—9 月城镇居民的人均可支配收入是 22044 元，扣除物价指数之后，和去年相比实际增长了 6.9%，也就是说今年前 9 个月，农民现金收入的增幅高于城镇居民收入增幅 2.8 个百分点，这已经是持续第五年农民收入增长幅度高于城镇居民收入增长幅度。

城乡居民之间的收入差距是社会高度关注的一个问题。城乡居民之间的收入差距，最大的是 2009 年，达到了 1:3.33，也就是一个城镇居民的收入相当于 3.33 个农民的收入。从 2010 年开始，城乡居民的收入差距开始逐步缩小，到了去年，城乡居民的收入差距是 1:3.03，估计 2014 年城乡居民的收入差距可以缩小到 1:3 以内，这也是一件很不容易的事情。

所以，从农业农村经济社会发展的两个最主要指标，即粮食产量的增长和农民收入的提高来看，当前的农业农村形势是相当不错的。

二 我国农业发展的新动向

按照比较习惯的分析方法作判断，可以认为农业农村形势确实不错，但是如果我们深入探究一些更深层次的问题，也会感到当前的农业农村发展正面临着很多前所未有的新的挑战。可以说，中国的农业农村经济发展，正在进入一个新的阶段。

1. 主要农产品进口数量不断增长

目前中国主要农产品的供求关系出现了一种非常值得我们去分析的现象，那就是：一方面，国内的主要农产品在不断增产，但是另外一方面，进口的农产品品种在扩大、数量在增加。这到底是什么原因？中国作为一个人口大国，而且又是一个人均农业资源相对稀少的国家，适当利用国际农业资源和国际农产品市场来调剂国内的农产品供给，使得国内的农业资源环境压力有所减轻，这应当是必要的。但是情况远比这复杂。大家知道，进入新世纪以来，特别是2010年以来，我国农产品进口的品种明显增多，数量在不断增加，就目前的情况看，作为一个农业大国，我们最主要的农产品——粮食、棉花、油料、糖、奶、肉，这六大农产品每一样都在进口，而进口的原因也是复杂多样的，有的是国内供求有缺口，有的是国际市场价格比国内低，还有的是品种的调剂等等，但是一个基本的事实就是进口农产品的数量在不断增加。

2013年，我国进口的粮食包括大豆在内首次超过8400万吨。8400万吨粮食折过来就是1680亿斤，1680亿斤是个什么概念？去年我国粮食产量的第一大省黑龙江省产粮1200亿斤，东北另一个国家商品粮基地辽宁省产粮400多亿斤。所以去年我国进口的粮食就相当于黑龙江省和辽宁省这两个农业大省的粮食总产量，数量是非常可观的。当然去年我们也有粮食出口，但是出口有限，各种粮食出口合在一起是243万吨，不到50亿斤。

2013年进口的粮食数量和前年相比，增加了8.4%。当然进口的粮食中，主要品种是大豆，净进口8400万吨粮食中，大豆的进口量就是6338万吨。

进口这么多大豆，最重要的第一是为了榨油，第二是为了饲料中要添加植物蛋白。大豆的进口量这几年也在持续增长，去年的6338万吨和前年相比又增加了8.6%。其实我们进口的谷物和谷物粉的数量倒比较有限，去年进口的谷物和谷物粉合在一起不到1400万吨，也就是不到300亿斤，在我们国家的谷物总产量中只占到2.6%。大豆的缺口比较大，去年我国生产大豆大概1300万吨，但是进口大豆6338万吨，而全球在正常情况下的产量，一年生产的大豆不超过2.5亿吨，能够进入国际贸易的这部分大概不到1亿吨。不到1亿吨的贸易量中，进到中国来就占了65%。所以，大豆这个缺口，看起来今后很长一段时间还会存在。

中国是大豆的故乡，历史上中国很长时间都是世界大豆产量第一、世界大豆出口量第一，现在我们成为世界大豆进口量第一，总产量降到世界的第四位，美国、巴西、阿根廷的大豆产量都比中国高。进口6000多万吨大豆，虽然不是完全都用来榨油，但是总的来说进口大豆折合植物油产量能在1000万吨以上。我们自己这些年来每年可以生产大概1000万吨左右食用植物油，进口大豆又增加了1000万吨左右的植物油，但是还不够，去年还进口了922万吨植物油。根据有关部门的测算，去年我们全国消费的植物油总量超过2700万吨，人均消费的食用植物油超过40斤，是亚洲最高的。按照营养学家建议的标准，一个健康的成年人每天消费的植物油应该在20克到25克之间，一年消费20斤的植物油就够了，但是现在消费超过了一倍。当然这里讲的人均消费量，除了在家里的使用外，还包括在外就餐、食品工业的用油等。科学家一直在跟老百姓讲，油吃多了不好，但是老百姓还是觉得没有油东西不好吃，大家每天的烹炸煎炒都要用油，所以相当一段时间内植物油的缺口也还会持续存在。

2013年，我们还进口了455万吨食糖。我们大概现在一年要消费1300多万吨的糖，除了自己的产量之外，还有一部分缺口需要进口。去年还进口了450万吨棉花，我们大概一年生产700万吨左右的棉花，应该说自己生产的棉花满足国内需求是绰绰有余，但是中国又是棉纺织品和服装出口的大国，所以包括我们为国际市场提供的棉纱和服装在内,我们自己生产的棉花就不够,去年进口了450万吨,这比前年历史上进口最多时超过600万吨还是有所减少。去年还进口乳制品180万吨,其中有100万吨是奶粉,100万吨奶粉相当于800万吨的鲜奶。进口100万吨奶粉是海关统计的,如果计算通过各种渠道,如邮寄回来的或者人员外出带回来的,那数量可能远远大于这个统计。去年我们还进口了100多万吨的肉类,其中55.3万吨的牛羊肉,还有58.4万吨的猪肉,这在历史上很少见。所以说,粮棉油糖肉奶这六大农产品,我们现在都面临着需要进口的局面。

从今年1—9月份的情况来看,进口增加的势头仍然没有减。前9个月我们进口的粮食,当然包括大豆在内,接近7500万吨,和去年相比增加了23%,其中进口大豆5274万吨,增加了15.3%。谷物进口,今年前9个月的进口量已超过去年全年,为1439.2万吨。谷物进口增长的速度比较快,其中最主要是大麦进口量增长很快,同时也因为国际上一部分小麦——饲料小麦价格比较低,国内现在又出现了小麦和玉米价格倒挂这样一种局面,饲料工业更愿意用小麦来替代玉米,所以导致了小麦进口的增加。食用植物油1—9月份进口515万吨;糖进口204万吨;棉花进口200万吨,油、糖、棉的进口同比都略有减少。乳制品已经进口165万吨,增长了32%,其中主要还是奶粉;牛羊肉进口42.2万吨;猪肉进口了38.2万吨。奶和肉的进口同比都有所增加,意味着市场的需求还在增加。国内农产品虽然连续在增产,但是很明显,国内农产品增长的速度赶不上市场上需求增长的速度。所以,有一部分产品就出现了供求缺口,需要从国际市场上进行调剂。

2. 农产品价格国际竞争力下降

主要农产品进口数量增长还有更复杂的原因,就是农产品的品种质量和价格的竞争力等方面的原因。刚才袁隆平先生在致辞的时候曾经讲到,去年经过中央反复认真研究,提出了我国粮食安全的新的基本思路,那就是以我为主、立足国内、确保产能、适度进口、科技支撑这么五句话。这是在今年中央一号文件中首次提出的,同时提出两方面的具体要求,要求谷物基本自给,口粮绝对安全。针对上面的情况，就需要我们进行认真思考。在这样一个态势下，怎么能够保持国内农业发展好的局面，能够实现国家提出的粮食安全的基本要求，能够实现我们谷物基本自给、口粮绝对安全的这个目标。

正是在这样的情况下，我觉得一方面要看到近十余年来在党中央国务院的正确领导下，我们的农业农村发展所取得的成就，但另外一方面也确实要看到我们面临的挑战和压力。进口粮食的数量增加只是一个方面，因为进口8000多万吨粮食中，绝大部分是大豆，而目前主要的大豆生产国还是有增产潜力的，所以，通过国际市场调剂来减轻国内的资源压力，还有空间。我们曾经算过，我国大豆的亩产比较低，全国平均亩产才二百五六十斤。进口的6338万吨的大豆，如果我们自己来生产，大概要接近5亿亩的播种面积才能满足，显然国内很难有挤出5亿亩地种大豆的可能性。从这个角度来看，国际市场有这个条件，那么我们多运用一些国际资源和国际市场，应该说对我们是有利的。

但是还有一些问题可能就要复杂得多。从最近的情况看，由于国内外农产品价格的变化，我们多数大宗农产品正在承受着国内价格超过国际市场这样一种压力。也就是说国内市场价格的天花板已经顶到头了，有些已经突破了，所以有一些品种的进口，其实不见得是国内的供给不足，而主要是我们的价格竞争力不够。人家比我们便宜，它才进来。从目前看，主要的大宗农产品，比如说谷物，如果按批发价来算，国内外的价格大概每一吨要差400到800元。也就是说我们国内的谷物价格大概要比国际市场价格贵400到800元，折合每一斤就要差2毛到4毛钱，这样就给国外的谷物进入国内市场提供了价格竞争方面的优势。比如我们统计的8月份的数据，如果从越南进口大米，越南大米是籼米，到岸完税后的价格8月份平均是3329元一吨。我们的籼米同一个时间在国内的批发价格大概在3800到3900元一吨，与3300元一吨相比，一吨要差500到600元，一斤籼米在市场上的价格差2毛5到3毛钱。进口小麦到岸完税之后价格是2017元一吨，现在向农民收购的价格也要两千二三百元一吨，再到批发市场，一般在2400到2500元左右。进口玉米的价格到岸完税之后是1766元一吨,现在国内市场已经出现了玉米和小麦价格倒挂现象,玉米比小麦还贵,国际市场上进来的玉米到岸完税之后不到1800元一吨,但是我们批发市场的玉米价格特别是在南方要2400元左右一吨。进口大豆到岸完税后价格3900多元一吨,但是今年国家制定的目标价是2.4元一斤,就是4800元一吨,每吨差八九百元。这对我国农业带来了非常大的压力,因为国内的农产品相对于国际市场农产品在价格上没有竞争优势。

油菜籽进口,价格和大豆差不多,今年8月份的平均价3977元一吨,但是去年国内对农民的临时收储价是5100元一吨,一吨价格差1100块钱以上;棉花进口完税之后的价格大概是15400元一吨皮棉,今年在新疆已经开始实行棉花目标价格的改革试点,今年定的棉花目标价是19800元一吨,去年的临时收储价是20400元一吨。糖的进口也是,进口糖完税之后不到3000元一吨,而在我们最主要的糖的生产地广西自治区,大概要保本就不能低于5000元一吨。

以前中国是一个肉类的出口国家,现在开始进口,当然还有一部分出口。进口的肉类价格差就更大,牛肉和羊肉进口到岸的完税价格,每吨不到26000元,到了批发商手里每吨大概每吨30000元,一公斤就是30元。这个价格比我们零售市场上牛羊肉价格几乎低了一半,现在国内市场上,牛肉大概在62、63元一公斤,羊肉要64、65元一公斤。猪肉的价格到岸完税价格还不到12000元一吨,折过来就是6元一斤,现在我们零售市场上猪肉价格大概都得12、13元以上,比国际市场上价格确实高了很多。

3.WTO对农产品的影响加深

大家看到,2008年全球性金融危机之后,世界经济的复苏一直比较乏力,到今年9月份又开始出现了大宗产品的价格大幅度下跌。9月份国际市场上的谷物、大豆、豆油和8月份的价格环比都下跌了10%以上。这个价格要传导过来,可能会进一步增加我们的压力。这里就涉及一个国际贸易的规则问题。很多同志就说,你不愿让他进,就应该设置关税壁垒,把关税提起来不就进不来了吗?但是大家都知道有个WTO规则,中国承诺加入了WTO之后要遵守相应的规则。十几年前，当我们加入 WTO 的时候，确实没有想到现在我们的农产品成本会如此大幅度地上升，国内农产品的价格会如此大幅度地上升。当时为了在入世之后能够多争取一些我们薄弱环节的保护力度，比如说制造业、金融业、服务业等，因为这些方面我们和国际先进水平差距很大，为了对这些行业能够多争取一些保护，相应的在农业上，我们实际上是作出了不小的牺牲。在 20 世纪末，我们加入世贸组织之际，全球各国农产品进口的平均关税率是 45.2%，但我们最终向 WTO 承诺的中国如果成为世贸组织成员，中国农产品的平均关税率将降到 15.2%，只相当于当时世界各国农产品进口平均关税率的 35% 左右，应该说这方面我们作出了比较大的牺牲。但当初即使作了那样的承诺，国外的很多农产品仍然进不了中国市场，因为它进来之后没有价格优势，销售不动。但现在的情况发生了很大的变化，我们在入市之初对一些重要农产品（WTO 叫敏感产品），单独承诺了它们的进口关税配额。这个具体的做法大家都清楚，就是配额之内我承诺允许你进口的这部分产品是低关税，如果进口量超过了我承诺的配额，那么将实行高关税。当初我们承诺的关税配额中，低关税可以进口的小麦每年的进口量是 963.6 万吨，这个量以内进口的小麦关税是 1%，如果超过了这个量，从超过的第一吨开始，关税将提高到 65%。我们现在没有达到这个水平，小麦的进口这两年看是三四百万吨。玉米的进口关税配额是 720 万吨，配额内的关税也是 1%，超过配额以后关税是 65%。大米的进口配额是两个 266 万吨，即 266 万吨的籼米、266 万吨的粳米，两个 266 万吨之内都是低关税 1%，超过之后是 65%。此外，我们还承诺进口棉花配额 89.4 万吨，这个也是配额内是 1% 的关税，配额外是 40% 的关税。还有食糖进口配额 194.5 万吨，配额内关税是 15%，配额外关税是 50%。从目前来看，棉花和糖都已经突破了我们承诺的关税配额，所以上了高关税。但是即使关税水平提高，我们的糖和棉花的价格仍然要高于国际市场。

在粮食方面还没有出现这种情况，特别是大豆，大豆没有设置关税配额，就是进口多少都是关税 3%。正是这样一种局面才造成现在大豆进口长驱直入，不管进多少都只有3%的关税,这是十多年前做的一种选择。应该说当时做的这种选择,使得我们在入世之后的最初十年,农业能够在国际市场上的竞争中保持稳定发展,起了非常大的作用。但是,从现在来看,新的压力已经形成了,我们农产品的价格已经突破了国际市场农产品价格,突破了这个天花板。这对国内的农产品生产、对国内农产品的市场价格都会产生非常明显的影响。也不是说当初这个选择就不对,世界上可以有各种各样的选择,总而言之,对大宗农产品的进口都必须更加对市场开放,这是WTO规则的基本要求。

日本的选择跟我们不一样,日本当时就没有选择关税配额,但它现在压力可能比我们还要大。我们选择的关税配额就是国家不干预这些农产品的进口,你只要进得来,你卖得掉,我允许你进,但是设一个量,在没有达到这个量之前我是低关税,超过这个量之后就实行高关税。这是我们政府的选择。日本的选择是加入WTO之后,经过五年时间,政府承诺,不管国内的供求情况如何,每年向国际市场购进87万吨大米,至于卖得掉卖不掉那是日本自己的事情。日本本身是大米过剩的国家,进口大米主要用于工业加工、饲料、酿造,还有一部分用于国际援助。日本在对WTO承诺每年进口80多万吨大米之后,对自由地通过市场机制进口大米设置了极高的关税,2013年日本进口大米的平均关税率达到了766%。可以想象,在日本国内市场销售的大米价格,大概相当于国际市场平均价格的8.5倍,当然这个市场别人是进不去的。可问题是现在日本面临的一个极大的挑战是,美国要他加入TPP,即加入环太平洋的经济贸易伙伴组织。他们之间当然有很明显的交换,美国在政治上军事上支持日本,日本要在经济上支持美国。如果要加入TPP,一个最重要的问题就是日本农产品进口的关税率应该大幅度降低,甚至达到美国提出的零关税,那对日本来说简直就是灭顶之灾,所以大家看到美日之间TPP的谈判难有进展,就因为美国和日本之间农产品进口的关税始终谈不下来。日本最近一段时间一直在说,有五大农产品是不许人家碰的,叫"圣域",五大农产品就是大米、小麦、牛肉、牛奶、糖。我开始很不理解,我说糖怎么就看得这么重,后来跟日本农水省的官员交谈，他们说糖这个东西非常重要，糖是能量最高的食品，糖也不需要有更多的加工，抓一口吃进去，能量补给就很高，所以一旦出现突发性事件，无论是自然灾害还是战争，其他的实在供不上去送糖就行，一人发半斤糖维持三五天没有问题，所以他们对糖看得非常重。正是这样一些情况，在WTO的背景下，国际贸易的准则不是一个国家自己在制定，而是WTO的规则在起作用。现在我们面临的各种各样的问题和世界各国面临的各种各样的问题，都和当年加入WTO时候的承诺有关系。

现在我们面临的情况是这些农产品大部分突破了关税配额内的进口价格，当然我们的关税配额没有用完，没有达到顶点，这三个品种的关税配额——900多万吨的小麦、700多万吨的玉米、500多万吨的大米加在一起，允许进口的关税配额大概在2200多万吨。现在进口的谷物才1400万吨左右，所以还是在关税配额内的低关税区间，因此这个压力对我们国内市场就会比较大。如果进口量突破了配额，关税调到65%，相应的压力就会降下来。但问题是我们国内的价格，也不是说永远就稳定在这个水平，它也是在不断提高的。我们2004年开始实行主要粮食品种的最低收购价，特别是对小麦和稻谷，小麦的最低收购价，当时定的是每斤6毛9到7毛2这么一个水平，稻谷的最低收购价就是每斤7毛到7毛5。现在大家已经看到，小麦的最低收购价已经涨到了每斤1.1元到1.2元，稻谷的最低收购价从每斤1.33元到1.55元，在这10年之内，小麦的价格大概提高了三分之二，稻谷的价格大概提高了100%，这才使得我们顶到了国际市场价格这个天花板。

以后怎么样呢？还会不会再继续上涨，再继续上涨和关税配额以外的高关税进口是个什么关系？有些专家们做的测算认为，如果按照现在国内农产品价格上涨的幅度来看，大概也就是7年左右可以顶到那个高关税的天花板，那个时候真正的压力就会更大。这是我们当前面临的一个大的压力，这个压力表明什么呢？表明我们农业到了今天这个水平，从价格的角度来看，大宗产品在国际上缺乏竞争力，因此就守不住自己的国门，国际农产品就有可能会进来。我一直讲，适当的进口，我们应当欢迎，因为中国人多地少，资源环境的压力太大，但是进口过多却会带来方方面面的问题。从经济上，对产业对农民的就业和收入会有影响，从政治上讲会涉及粮食安全、经济安全这样一些重大问题。怎么想办法去努力扭转这种局面，是我们当前需要认真考虑的一个问题。

4. 农村经济社会发展的阶段性变化导致农村劳动力转移就业的增幅在降低

进入新世纪以后，中国出现了一个巨大的变化，就是工业化、城镇化加速，大量的农村劳动力向城镇转移。去年国家统计局公布的我国总人口，说大数是13.6亿，其中常住在城镇的人口超过7.3亿，常住在农村的人口已经降到6.3亿以下，因此去年的城镇化率是53.73%。从常住人口的角度看，城镇人口已经超过了农村人口。改革开放初期的1978年人口总数是9.6亿，和现在相比，35年增加了4亿人，有了很大变化。9.6亿人口的时候，在城镇居住的有户籍的居民就是1.7亿多，所以当时的城镇化率不到18%，现在的城镇化率超过了53%，这是一个非常大的变化。因为，农村出现了大量劳动力向城镇、向二三产业转移的现象。说大数，农村的总的劳动力大概在5.4亿到5.5亿之间，但是到今年6月底，农民工包括外出就业的农民工和在本地就业的农民工，这两个数加在一起，已经超过了2.75亿。也就是说农村劳动力已经有一半离开了土地，转向了二、三产业和城镇去就业，其中外出务工离开本乡镇，到外地去就业的农村劳动力是17567万人，数量还在增长。但是这些年来，外出农民工数量增长的速度在明显下降。这个趋势大概从2010年开始，2010年外出农民工的数量和上一年相比是增长5.4%，2011年这个增幅降到了4.4%，2012年降到了2.9%，2013年降到了2.4%，今年1—9月，增长幅度只有1%。这就说明整个宏观经济情况的变化、城市二三产业结构的变化，对农民工就业的增长有非常明显的影响。

未来的趋势会怎么样？当然还得看，但是总的来说，持续五年来，农民工外出就业的增长幅度是年年下降。这里面当然有更深刻的经济结构、发展阶段等原因。同时有关部门测算，今年前9个月，外出务工的农民工平均每个月的收入是 2797 元,这和去年同期相比增长了 10%,增长还是明显的,但是和去年同期相比增长幅度降低了三个百分点,去年增长 13%。这也说明,农民工数量的增长和农民工外出就业工资收入的增长,这两个增幅都在下降。未来到底会出现一种什么样的情况?对农民的收入、农村的经济社会结构会有些什么影响?这些年来已经形成的农民收入增长主要靠外出就业、主要靠来自工资收入的增长,这种情况会不会有变化?这需要去认真研究。

5. 农业的生产成本与农民的收益遭受挑战

最近这些年农民来自农业的收益的变化非常明显。有关部门对去年包括大豆在内的四大粮食品种的成本收益情况作了调查分析,得出的结果是这样:2013 年四大粮食品种,亩均产值是 1039 元,没有扣除成本,和前年相比增长了 0.2%,基本是持平。但是亩均费用去年是 357 元,和前年相比增长了 4%,费用增长 4%,产值增长 0.2%,所以亩均收益是 682 元,这个收益包括他本人的人工和他的利润,和前年同比下降 2.4%,每亩纯收益是下降的。这就意味着农民经营粮食生产,在目前这种价格和投入背景下,纯收入的增长非常艰难。其中小麦的纯收益是 508 元,稻谷的纯收入最好,是 844 元,玉米是 728 元,大豆只有 433 元,这也就说明为什么农民不愿意种大豆。357 元的亩均费用中,257 元是用于购买物资投入品,这个和前年相比增长了 2.1%,100 元是用于购买的各种各样的生产服务,包括购买人家的机械服务等,这部分支出的比重和前年相比增长了 8.8%。表明农民的生产服务费用的支出,当前正处在一个快速上涨的时期。对这个调查,我还跟有关部门的同志讨论过,我说现在还有一个问题没算进去,就是土地的租金。大家都知道,各地土地租金的水平现在都不低,去年粮食生产一亩地(当然是一季)的纯收益 682 元,但是不少地方一亩地的租金就已经高于它了。很多地方一亩地的租金是 600 斤稻谷,600 斤稻谷的价格已经高于 682 元的纯收益,所以除非第二季的收益好,或者租了地不种粮,去种别的,才能保证生产持续下去。我觉得我们需要非常认真地去对待这个情况。过去我们对农民的生产成本投入、收益等等这些统计不算人工,但是现在不行,因为劳动力的市场价格已经出来了,农民大忙季节雇人工的价格一点不比城里便宜，也是 100 元、150 元、200 元。农业生产的成本收益结构发生了变化，还会持续。未来会对农业生产有什么影响？这需要深入的分析和研究。

正是这种变化带来了一个很现实的问题，就是农民的收入结构出现了非常明显的变化。我把去年农民收入结构的变化叫作带有标志意义的变化。这里头有两个标志：一个标志就是去年农民的人均纯收入 8896 元。在这个 8896 元中，占第一位的比重最大的是工资性收入，就是去年首次出现了农民务工的工资性收入超过家庭经营性收入，这是一个标志性的变化。因为是农民，但是他的收入主要不来自家庭经营，这是一个很发人深省的标志性的变化。2012 年全国农民的人均纯收入是 7917 元，在这个 7917 元里面，工资性收入 3347 元，占 43.6%，家庭经营收入 3533 元，占 44.6%，家庭经营收入比工资性收入高一个百分点。2013 年的情况就发生了根本性变化。2013 年农民的人均纯收入是 8896 元，其中工资性收入是 4025 元，占的比重是 45.3%，家庭经营的收入是 3793 元，占的比重是 42.6%。今后的趋势也可能家庭经营收入比重会进一步降低，那么农民的收入将更多的来自于工资性收入。

第二个标志性的变化是种植业收入占农民纯收入中的比重进一步降低。2012 年农民来自种植业的收入人均是 2017 元，占全部纯收入的比重是 26.6%，但是去年的种植业收入人均是 2191 元，在纯收入的比重中只占 24.6%。说这个变化是标志性的，是农民来自种植业的收入在他的人均纯收入中已经不到四分之一。我觉得这个变化反映了一个很现实的问题，就是运用补贴、价格等手段去调动农民种粮的积极性的难度会越来越大。因为无论你使多大的劲，对农民整体来说只占不到四分之一的收入，所以政策的调整必须朝着更具指向性、精准性转变。

正是由于这样一种情况，我感觉到当前中国的农业发展，既因前十余年的快速发展让我们站在了一个新的起点上，但是同时引发的种种复杂情况，也使我们的农业发展进入了一个新的阶段，使得我们面临着一系列前所未有的挑战和压力。

三 中国农业发展面临的挑战

当前我们至少面临着六大方面的挑战和压力。

第一大压力就是面临着国际国内农产品价格倒挂的压力。在价格上顶破国际市场价的天花板,这个情况我们可能会长期面对。农民对现在的农产品价格是不满意的,他有理由不满意,因为农民的收入只相当于城镇居民的三分之一。但即便不考虑别的,不考虑消费者承受能力等因素,仅仅从国际市场的价格来看,再往上提高国内农产品的价格,无非是对国际市场打开更大的门,这是一大压力。

第二大压力就是农业生产成本上升的挑战。农业生产成本在快速的上升,特别是生产性服务费用的支出,年均增幅达到8%到9%。以这样一种速度增长,当然对农产品成本上涨的推动力很大。这与前一个压力结合起来看,相当于天花板在往下压,地板在往上升,于是中间的空间就越来越小,这是我们要面对的现实问题。

第三大压力就是中国是WTO成员国的挑战。WTO成员国对农业的支持保护要受到WTO规则的约束。我们在入世之初,经过激烈的谈判承诺,中国农业微量许可的补贴是8.5%。这个8.5%有两个含义,第一个含义是对农业的全部补贴不能超过农业生产总值的8.5%。第二个含义是对敏感农产品的补贴。粮棉油糖这些被定为敏感农产品,对这些敏感农产品的补贴,每一种农产品的补贴数量不能超过这个品种自身生产总值的8.5%。坦率地说,我们在谷物、大豆方面的补贴,按照WTO规则的算法,基本上已接近8.5%的边缘,我们对棉花的补贴,甚至已经超出了棉花生产总值8.5%的上限。最近美国的棉商棉农在纠集其他国家的棉商棉农,准备向WTO起诉我们对棉花的补贴突破界限。这就是说,国家即便有能力想给农民更多的补贴,但是有WTO规则限制,很难办。于是我们就必须想办法调整补贴政策,因为WTO既有黄箱补贴,又有绿箱补贴。黄箱补贴就是这么一个8.5%的量。我们的农业去年占到整个GDP的10%左右，去年GDP总量56万多亿元，农业的GDP大概是5.6万多亿元。但WTO口径不包括林业、渔业，把这些扣除的话，就没有这么大，大概是不到5万亿的农业生产总值，按8.5%计算，整个补贴就是4000多万亿。那么对于粮食的补贴（实际上补贴包括大豆在内），也可以算，一万两千亿斤粮食，生产总值加在一起，算1.2元—1.3元一斤，大概生产总值15000亿元左右，按补贴8.5%，整个补贴额就是在1300亿元左右。去年我们实行的四补贴（种粮补贴、良种补贴、农机补贴、农业生产资料价格综合补贴），现在已经达到1700亿，当然这里头还要扣除对棉花和糖的补贴，这说明粮食补贴再增加的空间也很有限。

我们要进一步研究加大对农业的支持保护力度，到底采取什么措施？国际上一个通行的办法就是把对农产品的价格补贴转化成对农民的收入补贴，转到收入补贴之后，就进入绿箱，就没有限制。我们现在也正在考虑这个，为什么要在新疆对棉花、在东北对大豆实行目标价格补贴？就是想把补贴从价格中分离出来，让价格根据供求由市场来决定。对农民卖的农产品价格低于目标价格的这块差额，由政府进行直接的补贴。当然这里有很多博弈的东西，因为各国的利益都纠结在这里。美国希望能够打开中国的农产品市场，所以从他们的角度来看，你要守住现在的关税配额，而他还要让你进一步压下去，我们现在在这方面也面对着比较大的压力。同时，国内经济增长进入新常态之后，财政收入的增长也进入新常态。过去财政在高速增长的情况下，每年都拿出这么多钱来用于各个方面的支持和补贴。2003年国家的三农支出是2300多亿，今年我们对三农的总支出达到13700多亿，这几年来，每年的增长是很快的。但是随着经济增速的减缓，整个经济运行进入新常态之后，这方面也会发生一些新的变化。所以农业支持保护制度也面临着新的挑战。

第四大压力就是农业的生态环境系统已经难以承受当前这种生产方式的压力。过去为了解决大家吃饱肚子这个最基本的问题，所以采取了努力追求粮食产量增长这样一个目标。在这个目标下，我们取得了成就，但是也付出了代价。改革开放初期的1978年，全国使用的化肥，折纯量不到800万吨，现在使用的化肥已经超过了 5900 万吨。我们每公顷土地使用的化肥是世界平均水平的 4 倍以上，于是造成的土壤和水的污染都在不断加剧。我们现在每年使用的农药大概在 180 万吨左右，据有关部门的测算，真正能够发挥作用的比重不到 30%，70% 在喷洒过程中都喷到了地上或者飞到了空中，带来的污染也很严重。现在我国每年使用的塑料薄膜大概在 240 多万吨，但是每年能够回收的不到 140 万吨，那就意味着每年有 100 万吨以上的塑料薄膜残片遗留在土地里头，这些都会带来污染。更何况还有整个水体的污染或者水源的短缺，还有其他方面如工业的污染、大气的污染等等。应该说，农业的生态环境所面临的挑战和压力也是前所未有的，这就迫使我们必须尽快考虑转变农业的发展方式，否则资源环境是难以承受的。中央从今年开始已经启动对污染的土地、超采的地下水、水源的源头等采取一系列保护和修复的政策，正在采取这方面的行动。

　　第五大压力就是农业科技的实力不强。这个压力应该说是很明显，一方面要看到以袁隆平院士为代表的杰出科学家在某些领域确实处在世界的前沿，甚至领先，比如说杂交稻育种我们绝对处于世界的领先地位。但是在更多的农业科研方面，我们还是落在人家后边。别的都不说，我们今天这个会，是讲科技进步、国家粮食安全，但很重要的一条，可能更多关注的都是种业的发展。我们的种业虽然也有很大进步，但与国际的发展水平相比差距还是非常大的。据有关部门的统计，国内的种子市场正在逐步被国外的公司占领，比如说 2001 年，国际品牌的玉米种占国内市场的份额不到 1%，但 2013 年已经超过了 12%。甜菜的种子，国外品种现在占据国内市场的 96%，向日葵种子占了 60%，胡萝卜种子占了 50%，整个蔬菜种子占了 13%，而且还有进一步扩大的态势。国内的种业应该说有了很大的发展，但是小、散、弱的现象还没有很好地克服。国务院对这个问题高度重视，2011 年专门发了文件，提出了指导种业发展的意见。去年国务院办公厅又进一步发出了引导种业体制改革、实行体制创新的意见。这些年来，种业发展的速度也在加快，比如我国注册的种业企业，2011 年是 8700 家，在这些文件的指引下，经过整合重组等，到目前为止缩减为5200家，减少了3500家。但是总的来说，我们这个国家要得了5000多家种业企业吗？正是这样的力量分散，造成了大多数企业都没有足够的创新能力。农业科技的发展，种业是最重要的。从这个角度来讲，如果不加快这方面的体制改革，推进这方面体制机制的创新，不改变我们这种科技上不强，甚至在相当多方面滞后的局面，我们整个农业在国际上被动的局面就很难改变。

第六大压力就是农业生产的组织化程度和市场化程度比较低。农业生产成本的提高，其实和农业组织化程度、市场化程度也有相当大的关系。十八届三中全会决定强调要推进各个方面的改革，农业的组织化程度、市场化程度、农业经营体制的创新等，各地也都在大踏步地向前推进，当然我们还面临着很多现实的困难和问题。我们中国所面临的很多困难和问题，确实具有国情和发展阶段的独特性，全世界具有中国这样国情的国家并不多。比如说中国人多地少，因此土地经营规模很小，由此也导致了农业劳动生产率低下，农产品缺少价格优势，没有竞争力。对此有不少人提出，抓紧扩大规模，就是土地流转集中实行规模经营。但是谁都知道，地的背后是人，如果不能让农民转移走，转移到城镇，转移到二三产业，让他们去获得更好的收入，有更好的生活条件，而是强行地土地流转集中，那无异于历史上的土地兼并，就会引出非常多的问题。有人讲美国的农业制度好，我也承认有很多值得我们借鉴的地方，比如说目标价格制度。目标价格制度在美国是非常成功的制度，政府确定一个目标价格引导农民，生不生产是你自己的事，但是生产出来了，卖的价格高于目标价，那农民就赚了，卖的价格低于目标价，这个价格差由政府对农民进行补贴，这个政策在美国和其他一些农业发达国家都很成熟。但在中国做这个事情就非常复杂，原因是什么呢？现在全国的承包农户数量是多少？2.3亿户，美国家庭农场的总数是200万个，中国农户的数量是美国农户数量的115倍，同样一件事你去做，把钱补到一家一户，这个工作量、成本在中美之间要差多少？不讲中国国情行吗？关于土地流转和扩大经营规模，到2014年6月底，全国家庭承包的土地已流转了3.8亿亩，占农户承包土地总面积的 28.8%，流出土地的农户，有 5900 多万户，大约占所有承包农户的四分之一。根据第二次土地详查，我国耕地面积是 20.2 亿亩。现在又说农村土地流转面积 3.8 亿亩，占农户承包地总面积的 28.8%，这些数字就对不上了。但并不是说故意在造假，全部问题就是我们 20 世纪 90 年代中期以前的土地面积是由各地一级一级报上来的，依据是这个地交不交农业税。交农业税的地就报上来了，所以 1995 年统计的耕地面积是 14.2 亿亩，其中有 13 亿亩是农户家庭承包经营。但是，1996 年完成第一次土地详查之后数字就不对了，全国总耕地面积是 19.51 亿亩，比原来说的 14.2 亿亩多出 5 亿多亩地。其实地没有多，都在那里种了，无非是过去没有纳入统计。到 2012 年完成第二次土地详查，土地面积是 20.2 亿亩，不仅没减还增了，其实所有的地都在那种着。这次的增加除了有些客观原因，比如说有些森林的边缘、草原的边缘以及新的开荒，最重要的差别就是技术手段的差别。第一次土地调查的时候，95% 是用的人工入户拿皮尺测量，第二次土地详查 99% 用的是卫星、航拍、遥感这些技术，所以精度不一样。就按 20 亿亩耕地算，2.3 亿户承包，一户人家就是 9 亩地。那么现在流转了 28%，就是说现在在从事农业种植业生产的农户，总量大概是 1.8 亿户，有 5000 万户农民的承包土地给人家种，1.8 亿户的农民种 20 亿亩地，那也就是每户种 11 亩地。如果扩大一倍，每户人家能够种 20 多亩地，就要减少一半的农户。减少一半的农户上哪里？这就是一个很大的问题，不能强迫。所以总书记特别强调，土地的流转不能搞大跃进，不能搞强迫命令，不能搞行政瞎指挥，不是流转越快越好、规模越大越好，而要根据城镇化的推进程度和劳动力的转移情况，要根据农业技术的进步水平、根据农业社会化服务的提高水平来确定。

四　中国农业未来发展的展望

对中国未来农业的发展，很重要的一条是要确立基本的概念，就是有多少人能种多少地，这是一个很基本的问题。我们现在 13.6 亿人，城镇化率

53.7%，留在农村的人，还有将近6.3亿。专家们测算大约2030年前后，中国的总人口将会增加到15亿左右。如果说那时候我们的城镇化率达到70%，就是说居住在城镇有10.5亿人，居住在农村的还有4.5亿人。这4.5亿人是个什么概念？这是2030年前后的预测数字，离中华人民共和国建国的日子已经过去了80年，打开历史的统计资料看一下，中华人民共和国建国的时候，是5.6亿人，其中农村人口4.5亿，经过80年的努力，可能农村人口还是4.5亿。所以我们在向世界各国学习借鉴的过程中，确实要重视对我们有用的东西，但照搬是很难做得到的。我一直认为，世界上的两种农业是不可同日而语的，就是传统国家的农业和新大陆国家的农业是没有办法作直接比较的。传统国家的农业由于发展史漫长、人口多，结果就是人多地少。特别是亚洲、中东、西欧一些国家的农业发展历史长，在中国，黄河流域的农业有八千年以上的历史，长江中下游的农业至少有七千多年的历史。因为人口积聚得多，所以人均耕地面积少，形成了有自己特点的农业。而在新大陆国家，地理大发现之后，才被欧洲移民逐步占领、逐步发展农业。移民到那里大规模开发农业只有300来年的历史，因此那里人少地多，形成了独特的一个家庭农场可以耕种几万亩土地的局面。这两种不同的农业，又引起了农村社会方面的很大不同。中国的农民、亚洲的农民，由于人多地少，所以大多数都集聚村庄而居，相互守望，相互帮助，这是传统国家农业的基本特点。它有一个复杂的农村社会结构，以村庄治理为中心的复杂的农村社会结构。但到新大陆国家去看，南北美洲、澳大利亚，不要说村庄，一个农民家庭自己经营一个家庭农场，连邻居都没有，因为他耕种一大片土地，而且一个农场不能光是耕地，也有草地、水源、森林，再加上道路等等，所以新大陆国家一个标准的生产粮豆的农场，往往有2万亩左右的耕地，实际占地面积往往就是三四万亩地。在三四万亩地的范围之内，只有一户住在那里，所以别说是村庄，连邻居都没有，那里的农村社会结构就和传统国家农村社会结构非常不一样。

在推进农业现代化的过程中，有很多东西值得向国际上去借鉴，但是也有很多东西必须从中国的实际国情出发，必须坚守我们自己的发展道路，这是非常重要的。正是面对这一系列新的挑战和问题，所以中央如此重视研究国家的粮食安全问题，并且提出了关于粮食安全的新的思路。实际上中央非常清晰地认识到，农业发展取得了很大的成就，但是也面临着很多新的情况和问题，特别是有些新的情况和问题是我们前所未遇的，我们在这方面缺乏经验和政策储备。因此，要想解决这些问题，就必须大踏步地深化改革。去年召开十八届三中全会后，中央陆续推出来一系列的改革政策措施。十八届三中全会提出的改革措施有336项，中央农办梳理了一下，其中直接和三农有关的，有50项左右，也就是在336项中有15%左右的任务是和三农有关的。大家已经感觉到，这些措施有的已经推出了，比如棉花和大豆的目标价改革试点，比如推进土地确权登记颁证，引导土地流转健康发展，再比如户籍制度改革等，都在推进。

最近，中央全面深化改革领导小组第五次会议又审议了两项农村改革的措施，已经都见报了。一项就是引导土地流转健康发展，这个文件由中办和国办共同发出，很快还会制定一个关于农村集体经济产权制度改革试点的文件。最近还有些重大的农村改革政策正在积极研究和申报程序之中。比如说土地制度改革中的征地制度改革、农村集体经营型建设用地入市、农村宅基地制度改革试点方案，都在抓紧进行。取得一致意见并经中央审定以后，也会推出试点方案。再有大家比较关注的，农民的土地承包经营权抵押担保、农民住房财产权的抵押担保转让，有关部门正在征求各方面的意见，抓紧制定这方面的试点方案，经过批准之后，都会尽快地发出。

大家都知道，从十八届三中全会到现在一年多的时间，总书记与党和国家其他领导同志特别强调，一方面必须大力推进全面的深化改革，另外一方面又强调重大改革必须有法有据，因此三中全会之后，时隔一年中央又召开了四中全会。应该看到三中全会和四中全会这两个重要的决定，是一个姊妹篇的关系。三中全会提出了大量的深化改革的任务和要求，但是怎么能确保这些改革能够健康地推进在法治化的轨道上？显然改革需要法律提供制度保障，所以才有了十八届四中全会这个决定。在推进改革过程中，既需要法律的引领和保障，同时法治建设本身也需要大踏步地深化改革，所以四中全会又提出了关于法治建设的180多项改革任务。也可以说，我们当前面临的改革任务是极其繁重的，怎么把中央提出的这些改革要求扎扎实实落实好，特别是在农村，能够落到村落到户，能够真正起实效，这是我们当前需要认真研究的大问题。

结合起来，我觉得在推进农村改革不断深化的情况下，需要不断地去发现我们现在面临的矛盾和问题。我们也正在研究明年的农村工作要求怎么提。如果中央还同意2015年继续发布一号文件，这个一号文件该怎么写，各个方面大家都在思考都在研究。明年的工作任务，特别是从生产角度去讲，我们提了这么五句话十五个字。第一句话就是调结构。我们的生产结构现在这样子搞下去，确实有问题，比如我们现在整个农业的生产，在北方看得最清楚：种大量的玉米，把玉米收下来做成饲料，可不可以考虑用一部分玉米直接作为青储饲料，不再仅仅收储子粒，而是把整个玉米作为全营养体来看待？专家测定，这样的效率可以提高，至少翻一番。但这个事为什么推不动？因为青储饲料不好算作粮食，说产了这么多饲料，粮食产量下来了怎么办？这对县市的领导压力很大，这么一个技术问题就把这么大一件事情给阻碍了。所以要通过各个方面的改革去推进结构的调整，使有限的资源能有更高效地利用。第二句话就是提品质，我们不仅要求农产品产量稳定，有些品种还要不断增长，但是更重要的是品质。随着人民生活水平的提高，大家对农产品品种质量的要求，显然是越来越高。第三是要想办法增效益，再不想方设法提高农业的效益，可能农民种粮的积极性、从事农业生产的积极性会越来越受影响。第四是保安全，农产品的质量安全确实压力很大，对消费者来说产生了很强的心理上的阴影。所以要通过我们的努力，把农业标准化落到实处，让提供市场的农产品在质量安全上更有保障。第五句话就是可持续。中国的农业不仅要为我们这一代着想，而且要为子孙后代着想。我们应逐步把中国农业引领到这样一条道路上，这是未来发展的方向。往前发展一定会有很多艰难险阻要去克服，但是说到底，非常重要的就是小平同志早就讲过的，农业问题的解决从根本上讲还是要靠科技。所以从这个意义上讲，第二届隆平论坛非常重要，就是通过科技的进步来实现确保国家粮食安全的目标。这是我们所有的农业工作者，包括农业的科技工作者、农业的管理者、农村社会科学研究者，应当共同努力的重要方向，也是我们应当完成的任务。

——本文系作者在第二届隆平论坛上的主题报告，根据录音整理

破解《旧制度与大革命》之问

胡德平*

近两年，不少朋友阅读了法国托克维尔写的《旧制度与大革命》一书，各种评论很多。这些评论大多和我国改革挂钩，因而引起我的兴趣。在这里谈点学习心得，希望听到批评意见，以提高对当前我国改革事业的认识。

革命是否是不识好歹

托克维尔在书中经常反问自己，为何"革命是在那些人民对此（压迫）感受最轻的地方爆发"？"何以繁荣反而造成大革命的到来"？"何以减轻负担反而激怒了人民"？难道革命真是不识好歹吗？人民真是得寸进尺吗？是否一味高压就可以阻止一场轰轰烈烈的法国大革命？

首先，让我们看一看法国大革命前的经济和社会思潮背景。法国自13世纪以来，封建领主的土地制度逐渐瓦解，土地所有者、小农慢慢替代了昔日的大小领主。这一过程

---

* 胡德平，全国政协常委、经济委员会副主任委员。

延续了500年左右，直至18世纪。中国历史上也有类似现象。不同的是，这一过程发生在我国春秋战国时期，是公元前8世纪到公元前3世纪500年间的事情。中法两国在两个500年间，都在自给自足的农业经济的基础上发展起了新兴的工商经济。这是吕振羽先生对中国古代史研究的成果。他认为，退出历史舞台的各诸侯国封建领主把持山野川泽的禁令逐渐放宽、废弛了，各种矿产、山林、盐铁、水产、运输等资源可以由百姓开发利用，因此私人工商业就得到迅速发展的机会。经济发展的同时，也是贫富分化的开始。大地主、大工商业者的出现是必然发生的现象，富可敌国的大豪强和可与诸侯分庭抗礼的大商人层出不穷。尤其是在秦汉时期，自耕农、工商经济的发展都带有划时代的特点。中国古代商人出身的权臣桑弘羊也是这时露头的。

法国的中世纪也是自给自足的领主经济，但13世纪以后，多数农奴已摆脱了领主的统治成为自耕农。同时，工商经济亦如中国获得同样的发展。法国的大小领主如不退出山野川泽资源，18世纪的法国何以有大规模的采矿、冶炼、运输业的出现？其规模或是大至千人分散的手工工场，或是集中劳动的百人规模的手工工场。18世纪初期，英法两国在冶铁业方面未见明确统计数字，但世纪之末，英国铸铁产量为6.3万吨，法国则为13多万吨。法国在煤炭、非金属、纺织、造船方面比英国逊色，但在丝绸、冶铁、酒类奢侈品方面则胜于英国。法国还集中了欧洲一半以上的货币，并出现了近代重商主义的权臣柯尔贝尔。

与中国秦汉时期的不同之处是法国的工商经济市场规模比那时的中国更加扩大，而且遍及欧洲诸国及美洲。法国贵族的传统意识是权力和荣誉来源于封建领地和领地上的人口，而纯动产则意味着地位卑下，所以贵族视工商业为贱业。正如托克维尔所言，越到中世纪末期，"贵族阶级的财产很快就成了其他阶级力图攫取的共同猎物。每个人都会利用贵族的无知、冲动与弱点，争先恐后地拼命将贵族拥有的大量非生产性财产纳入普遍的商业活动中"（《旧制度与大革命》，商务印书馆2012年版，第291页）。

中法两国不同之点更在于，封建领主制度结束以后，中国文化学术上出现的百家争鸣，被后来强大的秦汉专制皇权封杀了。而法国却在封建领主制度的瓦解中，迎来了欧洲的文艺复兴、宗教改革、启蒙运动。即便是路易十六，口头上也讲"自然法"、"劳动权"、"人权"。法国经济、政治、文化存量的聚积都有了数百年的历史。

其次，让我们思考一下，为什么大革命的主体只能是第三等级。法国当时不少地方仍然存在着中世纪的残余制度，那里的人民多为农奴。农奴没有发展先进生产力的渴求，当然也不会提出资产阶级革命的要求。提出资产阶级革命要求的阶级只能是法国的第三等级，即为数众多的工商业者、知识分子阶层和广大自耕农。他们的物质利益得不到保证，政治上无地位，资本主义工商业的发展在封建专制制度下受到严重阻碍。第一等级、第二等级虽然多已失去领地，但不交税，又有特权，享有年金。封建专制国家把沉重的财政负担统统转移给第三等级。第三等级要交的租税，据托克维尔统计就有军役税、人头税、念一税、年贡、劳役、附加税、注册税等等，法国成为一个主要靠穷人纳税的国家。国王税收不足，就大举借债。如路易十三在位15年，国家的债务即增加3倍，达45亿利弗尔。这些债务负担只凭农业人口的税收远远不够，压榨的对象也只能是交纳工商税的资产阶级和小资产阶级——第三等级的市民了。

这种革命在落后的农奴地区是无法产生的，它一定要在生产发展、社会进步，但又遇到强大阻碍时，才能形成革命的暴风雨。正如托克维尔所言："这场革命主要发源地的法国那些部分，恰恰正是进步最明显的地方。""相反没有什么地方的旧制度像卢瓦河流域及河口处、普瓦图沼泽和布列塔尼荒原那些地方保存得更完整了。恰恰是在那里点燃并滋养了内战战火。"(《旧制度与大革命》，商务印书馆2012年版，第214、215页)

我们万不可被所谓繁荣了、压迫轻了、负担少了、为何革命却发生了的假象所迷惑。托克维尔已经回答了这个问题，那就是法国资产阶级革命只能在交纳工商税的资产阶级有足够发展的区域开展，而不可能在落后的农奴地区开展。

第三，让我们想一想法国大革命要解决的根本矛盾是什么。法国农村多有公社组织——这是我们研究法国历史必须要理解的地方——这在托克维尔、马克思的著作里都提过。公社有大量公地，"1710年至1789年许多省份地主便夺取了三分之一的公共土地"（《世界通史》，人民出版社1997年版，第190页）。法国大革命时期的英国经济学家阿瑟·扬在革命爆发前十分惊异地发现，大量土地已被原来的农奴、现已变为农民的人占有。这种情形，他估计占了法国土地面积的一半。所以，托克维尔认为法国大革命"这是另一场革命，它与使农民变为土地所有者的那场革命一样伟大"。

用今天的话来说，法国大革命就是一场所有制变革、资产阶级希望占据统治地位的革命。农民占有了土地，但没有所有权；工商业者有了自己的产业，但也未得到明确的所有权，因而才与当时的国家制度、生产资料所有制产生了严重的对抗性矛盾。路易十四在一项敕令中的理论是："王国所有土地原本均依国家的条件被特许出让的，国家才是唯一真正的所有者，而所有其他人只不过是身份尚有争议、权利并不完全的占有者而已。"（同上，第227页）第三等级没有完全的土地所有权，却要为产权不完整的土地缴纳越来越多的税收，此社会矛盾未除，新危机又出。那时为了应对财政困难，还要加税、举债，又一次触动了第三等级的所有权问题。这才是法国大革命的根本矛盾所在。

路易十六为摆脱政府的财政危机，不得不召开全国三级会议，但在召开三级会议、代表名额、全能法院、国民会议、制宪会议等方面，均与第三等级产生了激烈冲突。就连特权阶级的米拉波伯爵、西哀士神父都转向革命。矛盾由弱到强、由小到大，革命终于在1789年7月14日顺势而发，巴黎群众攻下巴士底狱。

不能认为革命不识好歹，群众得寸进尺。革命的每一步骤，都包含着百年的历史积怨和愤懑，革命群众没有退缩，而政府却没有根本对策，最后只能是全盘崩溃。"8月4日之夜"，法国的制宪会议在亢奋激昂的气氛下，通过了大革命后第一部新宪法。现节选有关条款如下：

第一条：议会声明封建制度从此废除。这包括"现存关于封建制度的不动产所有权，以及一切来源或代表农奴制的制度的收费都应马上废除而不受保护"。

第九条：财政上的免税权力已被永久废除，税款将会通过相同形式向全体公民收取，新的税款征收方式正在制定当中。

第十一条：所有公民，无论其等级及出身，均有任职政府机构及军队的资格。

以上新宪法的若干条文正是体现了激进的资产阶级的力量，更体现了封建专制政府和法国人民大众的矛盾。所以托克维尔认为法国大革命"无疑是个无经验的时代，但它却襟怀开阔，热情洋溢，充满雄劲和宏伟：一个永世难忘的时代，当目睹这个时代的那些人和我们自己消失以后，人类一定会长久地以赞美的目光仰望这个时代"（《旧制度与大革命》，商务印书馆2012年版，第244页）。

法国大革命前，朗格多克省是一个例外。该省是一个经济繁荣、压迫减轻、居民负担较少的省份，由市民阶级治理。他们向法国君主买下了所有的征税权、官位权，而国王则以保留该省的三级会议为代价。这里不但未爆发革命，反而在革命中还持保皇的立场。所以托克维尔不无遗憾地说："倘若当初那些君王不是仅仅考虑坐稳江山，他们只要把用于取消和歪曲省三级会议的一部分的顽固劲头和气力拿出来，就足以使省三级会议依照朗格多克方式臻于完善，并使之全部适合现代文明的需要。"（同上，第279页）或可走上托克维尔羡慕的英国道路。

虽然托克维尔认为，革命群众的内心有着复杂的心理和企望——贪欲、嫉妒、仇恨和独特的残忍，但他还是摆脱了自己的贵族立场，尽情歌颂了它。绝不要相信法国人在最大的痛苦中经常表现出来的轻松愉快、自寻开心的表现。他认为："给这些人打开一条出路吧，让他们摆脱他们似乎不介意的苦难，他们立即会朝那个方向飞快地跑去，势头暴烈，要是你挡住他们的道，他们连看都不看你一眼，就从你的身上踏将过去。"（同上，第172—173页）这话多么熟悉，让我们想起毛泽东的《湖南农民运动考察报告》。托克维尔这种态度、语言充分肯定了法国大革命的正当性、合理性，而他对法国高度集权的官僚专制制度的嘲笑、仇恨也是一目了然的。

今天中国又有人重读此书，我觉得也是对那种"告别革命"思潮的一种反省和考问。"一切都会过去，一切都不会过去"，一个中学生以此写了一篇作文，直击我心。中国人民在大革命、土地革命、抗日战争、解放战争中的革命、牺牲，无法令人忘怀，中国的"革命"二字在历史上是怎么写出来的？是用多少人民的热血、生命写出来的？在内战中死亡的敌方官兵，也是共和国成立的一种代价。我国革命在1949年已告结束，但绝不可忘记过去的革命！记忆加创造等于社会变革，为了不再发生革命，我们要以前辈的勇气、决心和智慧，参加今日中国的改革。

旧制度给大革命留下的唯一遗产是什么

在托克维尔看来，法国大革命有如山呼海啸，毫不犹豫地摧毁了法国的君主王权制度、法律制度和经济基础，改变了法国社会的风尚民俗，并且越出国界，在欧洲境内"打碎一顶顶王冠，践踏一个个民族"，"似乎最终要清算上帝本身"，"而且要使世界焕然一新，可以说要创造一种新人类"。（同上，第43—44页）

托克维尔认为，法国大革命和旧制度没有完全断裂，但遗产十分有限，唯一保留下来的遗产，就是旧君主制下的中央集权："我承认中央集权制是一大成就。我同意欧洲羡慕我们，但是我坚持认为这并非大革命的成就。相反这是旧制度的产物……这是旧制度在大革命后仍保存下来的政治体制的唯一一部分。"（同上，第75页）这种羡慕并非褒义，而是对欧洲君主的揶揄。

这里说的王权或中央集权，实质上都是国家政权中的行政权，而立法权、司法权，虽然名义上也有，但都是仆役、婢女，可能还是封建领主时代的遗留风俗。托克维尔说，只有当王国民情鼎沸时，中央政权才让他们出头露面，"暂时理事，允许他们热闹一番"，"社会飞跃发展，每时每刻都产生新的需求，而每一种新的需求，对中央政府来说都是一个新的权力源泉，因为只有中央政府才能满足这些需求"。（同上，第100、101页）这就是经济学中"寻租"现象产生的制度环境。因为司法缺乏灵活性，其活动范围是固定不变的，新的案件层出不穷，立法又无例可循。

法国君主的王权、中央集权是怎样形成的呢？那是伴随着大小领主势力的沉沦，开始发展和膨胀起来。就和中国秦汉两朝一样，封建领主成为采邑的食利阶层，就不再是领地的主人了，即使领主们手中还有一些领地中可怜的司法权力，只要能兑换成金钱，领主们也不吝交换。这样隶属中央的地方行政权力就乘势建立了起来。大革命前的法国划分为34个总督管辖区，各管辖区都由国王委派总督，各县则有总督的代理人管理，总督代理人的手下则有税务员、行会理事和警察承担政府的行政职权。省属的各教区一切事务都由政府的官吏把持，教区实行的法律不再是过去的领主法律，而是君主专制国家的法律。

随着中世纪领主土地的陆续失去，他们转发国王敕令、征集民兵、征收捐税的公共权力已不再拥有，不再直接统治地方。大的贵族住到巴黎靠年金过活，中小领主则生活在农村、乡镇。"领主事实上只不过是一个居民而已，与其他居民不同的只是享有免税权和特权；他拥有不同的地位，而非不同的权力。总督们在写给他们的下属的信中，特意说道，领主只不过是第一居民。"（同上，第70页）

王权的形成，在路易十四时期达到顶峰，"朕即国家"即是王权形成的权威名言。据托克维尔所说，围绕着王权，形成了一个拥有特殊权力的行政机构，这就是御前会议。它集中了法国国家所有的权力，充分显现着王权的意志。御前会议既是最高法院，又是高级行政法庭，掌管一切特别管辖权。并且还是政府的核心组织——最高行政委员会，对政府官员具有指导作用，决定重大政务，监督下属政权；同时有立法权，制定法律和分派捐税。其实在立法权、行政权、司法权的幕后，国王才是一切的主导、灵魂。这就是托克维尔说的旧制度中的王权、中央集权的国家机器。因此法国当时没有真正握有立法权、司法权的相应组织机构。

国王路易十六高度集权，但其行为并不检点，处理国事昏昏欲睡，打猎、舞会时兴致盎然，结果大权落在王后手中。中央设有总监，下面六个大臣各自为政，办事效率极差；各级机构臃肿陈腐，冗官闲职或一团和气不办事，或相互掣肘、拆台；官僚军事警察机构每年的花销空前，仅支持北美独立战争就开支军费20亿利弗尔。法国支持北美独立战争，并非法国国王支持北美人民的正义斗争，而是英法为了争夺殖民地进行的七年战争的延续，结果使法国陷入更深的经济危机，直接导致了三级会议的重新召开和革命的爆发。

在高度中央集权的国家政体下，法国的官本位在托克维尔笔下描写得也非常精彩："那时的职位更多，较小职位的数量简直没有穷尽，仅仅自1693年至1709年所设职位就达4万之多"，"一个人略识文墨，生活优裕，若是弄不到一官半职，那就死不瞑目"。（同上，第132、133页）托克维尔大笔一挥，又指向路易·波拿巴的第二帝国："当时的政府鬻卖职位，而今天政府则授予职位，要想获取职位，不用掏钱；人们的手段更高明：将自己交付出去。"新的人身依附关系出现，奴性官僚又开始形成。

政府官吏专横、贪腐、颟顸，干什么事只求痛快，根本不管百姓死活。比如修路："桥梁公路工程指挥从那时起，就像我们后来看到的那样，爱上了直线的几何美；他们非常仔细地避免沿着现存线路，现存线路若有一点弯曲，他们宁肯穿过无数不动产，也不愿绕一个小弯。在这种情况下被破坏或被毁掉的财产总是迟迟等不到赔偿，赔偿费由政府随意规定，而且经常是分文不赔。"（同上，第227页）这样践踏民众切身利益的野蛮拆迁，怎能不惹怒乡村中新的土地所有者——地主和自耕农，以及城市的市民阶层，也就是新的社会阶级？托克维尔说的中央集权政体，在帝国时期更准确的描述，应是"中央集权的官僚专制政体"。

中央集权官僚专制政体成功建立起国家从君王直到城乡最底层官吏的纵向统治体系，但国家缺少横向的组织架构平衡。原有的地方领主机构、城市的行会组织、城乡的自治团体、教会对教区的管理、各省的三级会议几乎都被行政机关代替，没有任何社会团体、中介组织和行政系统沟通和交流信息、反馈民意。专制政府还自鸣得意，无形中已成孤家寡人，背上无限责任。正如托克维尔所言：城市中一切工程都要奉照御前会议的方案办理。工程招标要在总督或代理人面前进行。甚至公众的喜庆活动也要由官员主持，由他命令何时点放灯火、何时张灯结彩。

在专制政府的统治下，法国人民变得十分怪异扭曲，托克维尔说："他们一心关注的只是自己的个人利益，他们只考虑自己，蜷缩于狭隘的个人主义之中，公益品德完全被窒息。""每个人都苦心焦虑，生怕地位下降，并拼命向上爬，金钱已成为区分贵贱尊卑的主要标志。"这是多么可怕的一种社会败象，但专制主义喜欢人人如此，"专制制度夺走了公民身上一切共同的感情，一切相互的需求，一切和睦相处的必要，一切共同行动的机会；……人们原先就彼此凛若秋霜，专制制度现在将他们冻结成冰"（同上，第35页）。这就是现代人所称专制社会中，每个人都是游离的原子、原子化现象。在某种程度上，他们也需要集权的、专制的制度保证。

托克维尔认为，法国君主制国家仍然是大土地所有者的国家。原先的领主贵族，虽然大部分失去土地，但还没有像英国那样资产阶级化，同时还严重妨碍新兴资产阶级提升社会地位。也就是说，法国旧的上层建筑虽然未变，但其基础却大大变化了。按照托克维尔的逻辑来讲："作为其基础的社会一旦动摇，这座宏伟大厦顷刻之间就会全部毁灭。"（同上，第175页）当旧的中央集权君主专制国家在大革命中顷刻毁灭之时，革命的领导人和刚刚获得平等的人民仍然需要政府、需要国家机器的保护。托克维尔说："在无政府状态和人民专政中被挫伤而软弱无力时，当慌乱的民族摸索着寻找他的主人时，专制政府便有了重新建立的极好机会，而这些机会是那位天才轻而易举地发现的，他后来既是大革命的继续者，又是大革命的摧毁者。"（同上，第244—245页）他说的"那位天才"就是拿破仑·波拿巴，他说的专制政府则是拿破仑建立的法兰西第一帝国，也即旧制度中国家机器的一种新的专制形式。

如果说托克维尔对拿破仑、对第一帝国的评论还是两分法的，那么他对路易·波拿巴和法兰西第二帝国则是充满仇恨，并且极尽嘲笑之能事。在这方面他与马克思、恩格斯有极大的相同点。

拿破仑三世在法国1848年2月、6月革命洪流之后，当上了总统、皇帝。他也是历史的工具，为资本主义的发展起了开拓道路的作用。但他极无政治信义，好大喜功，纵容社会纸醉金迷、贪污腐化，鼓励各人自扫门前雪、只顾个人发财的市侩生活。托克维尔认为，在拿破仑三世时代，政府掌握着无穷无尽的恩典、赈济、荣誉和金钱，具有的手段既有诱惑性又有强制性，足以平息一切反抗。整个社会生活万马齐喑，巴黎上层是放荡不羁的享乐风尚，感情、思想杂乱无章。托克维尔虽然极力称赞法国大革命，但他内心始终高兴不起来，因为法国扩大了专制的国家机器，而多数法国人又选择了倾向帝制的路易·波拿巴，回到了大革命前的君主制！

当路易·波拿巴把法兰西共和国又变为第二帝国时，马克思写了《路易·波拿巴的雾月十八日》一书。该书的中心思想就是当路易·波拿巴把行政权力提到皇权的极致，而立法机构又做了行政机构奴才和帮凶的时候，路易·波拿巴才做上了皇帝。而这里的"物种基因"则是从法国波旁王朝、第一帝国、第二帝国延续下来的中央集权专制政体和集权意识主导的法国人。

托克维尔是一位难得的历史学家，但他不是一位社会主义者，而且对社会主义充满了恐惧和敌意。他只见过布朗基一次，那是在法国1848年6月革命的前夜。他说在议会上，"一个人登上讲台，此人我只在那一天见过。然而一念及此，我就充满厌恶和反感。……一副凶恶、下流的模样，……人们告诉我他就是布朗基"（《托克维尔回忆录》，人民出版社2013年版，第131页）。托克维尔这种感觉不是偶然的偏好，在同年的二月革命中，作为一位睿智的历史学家，他预感到："自2月25日起，许许多多不可思议的体制猛然从革命者的头脑中冒出来，在大众混乱的头脑中传播。"（同上，第81页）"这些理论相互之间分歧极大，常常截然相反，有时甚至势不两立。但是所有这些理论，它们的目标全都不着眼于政府，而是力图触动社会本身——即政府赖以存在的基础，他们全都打着社会主义的旗帜。"（同上，第82页）

在此要对托克维尔的观点作一些说明。他这里指的社会主义乃是空想社会主义，就是包括像圣西门、傅立叶、布朗基主张的那些社会主义。至于科学社会主义理论的出世篇——《共产党宣言》是于1848年2月21日出版的，仅早于法国二月革命一天。马克思、恩格斯也非常关心法国大革命及巴黎公社等历史事件，现在让我们看看马克思主义早期的国家理论是如何回答法国旧制度遗产问题的。

马克思国家学说的基本内容是什么

托克维尔和马克思是同一时代的人，他比马克思年长13岁。托克维尔是否看过马克思的著作，不能肯定，而马克思和恩格斯肯定看过托克维尔的著作。从他们书中谈到的美国特殊国情、欧洲顶顶王冠被打落在地的语句，都可以得出这样的判断。在国家学说方面，托克维尔对马克思的研究也有相当的帮助。针对托克维尔关于法国旧制度在大革命中唯一保留下来的中央集权官僚专制的论述，马克思也表示赞同，但在如何对待旧制度的官僚体制上，两人的观点则是完全不同的。马克思在巴黎公社的革命实践中，提出了关于国家学说的崭新观点。整理其要点有以下四点：

1. "工人阶级不能简单地掌握现成的国家机器。"

法国的君主专制国家，及其后的第一帝国、复辟的波旁王朝和第二帝国，在托克维尔看来都是中央集权专制帝国，就是这期间的民主共和国也是中央集权的国家。尽管其统治阶级在不同时期可以分为封建统治阶级和资产阶级，但国家权力总和无产阶级无缘，不可能从根本上满足人民大众的要求，达到解放人民的目的。这就是历经大革命及其以后80多年，旧制度的国家官僚专制机器不但未消失，反而日益庞大臃肿的原因和秘密。

马克思在总结法国巴黎公社历史经验教训的《法兰西内战》一书中，即明确提出："工人阶级不能简单地掌握现成的国家机器，并运用它来达到自己的目的。"（《马克思恩格斯选集》第二卷，人民出版社1966年版，第460页）意即中央集权专制的国家机器，再也不能"从一些人的手里，转到另一些人手里"，否则工人阶级解放的目的便不能实现。为什么呢？因为"中央集权的国家政权及其遍布各地的机关——常备军、警察、官僚、僧侣和法官是起源于君主专制时代，当时它充当了新兴资产阶级反对封建制度的有力武器"（同上）。所以法国大革命保留了以前的中央集权专制的国家机器，而巴黎公社诞生以后，马克思认为如果人民群众要彻底解放，要实现消灭剥削阶级的国家制度，就必须打碎旧中央集权专制的国家机器，即"工人应当打碎的已不是旧社会的那个比较不完整的政府权力形式，而是具有最后、最完备形式的这一权力本身，就是帝国。公社是帝国的直接对立物"（同上，第522页）。打碎旧的国家机器，不是要搞无政府主义，其全部的目的就是防止国家和国家的权力机关由"社会的公仆变为社会的主宰"（同上，第426页）。巴黎各区选举公社的公社委员，公社是议行合一的工作机构。公社任命的公职人员，随时可以撤换，和公社委员一样只领相当于工人工资的薪金。全民皆兵，废除雇佣军。这就是马克思关于国家学说中的直接人民主权论的精粹观点。巴黎公社的政权形式虽然很多地方过于理想，脱离了实际，但它充分体现的人民主权论，历史必将对其原则予以兑现。

马克思的这种国家学说对于今天的中华人民共和国来说，仍有重大的指导意义。我国宪法第一条即指明我国性质是社会主义的人民共和国。第二条即说明共和国的一切权力属于人民，一切国家机关都要对人民负责，受人民监督。也就是人民主权论。我国未必采取全国性直接普选的民主。从现实情况看，认真执行代议的民主制度也可以，即我国现在的全国人民代表大会制度。建国以来发起了不少运动，开展了若干重大的批判斗争，其实都不如批判官僚主义的针对性强，但未把官僚主义提高到体制上认识，所以造成一些死官僚，他们不知手中之权从何而来，竟至出现大量的"权力寻租"现象。只要共和国主权在民，官员是人民公仆，共产党是全心全意为人民服务的政党，那么中华人民共和国尽管有着各种矛盾，也是一个充满活力的、无人可以战胜的新型国家。

2. 帝国和民主共和国

马克思在《法兰西内战》一书中说的打碎旧的国家机器，指的应是法兰西帝国，是法兰西帝国官僚制度的国家机器。扩大而言，可以包括当时整个欧洲大陆国家，从法国直到俄国，但英美资产阶级民主制的国家机器并不包括在内。马克思承认美国这样的国家，没有国王，没有贵族，没有领取年金的官僚，就是常备军也仅限于监视印第安人的一小群士兵，而且还是实行了三权分立的国家制度。在他看来，美国的两党制仍然运用轮流执政的方法，运用政权进行投机谋利。但马克思把资产阶级的两种政权组织形式作了严格区分，他和恩格斯在晚年又对英美的资产阶级民主作了新的解释和预测。进行两种区分不是一件小事，有其特殊意义。

比如，"文革"结束以后，邓小平同志在《党和国家领导制度的改革》的讲话中，痛定思痛地说道："我们今天再不健全社会主义制度，人们就会说，为什么资本主义制度所能解决的一些问题，社会主义反而不能解决呢？……斯大林严重破坏社会主义法制，毛泽东同志就说过，这样的事件在英、法、美这样的西方国家不可能发生。"为什么英、法、美国家不会发生？原因当然复杂，他讲话中多次讲到，我国政治体制中的"封建专制主义的影响"，"各国（共产）党的工作中领导者个人高度集权"，建国后"官僚主义"、"权力过分集中"、"家长制"、"干部终身"等等无疑是最重要的原因。这些严重弊端的清理仍需通过改革解决。我认为这是我们今天学习托克维尔著作和马克思国家学说最需要结合实际之处。

3. 三权分立和无产阶级专政

法国巴黎公社起义成功以后，政权组织应该如何确立呢？是首先分设这个政权的立法权、行政权和司法权的职权呢？还是向凡尔赛的帝国旧势力、梯也尔之流进攻、镇压反革命、没收法国最大的法兰西银行、解决普鲁士兵临城下的问题呢？毫无疑问，应着手处理后一类问题！如果这么做，那公社就是履行了无产阶级专政的职能。可惜，当时无产阶级、社会主义事业还处在初始阶段，还不成熟。掌握公社命运的领导者大部分还是布朗基分子和普鲁东分子。当时巴黎实行的无产阶级专政，远远比不上凡尔赛实行的资产阶级专政的力度。与巴黎公社对敌人的宽容态度相反，梯也尔政府从内战一开始就毫不犹豫地屠杀公社的战俘，直到拉雪兹神甫墓地最后的大屠杀。这是无产阶级专政不可忘却的教训。

巴黎公社把立法、行政、司法权力统筹行使，也就等于是行使了无产阶级专政。这就是马克思说的"公社不应当是议会式的，而应当是同时兼管行政和立法的工作机关"（同上，第463页）。这里说的无产阶级专政是指革命政权刚刚建立，对一切反抗革命的敌对势力实行的暴政。但这一制度是有时间性的，随着人民政权的稳固、法制的建立，立法权、行政权、司法权是否要分开呢？说三权分立不好听，关于国家政权的建设上总要有个三种权力如何设置、各自行使职权的问题吧。我们常说行政官员不能既当运动员，又当裁判员，岂不知此话发明权还是恩格斯哩！他说："在那些确实实现了各种权力分立的国家中，司法权和行政权彼此是完全独立的。……这两种权力的混合势必导致无法解决的混乱；这种混乱必然结果就是让人一身兼任警察局长、侦查员和审判官。"（《马克思恩格斯全集》第四十一卷，第321页）

那么无产阶级专政和国家的立法权、行政权、司法权两者如何相处而不对立呢？1891年4月30日，即恩格斯为马克思《法兰西内战》写的"导言"二十年之后，他又著文写道："一个新的社会制度是可能实现的，在这个制度之下，现代的阶级差别将消失；而且在这个制度之下———也许在经过了一个短暂的、有些艰苦的，但无论如何在道义上很有益的过渡时期以后，———通过有计划地利用和进一步发展一切社会成员的现有的巨大生产力，在人人都必须劳动的条件下，人人也都同等地、愈益丰富地得到生活资料、享受资料、发展和表现一切体力和智力所需的资料。"（同上，第330页）恩格斯说的"过渡时期"就是无产阶级专政时期。而且无产阶级专政还要讲"道义",毛泽东在建国期间也说过类似的观点。马恩说的无产阶级专政绝非是从资本主义到共产主义整个历史时期都要存在的,无需引用更多的经典名句,只要看看我国的革命与建国的历史就能说明很多问题。

我党领导的武装革命有22年的历史,那时在革命的名义下,在革命根据地立法、司法和行政是合而为一的,即三者合一的工农专政,以后改为"人民民主专政"。即便那个时期,有条件的地区,公诉机关、法院和地区政府的职能也是尽量分开的。抗日战争之初,延安红军高级干部黄克功一大命案,八路军检察机关就有公诉人。人称"马青天"的马锡五,就是陕甘宁边区的法院院长。自我国1954年宪法诞生以来,我认为人民民主专政的国家体制就应逐步转为民主、法制的国家体制;立法权、行政权、司法权就应在宪法的体系框架下不断丰富自己的法理、职能。我国的全国人民代表大会是我国最高的权力机关,其制定的宪法是国家的根本大法;"行政权"应恪守"以宪司政"的基本信条,规范公权自身,保护社会私权;"司法"权则应保障"以宪司法"这条不可逾越的红线,保护公民权利,以法惩处一切犯罪分子。"以宪行政"、"以宪司法",这就是宪法产生的宪政,就是人民代表大会,制定其他法律时也要"以宪制律"。如果我国的国家政权建设,真能向这一方向发展,何来"文革"?改革也就可以采取另一形式了。

文革的序幕,就是以"海瑞罢官"——牺牲彭德怀同志,来祭旗和发端的,当时党中央已无民主生活可言。那时宪法等于一张废纸,刘少奇虽手持宪法,但也无法拥有共和国主席的发言权。"文革"中听到一则消息:我国最高人民检察院检察长张鼎丞就曾怒气冲冲地要起诉江青。那时,"皮之不存毛将焉附",宪法已毁,也就没有宪政,仍然无济于事。习近平总书记说:宪法的生命全在于实施。我想,有宪法必有宪政,无宪政,宪法也不神圣。这是惨痛经验的总结,不知此判断妥否。

中国共产党在社会主义国家政权的建设中,其历史作用是最为关键的。一个没有先进思想、科学理论武装起来的党,就无法光荣走完自己的历史之路。它的领导作用，在马克思主义的国家学说中应有如下内容：一、领导全国人民制定宪法，自己首先要模范遵守。二、保障我国人民代表大会、国务院、最高人民法院、检察院正常运转，立志建设高度文明的民主、法治国家。三、制定党的方针政策，鼓励党员充分行使自己的权利义务。四、发挥党员的模范作用，以团结全国各族人民。五、发挥国际主义精神，为世界人类的进步事业而奋斗。

4. 行政集权和公民社会

"集权"的字眼虽不好听，但试想哪一个统一的国家，没有行政集权呢？英国的君主立宪制，美国的总统联邦制，法国的民主共和制，都有程度不同的中央行政集权。托克维尔、马克思只是反对波拿巴主义的高度中央集权的官僚专制体制，并不反对当时的民主共和政体必要的中央集权。

民主共和国的立法，不能过度集权，要由代议制的民主方式制定法律。民主共和国的司法也不能过度集权，司法权应交给公民社会。凡涉及民法、商法的原告、被告，都有打官司的权利和义务，法律地位是平等的，都可以请律师，还有陪审团。国家检察机关起诉的公诉案件则另当别论。只有行政是可以真正集权的，因为处理政务要讲效率，就像是军事长官要处理军事问题那样。但政府的权限必须明确，法律未授权的领域，绝对不能进入。它的集权只反映在依宪行政、依法行政上面。社会主义的民主共和制同样要提高效率，要大力反对官僚主义。社会主义反对官僚主义、提高效率有一条根本保障，就是所有的公务员都是人民的勤务员，应该全心全意为人民服务。如果做不到这点，起码也要有一种强烈的意识：所有公务员都是纳税人所供养的。

立法的民主和行政的集权是否发生矛盾呢？是经常会有矛盾的。针对当时第二共和国情况，马克思认为，这种矛盾一旦发生，国民会议就一定要站在人民一边，敢于和行政权进行斗争，必要时要敢于发动群众推翻它。但法国的1848年6月起义吓坏了资产阶级，他们背叛了革命，国民会议不是依靠人民去抵制不断扩张的路易·波拿巴的总统行政权力，反而帮助他埋葬了国民会议的立法权,从而为他恢复帝制创造了大好条件。

马克思还讲到国民会议和全体国民的关系,他说:"在议会中,国民将自己的普遍意志提升成为法律,即将统治阶级的法律提升成为国民的普遍意志。在行政权力的面前,国民完全放弃了自己的意志,而服从于他人意志的指挥,服从于权威。"(同上,第214页)这就为国家的行政权力充分发挥作用、提高效率打开了广阔空间,只要它在立法原则框架下活动,任何公民都不能以个人的民主、自由为借口妨碍公务活动。

这种政体是建立在什么基础上的呢?我认为建立在国家一切权力属于人民和所有公民的权利义务平等基础之上。这在民主共和制的国家中,都有宪法明文规定,我国也不例外,都是有法律保障的。比如我国的选举、居民委员会组织、村民委员会组织、民族区域自治等,还有众多社会团体包括商会等自治组织都是。只有落实了选举和自治,中国共产党才是融入了社会,又引领了社会的进步;它在人大、政府、司法方面才算起到了缔造者的作用。

反观我国的现状,确实还有很多令人不够满意的地方。比如我国一些行政措施,法规在实行中出了乱子,引起群众不满。究其原因,不是宪法、法律出了问题,而是行政法规、规章等出了错,甚至出台明显违宪的行政法规、规章等,专业术语叫下位法违反了上位法。又比如,公民在司法过程中的权利得不到应有保障,本应"无罪推定"、"疑罪从无"的案件,往往因公检法分开办案的宪法规定没有得到贯彻而难以落实。一个统一的社会主义大国,如果广大公民有广泛的个人自由,自由的公民又非自由原子而能构建起基层的民主组织,基层建有广泛的自治权利,那么国家的立法就是建立在民意基础上的立法,司法就可以自行消弭大量的人民内部矛盾,行政才能形成权威。

结束语

托克维尔在《旧制度与大革命》一书中,着重分析了法国自旧的王权国家直到法兰西第二帝国国家机器的演变和发展。马克思也对这一时期法国的国家政权予以极大的关注，花费了极多的时间进行研究，从而建立起他的国家学说。他去世以后，恩格斯针对美国印第安人的情况，写出了他的不朽名著《家庭、私有制和国家的起源》。

对于近百年的社会主义和共产主义革命而言，单单对巴黎公社政权的经验总结是远远不够的。苏联共产党建立了社会主义国家，但苏共也没有严肃认真研究、改革自己并不完善的国家机器，这是列宁逝世以前极为忧虑的几件头等大事之一。苏联以后实施偏激和过度的无产阶级专政，严重破坏了社会主义法制。这是苏共失去政权的一条重要原因。

中共取得了国家政权以后，究竟是如何对待自己的国家机器呢？1949年全国政治协商会议通过的"共同纲领"，1954年制定的"五四宪法"，改革之初，中共所作的《关于建国以来党的若干历史问题的决议》，都涉及社会主义国家学说这一问题。此问题，今天还未根本解决。对此，胡锦涛同志对全党是有警示的，他说：共产党的权力是人民赋予的，共产党掌握政权不是一劳永逸的，今天掌权不等于永远掌权。改革开放的中国必须以极大的勇气、谦逊的态度，继续研究社会主义国家的国家学说及其相关知识。所以，《旧制度与大革命》这本书非常值得推荐和学习。

——《中国智库》（总第 12 辑）2015 年第一期

第二编
国家前途与全面深化改革

需要我们重视的几个改革议题

张卓元[*]

十八届三中全会的《决定》各方面的讨论比较多。我想就经济领域列举一些我认为需要重视的几个改革议题。

关于市场在资源配置中起决定性作用的适用范围问题

这次《决定》第一次在党的文献中提出使市场在资源配置中起决定性作用的论断。在此之前，我国经济界和理论界还没有人明确提出过这个论断，说明这一次《决定》走在改革理论的最前面。

这里有一个问题值得研究，就是市场在资源配置中起决定性作用的范围怎么样来界定。我认为市场在资源配置中起决定性作用主要适用于经济领域，并不适用于文化社会等领域，虽然在文化社会等领域中产业的部分也需要很好运用市场机制。也就是说，文化社会等领域有不少公共

---

[*] 张卓元，中国社科院经济所研究员。

服务的部分，比如，义务教育、公共文化服务、基本医疗卫生服务、居民的基础养老等等是不能够由市场来起决定性作用的。过去曾经一度出现过上述领域也搞市场化的趋向，使政府提供公共服务的职责没有很好到位。所以这次《决定》明确指出紧紧围绕使市场在资源配置中起决定性作用来深化经济体制改革，而没有说还要涉及其他领域。

国内外的实践都表明，只有让市场起决定性作用才能够不断提高资源配置的效率。这个问题目前在理论界也有不同的意见，比如有的专家认为，资源配置有宏观和微观的不同层次，在资源配置微观层次，市场价值规律可以通过供求变动和竞争机制发挥非常重要的作用，也可以说微观层次可以起决定性作用。但是在资源配置的宏观层次，市场不应该也不能够起决定性作用。宏观层次里包括部门和地区的比例结构，这里就有一个问题，如果在微观层次市场起决定性作用，那么在部门和地区结构等配置中市场又不能够起决定性作用，这样会不利于资源在市场信号引导下由效益低的部门和地区自动流向效益高的部门和地区，从而提高资源配置的效率。这样会使市场对资源配置的作用估计不足，甚至否定市场在资源配置的微观层次起决定性作用。这个问题按经济领域还是按微观宏观层次界定，当然还有别的不同意见，我觉得是值得进一步研究的。

关于在市场起决定性作用下中央政府和地方政府职能怎样转换的问题

这次《决定》明确以市场在资源配置中起决定性作用来代替基础性作用，一个现实针对性是非常明确的，就是要进一步从广度和深度上推进市场化改革，主要是解决政府对资源的直接配置过多、对微观经济活动干预过多和审批过多等问题。这就要求政府转型，做好原来缺位和不到位的工作，以便更好发挥政府的作用。

我个人认为，目前中央政府在转换职能、减少审批方面，应该说做得还是比较好的，相对而言，地方政府改革特别是改变地方政府直接配置资源过多和对微观经济活动干预过多，改变软预算要素和依赖土地财政以及赖账不还等方面的改变不够明显，有的地方政府甚至还热衷于"大干快上"，追求短期GDP最大化，以至于产能过剩问题、地方债务急剧增长的问题等很难解决。而且地方政府改革涉及地方官员利益的调整，这个问题难度比较大。我个人认为，这是在推进深化经济体制改革方面一个最大的难题。

怎样促进混合所有制经济健康发展

这次《决定》提出，混合所有制经济是基本经济制度的重要实现形式，这也是亮点之一。中国经济经过35年的改革开放，经济高速增长，无论是国有资本、集体资本还是非公有资本，都增长很快。截至2013年年底，国有工商企业资产累计91万亿，所有者权益31.8万亿，其中中央企业所有者权益16.5万亿。2012年私营企业注册资本也达到31万亿，居民储蓄存款更多。

在这种情况下，发展混合所有制经济，有利于国有资本放大功能、保值增值、提高竞争力，也有利于各种所有制资本取长补短、相互促进、共同发展。发展混合所有制经济，为深化国有企业改革进一步指明了方向。发展混合所有制经济，意味着我们现在不提倡国有企业之间的联合。因为在这之前，很多地方热衷于地方国有企业找中央企业搞联合，而不是跟不同所有制资本的联合。所以我们国有企业改革第一步是公司制改革，第二步应该是股份制改革。再进一步，应该发展为混合所有制的改革。现在来看，国有企业特别是国有大中型企业似乎要更加积极和主动发展混合所有制经济。

目前，中央企业的母公司中，只有中国联通等八九家公司初步实现了股权多元化，大多数还是国有独资。近来，已经有一些国有大型企业主动提出实行混合所有制，比如中石化引入社会和民营资本参股，实现混合所有制经营。还有中电投，也是允许民资参股部分中电投旗下的子公司和建设项目，规模比例大概三分之一左右。混合所有制经济既可以国有资本控股，也可以非国有资本控股。当前要着重避免民间资本参股后没有多少发言权的现象,也要避免有的央企在混合所有制改革中只拿出一部分不赚钱或者成为包袱的业务吸收社会资本参与。

另外,在讨论发展混合所有制经济中,也出现有的民营企业一讲到混合所有制经济就要求控股,这也不完全现实。因为现在像中石化等央企准备引进社会资本的,它的油品销售板块拿出三分之一就达到上千亿元,目前单个民营资本恐怕还没有具备控股的能力。在这同时,也要防止在混合所有制改革中出现国有资产流失,其中最重要的就是要客观合理地评估国有资产,依法和公开透明操作,严格防止过去国有企业改革过程中出现的很多乱象。有的专家估计,目前混合所有制经济总体上占我国经济比重三分之一左右,按照现在的发展速度,我个人估计,到2020年,我国混合所有制经济总体上占我国整个的比重可以提高到50%左右。所以,可以想象,随着经济发展和改革深化,混合所有制经济将会有长足的发展。因此,今后需要加强对混合所有制经济的研究,包括怎么样完善法规政策,健全法人治理结构,真正做到在一个经济单位内部,各类资本能够得到同等保护产权、同等使用生产要素,促进混合所有制经济的健康发展。

国有资产监管机构怎样从管企业向主要管资本转变

这次《决定》提出要完善国有资产管理体制,以管资本为主,加强国有资产监管,改革国有资本授权经营体制,组建若干国有资本运营公司,支持有条件的国有企业改组为国有资本投资公司。这意味着国有企业和国有资产管理体制改革进入了全新的阶段,这是个非常大的转变。如何从管国有企业为主向主要管资本转变,对国资委来说是个全新的课题,需要探索经验。

国资委主要管资本,也是同积极发展混合所有制经济相适应的,因为国资委要逐步致力于国有资本的优化配置,也就要求更好地发展混合所有制经济。这次《决定》专门指出,国有资本投资运营要服务于国家的战略目标,更多投向关系国家安全、国民经济命脉的重要行业和关键领域，重点是提供公共服务，发展前瞻性战略性产业，保护生态环境，支持科技进步，保障国家安全。这五个重点跟1999年党的十五届四中全会的《决定》相比——当时提出了国家要控制的国有经济四大领域，应该说又前进了一步。比如1999年四大领域中有个自然垄断行业，国家要控股经营，这个没有问题，但这次非常明确提出来，控制的主要是自然垄断环节，除了自然垄断环节以外应该尽可能地引入竞争机制。目前国有资本80%左右集中在竞争行业，比例太高，虽然国有资本五个重点里也有一个是竞争性行业，但是更多是要倾向于把国有资本投向公益性的方面，这需要按照《决定》的要求进行调整。

今后要很好地界定国内国有资本的职能，大体分为三类：一类是工业性；一类是商业性；第三类是两者皆有的。对不同类的国有企业，需进行不一样的考核指标。比如对于公益性资本运营公司就不能以资本增值作为主要考核指标，而应当着重在成本控制、服务质量等方面提出要求。这些都需要在不断总结实践经验基础上认真研究和逐步完善，同时借鉴国内外几大资本运营公司和投资公司的基本做法和经验。

——《北京日报》（2014）

建设符合市场化改革方向的服务型政府
——兼谈不要误解了行政审批改革

卢中原[*]

服务型政府要坚持从广度和深度上推进市场化改革，按这一方向放权并加强放权后的服务

十八届三中全会《决定》中有一句话，大家关注得可能不太够，理论界研究和媒体宣传得也不够，这就是"必须积极稳妥从广度和深度上推进市场化改革"。我个人认为这个判断的分量很重。

我们现在面临的经济社会问题很多，甚至很尖锐。比如说雾霾严重，这不仅是我们的发展阶段、区域差距、资源禀赋等国情因素造成的，更是由于粗放的发展方式以及促进发展方式转变的体制改革不到位造成的。另外还有医疗、养老、住房、上学等也都受到诟病。十八届三中全会召开前甚至到现在，对市场化改革的批评一直不断，认为中国经济发展中出现的几乎所有问题都是市场化造成的，

---

[*] 卢中原，国务院发展研究中心原副主任、研究员。

例如教育市场化、医疗市场化、住房市场化等等。这种观点有点简单化了，而且其中有一些分析存在故意误导的成分。

究竟该怎么认识下一步改革的方向呢？三中全会《决定》非常鲜明地提出，要"使市场在资源配置中起决定性作用和更好发挥政府作用"。我们要认真领会三中全会《决定》对改革方向和政策导向作出的带有纲领性、全局性的重大论断，这样改革实践和举措才不会迷失方向。

按照深化市场化改革的要求，政府毫无疑问应当继续放权。但是放给谁？根据什么放？一些人担心，政府要改革行政审批制和投资审批制，放权给基层，可是不少基层政权的名声很不好，存在宗族化、与黑恶势力勾结等现象，这怎么能行呢？需要说明，符合市场化改革方向的放权，有的可以放给基层政府，更多的应当是放给市场、企业、行业协会，这是很明确的。让市场在资源配置中起决定性作用，在广度和深度上继续推进市场化改革。如果不把权放给企业和行业协会这些市场主体，而是层层放给基层政权，那就不能解决政府越位问题，甚至会恶化市场秩序。继续由中央管起来也不行，那样就走不出管得过多过细的老路。所以，市场化的改革方向是不可迷失的。

就建设服务型政府来说，有两点需要考虑：第一，政府放权以后的后续服务和监管能不能跟上？第二，投资审批权中央政府下放了，一些地方政府和企业胡作非为怎么办？政府官员腐败以后乱上污染项目怎么办？这些都是很现实的新挑战。权放给企业和行业协会等市场主体后，政府的服务和监管一定要跟上。我理解，在市场准入上，政府要严格设置标准，并且要严肃执法，加强事中、事后的监管，不达标的都要限期整改或清除，不管国企、民企还是外企一视同仁。过去改革是按投资额度向地方分权，现在改革是按投资性质向企业和市场放权。不属于全国性的生态项目、国防项目、基础科研项目和产业布局，投资几亿、十几亿都没有关系，都可以放给企业和市场。不再以成本、利润、规模经济等微观指标作为投资审批标准，而是以是否涉及公共安全、社会公正作为市场准入标准。至少要在能耗、技术、质量、排放、安全、卫生检疫6个方面严格设置标准。这些方面政府可做的事情很多，远远没有适应社会需要。食品安全问题老百姓为什么有意见，原因就是缺少标准和监管。我们很多农产品出口被国际上打回来，农药、肥料残留超标，因为没有自己的国家标准可依。过去我们的政府不擅长做这样的工作，主要搞微观经济项目指标的审批，结果审批出来的项目很多都是失败的。坚持市场化的放权改革，政府还要对企业加强关于政策法规变化、权力清单发布的信息服务；行政审批减少了，更需要发挥好行业协会的信息服务和行业自律作用，配合政府执法监督，共同维护市场秩序。

在基本公共服务方面怎样推进有广度和深度的市场化改革？先得搞清楚什么是市场机制和市场力量，这里首先是供求机制，然后是竞争机制，接下来是价格机制，不能简单认为利润最大化才是市场。要满足老百姓的需求，首先要增加供给，这应该是最基本的常识。我们的高校、医疗、教育为什么收费这么高，根本上是供给不足，满足不了人们不断增长的需求。比如医疗，全国的老百姓都想来北京看病，反映了尖锐的供求矛盾。由于存在各种各样的管制，现在民间有能力的企业和社会主体很难参与办医院、办高校等公共服务事业。管死了，没有供给的迅速增加，却去狠批市场化，这是于事无补的，以致老百姓越来越不满。我们要善于利用市场机制创造供给，才能不断满足人们不同层次、多样化的公共服务需求。

在重大公共事项决策中更应当贯彻程序正义

最近各地有许多基层自治、社会共治方面的探索，取得了不少经验。一些城市建立了行业联盟、社区自治的网格化管理模式，消弭了很多基层的社会矛盾，政府职能转型也体现在其中，效果非常明显。改进政府公共服务，形成网格化的社会共治，这只是国家治理体系现代化的一个组成部分。

同时要看到，各地还存在不少群体性事件。比较突出的是反对政府批准的重大投资事项，比如垃圾填埋、焚烧或大型化工项目。化工项目主要是商业化的企业行为，可能与百姓利益冲突，而垃圾填埋和焚烧项目完全是政府应当大有作为的公共服务事项，是为改善生活环境从而为大多数老百姓利益服务的，怎么会有那么多老百姓反对？这很值得我们反思。我发现，网格化管理的好经验未能覆盖到重大公共决策里面。这反映了重大公共事务决策程序上的缺陷，可能缺少了程序正义。

我们早在20世纪80年代就提出决策的科学化、民主化，现在也有许多新的尝试和创造，除了网格化的基层自治，还有借助新媒体进行网络问政以及逐步公开的电子政务等等。可以说，这些改进公共治理的实践体现了程序正义，能够通过多样化的渠道和创新的方式让民众参与公共事务，使大家感到自己有知情权、发言权和参与权，对涉及切身利益的公共事务能够反映诉求，在多方参与过程中找到最大公约数，对由此形成的公共决策能够取得共识。

我在地方调研时了解到，南方某城区搬迁改造，提出三个月的期限。其中两个月让当地老百姓讨论，比以往的讨论时间延长一个月，形成共识就动，形不成共识就往后延。表面看讨论时间挤占了搬迁时间，但由于讨论非常充分，减少了纠纷，反而缩短了搬迁时间。还有的地方政府，主动组织民众代表到国内外参观考察先进的垃圾焚烧厂，增进了解和沟通，效果也很好。我觉得这是值得发扬光大的公共服务处理方式，在重大公共事项的决策当中贯彻程序正义，可以避免不合作僵持，因而才有比较理想的效果。

建设服务型政府，不仅体现在敢于让民众参与日常的、身边琐细的、浅层次的公共事务管理，而且更应体现在让民众参与重大公共事务决策的过程。我们的某些地方政府或某些公共管理部门，长期习惯于居高临下，为民做主，在重大公共事务中往往忽略程序正义，以为自己代表老百姓的根本利益、长远利益，主观上为老百姓好，目标是正义的，结果也一定是好的、正义的。而事实往往相反，一些动辄几亿、十几亿元的公共投资项目，想必是经过必要的可行性研究和专家论证的，为什么老百姓不认同而且一上街反对就下马？此类教训表明，程序正义不充分，原定的目标和结果都会打折扣，甚至被颠覆；而程序正义的实质在于多方充分参与和表达，在博弈磨合中找到大家都认可的正义目标，最后的结果也才会是都接受的。

所以，政府的公共服务理念和行为要跟上新形势和公众要求。在重大公共决策中，应重视和认真践行程序正义，它是发现目标正义和追求结果正义的基本前提。

——《北京日报》（2014）

正确处理政府与市场的关系

成思危[*]

中央经济工作会议提出,稳增长、调结构、转方式,关键就是要全面深化经济体制改革。十八大报告明确指出,深化经济体制改革的关键是处理好市场和政府的关系,要更加尊重市场规律,更好发挥政府作用。

从历史和现实角度回顾政府和市场关系

现在有一种误解,认为西方经济学就只讲市场,甚至有人说西方经济学家是市场原教旨主义者,这个说法不够全面。西方最权威的经济学教科书是萨缪尔森的《经济学》,他指出,任何社会都是指令经济和市场经济的结合,都是既有指令经济又有市场经济,没有百分之百纯粹的市场经济。

事实上,我们从历史和现实来看也是这样。20世纪二三十年代,强调市场作用是经济学的主流,但也有斯图

---

[*] 成思危,第九、十届全国人大常委会副委员长,第六、七、八届民建中央主席,中国科学院大学管理学院院长,华东理工大学名誉校长,博士生导师。

亚特提出要重视政府的作用。20 世纪 30 年代美国大萧条，导致市场万能论破产并出现凯恩斯主义，凯恩斯强调政府的作用，又有些人倾向强调政府万能。第二次世界大战以后到六七十年代，自由资本主义思潮兴起，例如弗里德曼的货币学派，又强调要尊重市场作用，甚至有人说管得最少的政府是最好的政府。最近的金融危机以后，西方舆论又转向于要更加重视发挥政府作用。

1997 年东亚金融危机以后，世界银行发表过一份报告，讲如何提高政府有效性的问题。这次金融危机以后，西方国家对于提高政府管理有效性的认识又更进了一步。

从横向来看，我在 1998 年和一些学者共同出过一本书，探讨政府和企业的关系。当时我们提出来有三种模式：第一种模式是盎格鲁－撒克逊模式，例如英国和美国，政府对市场和企业管得比较少，基本上没有产业政策和国有企业；第二种模式是莱茵模式，例如德国和法国，政府对市场和企业管得稍微多一些，还有一些产业政策，也有一些国有企业；第三种模式是东亚模式，例如日本、韩国、新加坡等，政府对于市场和企业的管理更多一些。我国政府的强势比东亚模式国家更强一些，对市场和企业管理得更多一些。

从历史和现实的角度看来，在任何时候，政府这只看得见的手和市场这只看不见的手都要发挥作用，这里有一个度的把握问题。如果把握好了这个度，就能够实现 1+1 大于 2 的结果。如果政府对市场的干涉过度，那市场就会丧失效率，政府的公信力也会受到影响。因为市场的力量不是靠政府一个命令就能抑制的。如果政府宣布了某个目标但又没有做到，政府的公信力肯定会受到影响。所以研究政府和市场的关系问题，实际上最重要的是要研究这个度的把握问题。

宏观调控不应违反市场规律

宏观调控是必要的，因为在任何国家中，市场都是追逐效率、追逐利润的，在有关国家安全、人民生活保障、禁毒等问题上都不可能只依靠市场的力量。

而且市场也有失灵的时候，所以宏观调控在任何国家中都是必要的。但是宏观调控不应违反市场经济的三个基本规律。

一是价值规律。商品价格不应该过度脱离它的价值，价格是在市场供求平衡过程中形成的，补贴和限价都只能是权宜之计，因为它会扭曲市场的供求关系。有一段时间猪肉涨价，这是影响民生的重要问题，政府当然需要关注，问题是应当采取什么样的办法来关注。按照市场经济的原理，猪肉涨价必然会刺激猪农养猪的积极性，而且猪肉涨价对于提高农民收入是有帮助的。所以在这种情况下应该关注城市中的低收入人群，他们承受不了猪肉的涨价，而城市里中、高收入人群对于猪肉的涨价是可以承受的。因此应该重点补贴给城市里的低收入人群。但是当时政府采取了补贴生产者的做法，这就容易过度刺激供应。而补贴生产者实际上是补贴了所有消费者，不但是城市里的低收入者，城市里中、高收入者也享受到了补贴，甚至外国人到中国来吃猪肉也享受了补贴。后来发生的情况就是由于过度刺激，猪肉因供过于求而降价，猪农利益受到损失。由此可见，尊重价值规律是非常重要的，如果人为地抬高或者压低价格，最后效果都不会很好。

二是供求规律。供求关系是由市场需求和供应来决定的，不是由计划人员主观判断来决定的。计划经济时期有两句话，就是"多了刀子砍，少了鞭子赶"，总是"少了少了多了多"那样扭秧歌。就是因为当市场某一个商品稀缺反映到计划部门，计划部门采取措施再去建立新的生产装置，或者改造现有生产装置来增加产量，但等到计划部门下达投资后建成装置时，情况可能早已发生变化了。市场本身有调节功能，一旦某个产品稀缺，就会刺激很多企业自发地增加生产。市场的供求关系会自动地引导生产者和消费者的行为。我前些年到浙江，地方的同志给我反映，说那时候发现电不够，希望能建设新的电厂，但是有关部门就是不同意，说按照弹性系数计算电力足够了，最后到了最严重的时期，浙江的企业停三开四，老百姓家里的空调都因为缺电而开不了，跑到人防工程里去避暑。

三是竞争规律。只有通过竞争才能够提高劳动生产率、降低成本，最后使消费者受益。以前有一种说法是反对重复建设，这是不对的。如果新建的工厂有更高的劳动生产率、更低的成本，就应当允许建设，新装置建成后，会迫使原有的企业去提高劳动生产率，甚至迫使那些低效率的企业退出市场，最终对消费者有利。所以后来这句话改成了"防止低水平的重复建设"。

垄断本身既对社会不公平，也对劳动者不公平，因为同样劳动得不到同样待遇；对消费者也不公平，因为消费者没有选择的余地，只有接受垄断企业制定的"霸王条款"。所以，政府应该鼓励竞争、防止垄断，不要人为地限制竞争、保护垄断。

从企业角度看，已占有市场的企业肯定不愿意让新的竞争者进入。就像挤公共汽车，没挤上去的时候就说还能再挤一下，等踩上汽车踏板之后，就跟后面的人说别挤了，等下一辆吧！因此，《反垄断法》最主要的精神是反对企业利用其垄断地位来谋取不正当的利益。

政府官员不能不讲理

现在有学者提出要建设善治政府，也就是善于治理的政府。我认为要更好地发挥政府作用，起码应做到以下几点：

一是政府要依法行政。依法治国首先就要依法治官，也就是官员要依法行政，如果官员不能依法行政，那还谈什么依法治国？

要更好地发挥政府作用，首先就要求政府守法，不能够以政府官员的意志来代替法律。下面流传一句俏皮话："法律不如红头文件，红头文件不如领导批示，领导批示不如领导口头指示。"

二是要讲理。政府官员不能不讲理，这个讲理有两个方面：

一个是要改革审批制。关于审批制也有一句俏皮话："说你行你就行，不行也行；说你不行就不行，行也不行。"后来有人加了一个横批，"不服不行"。还有人加了一个备注，"说你行的人要行"。如果是这样的话，还到哪儿讲理去？

当然，对于涉及国家安全，民生的一些重大问题，审批制还是必要的，但是现在的问题是审批事项过多，审批过程不透明。据说现在还有1500多件审批事项，李克强总理宣布本届政府要大幅减少审批事项，但做起来很不容易。因为审批背后往往藏着部门利益。

要改革审批制，不但要取消一大批审批事项，而且要把一些审批事项改成核准制或者备案制。凡是可以交给市场处理的事情，凡是可以交给社会组织例如行业协会等处理的事情，政府就不要多管，只有这样才能真正减少审批事项。

另一个是不能因领导更换而改变原来的承诺。我听说，有一个城市引进台商投资，原来的书记说按照现有的城市规划，先发展城市东部，让台商在东边建一个大购物中心。等台商投资并建成后，书记换了。新任书记认为原来的规划不行，应该先发展西部。这样大量的人聚集到西部，东部这个购物中心人气大减，以致亏损。这种情况可能还不是个别的。

三是政府办事要提高效率。政府提高办事效率包括两个方面：一是要注意综合处理问题；二是要注意运用现代科学技术。

四是政府要加强政策研究。政策研究非常重要，没有十全十美的政策，也没有一成不变的政策，任何政策都是在权衡利弊之中制定的。今天的一个好政策过了若干时间以后，如果不能与时俱进，反而可能成为一个阻碍发展的政策。政策研究中非常重要的就是利弊权衡，在西方经济学中称为代价和效益的平衡分析。

例如2008年底我国启动了4万亿的经济刺激计划，根据我的研究，如果当时不出台这个刺激计划，我国2009年的增长率就会下降到2.4%，肯定会造成严重的就业等社会问题。由于这一经济刺激计划，2009年实现了9.2%的经济增长，由此说明这一刺激计划是必要的。

但是从另一个角度看，当时确定中央政府共投资11800亿，2008年1800亿，2009年5000亿，2010年5000亿，以拉动地方政府和其他方面的投资。但实际上仅2009年银行信贷就增加了9.6万亿，再加上政府投资的5000亿，就超过了 10 万亿，这样当然会造成一系列的问题：产能过剩、库存积压、投资效益下降、环保问题增多、通货膨胀的危险增加、地方债务飙升、资产泡沫膨胀等等。从 2010 年到现在政府都在处理这些问题。如果当时在政策研究上多下一点工夫，分析它的利弊，把握好一个"度"，不要过度，可能今天遇到的困难就会少一些。

五是政府要保障市场的公平，要重视非公有制经济。从发展过程来看，改革开放之初说非公有制经济是对国有经济有益的补充，后来说是必要的补充。十五大将非公有制经济列为社会主义市场经济的重要组成部分，十六大提出包括非公有制经济人士在内的新兴社会阶层都是中国特色社会主义的建设者，十七大提出毫不动摇地鼓励、支持、引导非公有制经济发展，十八大又再次强调这一点。但是现在确实存在"玻璃门"等现象，国务院发布的两个非公经济三十六条中提出的"一视同仁，平等对待"，也还没能做到。

让大猫小猫都有路走

现在对非公有制经济重要性的认识还停留在对 GDP 的贡献、对就业的贡献、对财税的贡献上。这样理解是不够的。

非公有制经济对社会主义市场经济来说还有三个更加重要的作用：一是鼓励创新和创业。国有企业不存在创业问题，因为资金是国家给的，而非公有制企业的资金是要靠自己筹集。提出一个创新的想法后，还要自己去筹集资金，将这个想法变成产品、变成企业、变成产业，这是一个相当艰苦的过程。

二是非公经济发展有助于打破垄断，最终使消费者受益。

三是非公经济发展有助于完善市场。计划经济时期全靠国家来管理市场，实际上有两个缺陷：一是市场边角被忽略，很多小商品没人去生产。另一个就是有些新的市场需求没人去注意，因为政府计划人员不可能这么敏感。而非公经济的特点是只要市场有需求，它就会去满足。

因此，对于非公经济应当做到一视同仁、平等对待。这一点在十八大报告中写得更加明确，就是保证各种所有制经济依法平等使用生产要素，公平参与市场竞争，同等受到法律保护。

中小企业融资难也需要重视。十八大报告提出要加快发展民营金融机构。2005年我专门做过调查，提出要发展社区银行。由于社区银行本身规模小，必然是为小微企业服务，它生存在社区中，信息比较对称，借款人的失信成本非常高。因为是新建银行，负担也比较小。现在居民和企业手中有大量存款，超过100万亿，而小微企业却贷不到款，这就需要有一条通道，这条通道就是社区银行。发展社区银行，一是要实行存款保险；二是允许存款和贷款利率向上适当浮动；三是要在政策、人才方面给予支持。

我始终觉得让大银行贷款给小微企业是较难的，因为大银行从商业角度来说，本身就是嫌贫爱富、嫌小爱大。小微企业的市场风险很大，交易成本也高。跟大企业签一个1亿元的合同，相当于跟小企业要签20个500万的合同。发展民营的、小型的金融机构，就是要解决好小微企业的融资困难。

大企业是我国经济的脊梁，但是小微企业是血肉，没有大企业国民经济站不起来，但是如果小微企业垮了，那国民经济不成了骷髅、成了骨头架子了吗？

我讲过一个寓言，著名科学家牛顿养了两只猫，一只大猫一只小猫，他在墙上开了两个洞，一个大洞，一个小洞。有人笑话说你还是大科学家，开一个洞就够了，小猫也可以走大洞嘛。牛顿说不对，如果两个猫同时要出去，那大洞肯定被大猫占住了，小猫就无路可走。这说明要真正解决小微企业的问题，就要建立真正为小微企业服务的小型银行，让大银行服务大企业，小银行服务小企业。

要把一些审批事项改成核准制或者备案制。凡是可以交给市场处理的事情，可以交给社会组织处理的事情，政府就不要多管，只有这样才能真正减少审批事项。

——《中国智库》（总第12辑）2015年第一期

我国转型改革的总体趋势

迟福林[*]

我想讨论中国经济趋势和增长前景，有两个问题需要作一些思考。

第一个问题是增长、转型、改革高度融合是我们今天面对的一个越来越鲜明的特点。今年的 APEC 三大主题其中之一是"经济增长、转型、改革新动力"，这个我们参与了前期研究。为什么能作为今年 APEC 的三大主题之一？它不仅反映了中国对这个问题的需求和中国发展的趋势，可能在一定程度上是这个区域中大家的一个共识。从这样一个增长、转型、改革高度融合的背景下，我个人的看法：转型是关键，必须把增长放在转型的背景下来考虑增长。这样中国就不是中高速增长，应该是个中速增长。说到改革，应该以转型为主线，经济体制改革、市场化改革，它才能够收到实效。

第二个问题是有短期、中期、长期的问题。我们短期面临很大压力，但是这里关键是中期，也就是到 2020 年。

---

[*] 迟福林，中国（海南）改革发展研究院院长、中国经济体制改革研究会副会长。

2020年这个中期对短期、对中长期都有决定性的影响。如果2020年这个中期比较好的话，不仅可以化解短期的压力，或者至少是缓解，而且可能为长期十年二十年能形成一个可持续发展的重要条件。所以我的看法是：立足中期，缓解短期，形成长期。

立足中期，以转型为主线。立足中期，关键在哪里？这就是我想和大家讨论的题目。我认为是服务业的发展、服务业的市场开放，这既是中国发展面临的一个大问题，又是中国转型面临的大问题。

我这里讲的2020年是中国经济转型历史关节点。为什么是经济转型的最后窗口期、全面深化改革的时间节点、跨越中等收入陷阱的临界点，我这里就不细说了。我想在这里提出四个问题和大家作一个简要的讨论，主要给大家提供一点信心。

经济转型升级的大趋势何在？

到2020年中国经济转型的趋势怎么判断？我这里提了三个趋势，供大家讨论。

1. 由工业大国走向服务业大国的趋势正在形成之中。

我这里用一个"新低"与"新高"。我们都知道三季度7.3%创造了2009年一季度以来的新低。但是另一个数字没引起重视，也就是另一方面经济结构升级的态势初步形成。今年前三季度，服务业增加值占国内生产总值的比重达到46.7%，创造近二十年的历史新高。我想这个是值得重视的，这个说明什么呢？说明中国的增长动力正在发生变化。

2. 消费结构升级的趋势有些方面已经形成，有些方面正在形成。

我讲三个特点：

（1）从生存型消费向发展型消费升级。城镇居民的消费需求正由工业消费为主向服务消费为主转变，而且未来的5—10年，这个服务消费的潜力十分巨大。按照美国麦肯锡的估计，2020年中国健康产业市场总规模有可能会超过医疗市场总规模，要高达 8 万亿人民币左右。农村居民的消费是什么样的变化呢？正由生活必需品为主向工业消费品为主转变。我的一个判断是，未来 5—10 年随着人口城市化进程加快，城乡居民发展型消费需求将以年均两位数的速度增长。

（2）从物质消费向服务消费升级。我这里举了个例子，城镇居民的三大支出，从 1985 年的 12.8%，上升到 2013 年的 34.1%。我估计到 2020 年，我们城镇居民的人均医疗保健、交通通信、文化娱乐，这个支出有可能提高到 40%-45%，成为城镇居民消费大头。我想 40%-45% 这个判断还是靠谱的。

（3）从传统消费向新型消费升级。这个就不细说了。

3. 服务业较快发展的趋势正在形成。

（1）消费增长推动服务业呈现快速增长的趋势正在形成。我一直判断，2008 年金融危机以后，中国从一个生产大国向消费大国转型，转到哪里？2020 年我们消费的总规模有可能比现在要实现倍增，也就是说从去年的不到 24 万亿，估计到 2020 年至少可以达到 45 万亿，有可能会超过，如果搞得好会超过 50 万亿。那么这必将带动服务业的较快发展。

（2）服务业较快发展的趋势明显。我估计明年"十二五"结束的时候，我们超过"十二五"规划 47%，可能达到 48% 左右。近几年来服务业增加值都以年均两位数增长。估计未来 5—10 年，也就是说我们至少到 2020 年，服务业增加值以不会低于 10% 左右的速度增长。这样一个趋势，说明中国增长动力正在发生重大变化。

（3）2020 年服务业规模有望实现倍增的趋势。跟消费总规模的倍增相适应，中国服务业增加值到 2020 年如果年均保持在 10% 左右，服务业市场总规模有望从现在的 26 万亿左右增加到 48—53 万亿元。

我们到 2020 年整个经济增长、经济转型的大趋势是不是这些数字，可以作一些讨论。

"十三五"能否形成服务业主导的经济结构？

我们刚刚完成"十三五"改革的研究，这是一个国家课题。

总的判断：到2020年中国服务业占比从现在的46.7%达到55%以上是有条件、有可能的。为什么？我讲两个方面。

1. 人口城镇化为生活性服务业发展提供了重要载体。我一直在讲名义城镇化和人口城镇化。我们的名义城镇化是53.6%，人口城镇化只有35.7%，但是随着未来几年户籍制度的改革，估计到2020年我们人口城镇化率会达到2011年世界平均水平，即52%左右。如果是这样的话，就会拉动服务业的快速发展。我这里有个数据，这几年城镇化率每提高1个百分点，带动服务业增加值的比重是多少呢？是0.77个百分点。以此估算，未来6年即使人口城镇化率仅提高10个百分点左右，也可能带动服务业比重提高7—8个百分点。所以，人口城镇化将加快中国服务业的发展速度。

2. 工业转型升级为生产性服务业发展注入内在动力。这个问题是一个很大的问题，现在中国的工业转型升级问题到底在哪里？我判断，新一轮工业革命最为突出的特征是信息、研发、设计、物流、销售、大数据等生产性服务业引领传统制造业向高端制造业的升级。就是说，生产性服务业已成为提升制造业竞争力的主要推动力。

按照这个判断，"中国制造"向"中国创造"的关键是生产性服务业的发展。我们现在生产性服务业在整个工业中的比重大概只有15%，到2020年中国生产性服务业占服务业的比重将由当前的15%提高到30%—40%。如果是这样的话，那么这次工业转型升级有可能从一般制造业向高端制造业发展。

走向服务业大国对经济转型升级意味着什么？

如果到2020年我们初步形成55%左右的这样一个服务业占主导的经济

结构，初步形成走向服务业大国的趋势，对中国的经济增长、经济转型到底意味着什么？

我的判断是：服务业的发展程度是形成经济新常态的重要标志。它不仅成为经济转型的主要推动力，而且还将不断释放经济增长的新动力。

我简要概括了四条：

1. 形成中速增长的新常态。

我把7%左右叫作中速增长，而不叫中高速增长。近几年，中国服务业每增长1个百分点，可以带动GDP增长约0.4个百分点。如果未来6年服务业增加值年均增长10%，可以带动经济增长4个百分点左右，那么仅服务业的发展就可以有4个点，就为6.5%—7.5%的这个中速增长新常态提供了重要的支撑。

2. 形成新增就业不断扩大的新常态。

大家知道2008年我们GDP每增加1个百分点新增就业大概是100万左右，那么当前GDP每增加1个百分点，新增就业是170—180万。所以从这几年的情况看，结论就是服务业增加值每增长1个百分点，能创造约100万个新的就业岗位。如果未来6年服务业增加值按年均10%增长估计，每年新增就业就将达到1000万人。

3. 形成全社会创新创业的新常态。

这里有两条：一是中国每千人拥有的企业还不到印度的一半。我看到的数字，发达国家以美国为例，每千人拥有的企业是45个，印度是25个，我们每千人拥有的企业大概是9个。这和我们的经济结构直接联系在一起，如果我们能形成服务业主导的经济结构，中小企业便成为一个主体，那就会形成创业的一个新局面。二是我们创新的驱动力在哪里？我前面以"中国制造"向"中国创造"的提升，说明一个问题，没有这种经济结构的转型升级，我们很难形成创新驱动的新动力。创新驱动与驱动创新，我想重要的是要有驱动创新的动力才能形成创新的动力。

4. 形成可持续增长的新常态。

中国要解决资源环境问题，不改变当前这种经济结构是没有出路的。

5. 形成利益结构和社会结构优化的新常态。

我们搞了 36 年的改革开放，现在的中产阶层大概只占 25% 左右，这和我们的经济结构是连在一起的。如果未来 6 年随着服务业主导地位的确立，中国服务业就业比重有望达到 50% 以上，到 2020 年服务业就业的人口将不少于 4 亿。那么在服务业就业里面，就为中产阶层的收入提供了最重要的条件。

如何加快推进服务业市场开放与制度创新？

我是搞转型改革研究的，服务业市场开放和制度创新关键在哪儿？我讲很简单的两个例子：一个是现在社会资本要办服务业有多大的困难，尽管有这个政策、那个政策，整个服务业垄断的格局还没有打破。第二个是拿服务业用地和工业用地来比，全国平均服务业用地是工业用地的 4—5 倍。所以加快推进服务业市场开放、制度创新是我们加快服务业市场最关键的问题。那么怎么加快？我提出三个问题：

1. 尽快使社会资本成为服务业发展的主体力量。

怎样才能成为主体力量呢？

（1）放开市场准入。

（2）实质性打破对社会资本的限制。我们现在已经陆续出台了一些政策，但是整个的市场开放还不够。

（3）加快公共资源配置市场化。政府购买公共服务要扩大到所有公共资源配置领域。

2. 重点是打破服务业领域的垄断，尤其是行政垄断。

怎么打破呢？我这里提三条：

（1）修改《反垄断法》。

（2）向社会资本推出在服务领域有吸引力的重大项目。

（3）加大反行政垄断的力度。

3. 加快推进服务业领域的对外开放进程。

我们目前在服务领域对外开放，随着中国在这次APEA上提出的亚太自贸区进程启动，我想在这一块将成为中国结构转型升级的一个重要的支撑条件，也将成为中国主张亚太自贸区的一个有吸引力的条件。国际上尤其一些发达国家，中国的服务业市场是他们未来对中国关注的一个重点。

怎样来扩大？我这里讲几条：

第一，把2020年服务贸易占贸易总量比重由现在的13%左右提高到20%。什么概念呢？如果到2020年，以现在的数字计算，服务贸易占贸易总量20%左右的话，那么当年的服务进口总需求就会有8000亿，那么我们2012年这个数据是多少呢？是2800亿。也就是到2020年如果这个数字能达到20%左右的话，我们还不高，那么就等于是2012年的将近2.86倍。

第二，实施负面清单管理制度和外商投资准入前国民待遇。我在这一条一再讲上海自贸区"负面清单"是一个特点、是一个手段。我想上海自贸区核心的问题是服务贸易领域全面开放，我认为在这方面上海自贸区尚未完全破题。负面清单仅仅是手段，甚至是它管理的特点，它的目的是在中国下一轮以金融为重点的服务贸易开放中发挥它特殊的作用。

第三，逐步把服务业外商投资审批制改为登记备案制。

第四，加快扩大双边和区域服务贸易协定，打破一些国家对中国服务贸易的壁垒。中国服务贸易市场的开放，同时也要求国际——尤其是某些发达国家在某些服务贸易领域对中国设置的前置条件，在看好中国服务贸易大市场的同时，必须打破或者取消某些对中国不合理的前置性的条件。

最后我作这么一段概括：到2020年，中国实现由工业大国向服务业大国的转型，意味着中国经济的结构性升级。它不仅是一个经济增长新常态的形成过程，还伴随着经济结构新常态、利益结构新常态、制度创新新常态的形成；不仅涉及经济领域的改革，还涉及社会、文化、生态等各个领域的改革。推进服务业主导的转型与改革，将成为增长、转型、创新的主要推动力。

——《中国智库》第六辑

政治体制改革的共识、目标与路径选择

周瑞金[*]

我已到古稀之年,与许多老党员、老干部一样,深切地关注着我们国家的政治体制改革。目前,我国又到了一个重要关头,即经济实力的巨大增长,与贫富分化、贪腐蔓延、社会不公的发展,所形成的利益阶层固化现象,到了需要认真对待、切实解决的关口了。

目前存在的很多问题,都与政治体制改革滞后相关。需要一代领导集体大智慧、大胆略、大手笔,以强烈的时代责任心,真诚的理想主义、人道主义情怀,来大胆推进政治体制改革。

我国政治体制形成简单回顾

新中国成立以后,我们党按照中国国情,以政治协商会议和《共同纲领》为构架,以实现新民主主义社会为目标,建立了以中共为核心的多党合作的联合政府体制,民主党

---

[*] 周瑞金,《人民日报》原副总编辑。

派许多头面人物进入中央人民政府的领导层。这对开国之初恢复国民经济、稳定政治社会局势，动员全国人民投入抗美援朝战争，起了重大作用。1954年召开第一届全国人民代表大会，通过新中国第一部宪法以后，虽然政治协商会议制度还在，但多党合作、联合政府情势发生了很大变化。我国政治体制以建设社会主义为目标，照搬了苏联政治体制的许多东西，形成"一党执政，多党合作"的政治体制，民主党派成为在共产党领导和管理下的政治协商性的团体。

经过反右派斗争，在"左"的思想和路线影响下，我国政治权力越来越高度集中，从苏联搬来的政治体制弊端也越来越严重，在我国探索社会主义建设的30年中造成了十分严重的后果。我们这一代人都亲身经历过运动不断、整人不止、瞎指挥、浮夸风、说假话、饿死人，直到"文革"大乱。

中国的改革开放，正是从政治体制改革作为最初的出发点和基础。以邓小平、陈云、叶剑英、胡耀邦等为代表的中国共产党老一辈革命家，正是从我国政治体制弊端的痛定思痛中，大彻大悟，从党的十一届三中全会开始，下决心走出一条拨乱反正、改革开放的新路。

政治体制改革错失三次良机

改革开放30年来，中国政治体制改革有过三次难得的机会。一次是1980年6月，中央政治局常委讨论肃清封建主义的影响和改革国家制度的问题。8月，中央政治局举行扩大会议专题讨论党和国家制度的改革，邓小平同志代表常委作了《党和国家制度的改革》的重要讲话，提出权力过分集中是传统政治体制的基本特征和总病根，党政不分、以党代政是传统政治体制的主要弊端，强调"领导制度、组织制度问题更带有根本性、全局性、稳定性和长期性"。于是，政治体制改革提上党和国家的议事日程。后来，由于波兰"团结工会"发动了工人大罢工，领导层担心国内局势震荡，便放缓了政治改革的步伐。

时隔6年，1986年5月邓小平再次提出政治体制改革。6月28日在中央政治局常委会上，他发表讲话说："提出只搞经济体制改革，不搞政治体制改革，经济体制改革也搞不通，因为首先遇到人的障碍。从这个角度来讲，我们所有的改革最终能不能成功，还是决定于政治体制改革。""经济体制改革每前进一步，都深深感到政治体制改革的必要性。不改革政治体制，就不能保障经济体制改革的成果，不能使经济体制改革继续前进。"当时，中央成立了五人政治体制改革研讨小组，形成了《关于政治体制改革的总体设想》。党的十二届七中全会顺利地通过了这个文件，但没有对外公布。党的十三大政治报告中第五部分集中论述了政治体制改革的内容，提出了党政分开、协商对话、重大事情让群众知道、推动机构改革、基层民主等内容。这场得到邓小平全力支持、赵紫阳大力推动的政治体制改革，由于1989年春夏之交一场政治风波，再一次失去良机。

第三次是1997年春，中共十五大召开前夕，当时中央党校一批省部级官员曾向中央建议，在十五大重提政治体制改革任务。当时主持十五大文件起草工作的温家宝同志受江泽民总书记委托，到中央党校听取了他们的意见。后来，又传达了江泽民总书记的意见，说十五大提这个问题已经来不及了，要在十五大到十六大之间打算召开一次中央全会专题研究政治体制改革问题。想不到后来，由于发生北约轰炸我驻南斯拉夫大使馆和"FLG"围堵中南海事件，专题研究政治体制改革的中央全会再次胎死腹中。

政改艰难的五条启示

回顾30年政治体制改革的艰难经历，我们至少可以得到以下几点启示：

1. 要正确把握战略机遇。危机逼出改革，挑战也是机遇。改革的领导集体要有一种对国家和民族利益高度负责的胆识和策略，要有20世纪80年代初邓小平力行退休制度和90年代初领导集体强推市场体制改革那样一种理想主义情怀。

2.政治体制改革是利益格局的调整,需要领导人果断调整既得利益格局的勇气和高超的政治艺术,要求领导集体真正立党为公,执政为民,清廉自律,勇于牺牲,至少力戒贪婪,不陷入钱色泥坑。

3.要推动改革主体的多元化,避免特殊利益集团以公权力名义垄断社会资源配置权和改革话语权,防止一些领域"国进民退"现象。在不能指望全能的政治权力壮士断腕的时候,由于政治权力本身也已经利益化,只能依靠各种利益主体的博弈,多元化推进改革。鼓励基层自治,扶持民间组织社会治理,这是政治改革的一种推动力。

4.意识形态变革是政治体制改革的重要组成部分,防止社会意识形态与伦理道德空心化、虚伪化,导致社会知行不一、信仰空白。调查表明,地方干部最为信奉的,既不是马克思主义,也不是西方民主,而是官场的"潜规则"。某些公权力的既得利益化,官员财产不敢公布、不能公布,以及大面积贪腐,使得正统意识形态的立国之本受到普遍的怀疑和淡化。所以,30多年的改革造就了伟大的中国经济,却缺乏一种伟大的现代中国文化。我们能出口"中国制造"的产品,却在内心缺少一种阳光的自主的文化精神。意识形态和伦理道德的表里不一、言行不一,损害了社会风气,急需弘扬改革启动阶段那种诚实坦荡、摧枯拉朽、奋勇直前的大无畏首创精神。为推动意识形态变革,一要推动网络媒体、都市媒体的发展,建设网络民主平台。二是推动新闻管理体制的改革,切实发挥舆论监督作用,特别是放开体制内舆论,鼓励专家建言议政,善于听取不同意见,包括刺耳的声音。

5.政治体制改革是自己革自己的命,难度极大,又十分敏感,因此要注重制度设计和策略推进,少说多做,避免起哄,吊高胃口。要小步渐进,允许试错,摸索经验,逐步推进。

政治体制改革的一个目标、六条途径

政治体制改革的目标,应当说是明确的,习近平总书记提出"依宪治国"、

"依宪执政",就是建立宪政的政治体制。中国近代政治体制改革,也是近代中国政党的发轫,始自清末立宪运动。在中国,"宪政"二字,就是从那时开始叫响的。然而,时隔一百多年,这"宪政"二字,依然难识庐山真面目。

事实上,所谓宪政,就是以一种宪法大于天的超然力量,对各种公权力进行监督和制约。这是推进政治体制改革、消除腐败的一条科学路径,也是中国志士仁人奋斗了上百年,抛头颅、洒热血矢志以求的救国、兴国之策。

目前,党内外许多有识之士表示了深重的忧患意识,认为腐败的泛滥,使执政党面临巨大的合法性挑战,而剪除腐败最有成效的手段是对权力的制衡。任何党派、组织和个人都不得有超过宪法和法律的特权,必须以宪法为根本的活动准则。这就是对社会主义宪政的一种高度共识。我们要遵循法治文明的一般规律,学习借鉴人类法治文明的一切优秀成果,努力建设社会主义宪政。按这个目标,政治体制改革的路径选择,应当按以下步骤循序渐进。

1. 让依法治国成为中国共产党执政兴国的基本方略。

十八届四中全会通过依法治国的决定,是个良好开端。作为执政党,中国共产党要进一步调整革命党的惯有思维,按照依法治国的要求,改革和完善共产党的领导方式和执政方式。政治体制改革的实质和根本点,就是改革党的领导方式制度和执政方式制度。过去在阶级斗争为纲和不断强化指令性计划过程中形成和发展起来的"党的一元化领导"的传统领导方式和执政方式,即以党组织执政(党政不分)、以党的政策执政、以党的领导人直接执政的方式,要得到较大改变。党的领导将主要是通过制定大政方针、提出立法建议、推荐重要干部等途径,依法实施党对国家和社会的政治领导和组织领导。各级党组织的执政重心,要转移到领导和支持人大、政府、政协和人民团体的职能,发挥国家权力机关、行政机关、司法机关以及人民团体机关有活力有担当的领导作用,加强制度建设,而且要保证党的政策的合法性。应当制定"执政党与国家权力机关的关系法"一类法律,来完善执政党在宪法规定的范围内活动、依法执政的法律依据。

2. 以增强党的民主为中心，推动人民民主，不断完善社会民主制度。

中国共产党应从改革体制机制入手，建立健全并能充分反映党员和党组织意愿的党内民主制度。如在部分县、市进行的党的代表大会常任制的试点，以积极探索党的代表大会闭幕期间发挥党员代表作用的新途径和新形式。同时，以保障党员民主权利为基础，进一步完善党的代表大会制度和党的委员会制度。党内将普遍实行差额选举，以保障党员自由选择的权利。建立一套民主程序，按照少数服从多数的原则，保证党委内部的议事和决策机制进一步民主化，防止主要负责人一个人或少数几个人说了算。中央委员会也应进一步贯彻民主选举制度，以开拓党内民主选举的新局面。

3. 采取新举措新制度，不断加强对权力的制约和监督。

对权力的制约和监督，是中国政治体制和运行机制中的一个薄弱的环节，许多严重腐败事件的产生，从根本上说由此而引起。要进一步加强对公务员，尤其是各级领导干部的监督制度，进一步完善党的纪律巡视制度，逐步建立领导干部财产申报制度。要完善重大事项和重要干部任免的决定程序，推行领导干部公推公选制度，建立党代会、人代会对领导干部问责和质询制度。重视发挥舆论监督的作用，制定新闻法保护媒体议政，对官员实施监督。

4. 进一步完善人民代表大会制度和多党合作制度，切实保证人民当家作主。

人民代表大会制度和多党合作制度是我国根本的政治制度。扩大公民有序参与，逐步实行城乡按相同人口比例选举人大代表，保障人民的知情权、参与权、表达权、监督权。进一步加强人大常委会制度建设，优化组成人员结构，增加法律与社会公共管理专业人才，确保依法履行最高权力机关的职能。增强决策透明度和公众参与度，今后凡制定与群众利益密切相关的法律法规和公共政策，人大必须公开听取人民群众的意见，重视人民群众的诉求。同时，人民代表大会是我们国家权力机关，既有立法权，也有决策权、监督权，尤其要对政府监督问责。人大在财政预决算方面将起重要的决策和监督的作用。政治民主是从财政民主做起的。应当加强人大对于财政预决算的审议和监督作用，建立起现代公共财政制度，并实行财政分权制衡体制。多党合作制度要发展，民主党派优秀人才要有职有权地进入政府、法院、文化、人民团体的领导岗位，也可以探索以党派形式参加人民代表大会。民主党派应当也可以办报，对执政党实行舆论监督。

5. 加快行政管理体制改革，建设服务型的法治政府。

按转变职能、理顺关系、优化结构、提高效能的基本要求，加快行政管理体制的改革。政府不要干预微观经济，不要站在招商引资第一线，不要与开发商打得火热，而要着力干好宏观调节经济、监管市场的事，把力气用在社会管理和公共服务上。尽可能减少行政审批，切实做到政企分开、政资分开、政事分开、政府与市场中介组织分开。加大机构整合力度，减少行政层次，降低行政成本，探索行政机构的改革，整合新路径，着力解决机构重叠、职责交叉、政出多门问题。改变政府"重管理、轻服务；重经济、轻社会"的观念和体制机制，切实加强社会管理和公共服务，不断提高政府社会管理和公共服务的能力和水平，实现向服务型政府转变。推进政府的决策透明、财务透明、用人透明，合法行政，诚信高效，推进行政信息公开，善纳民众诉求，探索建立一个民评政府、民评官员的政府绩效评估体系，建设法治政府。坚决防止政府公共权力形成特殊的利益集团，防止让权力部门化、部门利益化、利益政策化的现象出现。

6. 发展基层群众自治制度，切实保障公民行使民主权利。

我国长期实行由政府统包社会治理的"全能主义"政治模式，基层群众缺少民主权利。随着我国经济体制深刻变革、社会结构深刻变动、利益格局深刻调整、思想观念深刻变化，人们思想活动的独立性、选择性、多变性、差异性明显增强，政治参与的诉求日益强烈，价值取向也日益多样化。所以改变"全能主义"模式，构建三元格局的公民社会，即政府的公共权力、社会的自治权力、市场的配置资源权力，这样才能形成一个和谐社会。党的十七大在党的历史上第一次把基层群众自治制度作为社会主义民主政治主要制度安排，提到重要议程。这是我国民主政治建设一项引人注目的重要新制度。

今后基层群众自治制度迈出新步伐，人民群众依法直接行使民主权利，管理基层的公共事务和公益事业，实行自我管理、自我服务、自我教育、自我监督，并对基层干部、公务员实行民主监督。这一来，必定活跃民间组织，比如各种协会、学会、环保组织、维权组织、慈善组织、志愿者组织，真正让他们担负起社会责任。他们将更为积极地发挥提供服务、反映诉求、规范行为的作用，增强社会自治功能。

——在首届大梅沙中国创新论坛上的演讲（2014年11月7日）

实现法治化市场经济需要哪些改革

李曙光[*]

在中央全面深化改革领导小组第六次会议上,习近平总书记指出,十八届四中全会关于全面推进依法治国的决定,与十八届三中全会关于全面深化改革的决定形成了姊妹篇。三中全会决定提出让市场起决定性作用和更好发挥政府的作用,四中全会决定则是为其提供法治保障。为落实四中全会精神,应在政府和市场两个方面同步发力,以良法善治推进我国的市场经济法治改革步伐。

通过良法善治弥补政府失灵

在我国,政府失灵的情况极为常见。由于权力的扩张性和自身的逐利性,政府存在着短视、随意、缺乏约束的行为,诱发官员贪腐、政绩观扭曲、限制市场竞争等问题,导致其无法更好地弥补市场配置资源不足的作用。

四中全会提出,建立"职能科学、权责法定、执法严明、

---

[*] 李曙光,中国政法大学研究生院常务副院长、教授、博士生导师。

公开公正、廉洁高效、守法诚信"的法治政府,对法治政府建设作出了新要求。

当下面临的改革重点与难点,是在四中全会的基础上进一步深化,利用精细化、集约化的法治来约束不受控制的政府行为,以良法善治解决政府失灵的弊端。具体来说,应当建立起"三个清单"制度,使政府更好地发挥其服务和监督职责:

限制政府的过度权力,建立政府的"权力清单"。

我国过去长期受制于计划经济体制,政府之手把控着整个国家的社会生活和经济生活,政府不仅有规则制定权、行政执法权,甚至还有经营权。这不仅导致了严重的权力寻租和腐败重生,而且产生了较大的贫富差距和明显的城乡二元结构,以及推动房价高涨的"土地财政"局面,社会公平正义的底线被突破。

因而,政府应当有"权力清单",由法律对政府的职权范围进行明确,约束政府的权力行使,做到"法无授权不可为",使其由计划经济条件下的全能型政府转变为与市场经济相适应的服务型政府、有限型政府。

首先,政府不能自己做规则的制定者,规则的制定必须有法律的依据,并通过公开公正民主的程序进行,让人民有参与、否定和监督的权力。其次,政府的不合理权力应当去除,而不能加入市场竞争甚至垄断市场交易,也不能再依靠经营城市土地的权力来增加自身财富,扭曲市场结构。最后,政府权力的内容和限度都必须有法律的依据,且必须进行公示,接受社会的公开监督;权力清单的变更也必须经过法律规定的程序,而不能自我授权。超出宪法和法律许可范围之外的或违反法律程序的权力都应属无效。

杜绝政府的不当限制,建立市场的"负面清单"。

市场经济是自由交易、公平竞争的经济,自由开放是其本质特征。在市场经济条件下,政府的主要职权是提供公平的市场竞争环境,维持有效的市场竞争秩序,而不能对市场施加不当限制。

首先,政府应当制定负面清单,明确企业不能从事的经营活动范围,凡是负面清单之外的,法律没有限制或禁止的,各级政府及其部门不得进行限制和禁止,"法无禁止皆可为"。其次,应当削减政府的不当许可和审批。我国目前有很多不合理、低效率、存在寻租空间的行政许可和行政审批,例如个人资本到境外投资的限制,这些审批许可权妨碍了市场自由。再次,要逐步取消对资源价格、金融价格以及其他市场要素价格的过度管制,保障公平合理的价格机制有效运作,实现其调节供需和配置资源作用。

明确政府的职责范围,建立政府的"责任清单"。

没有责任的权力就如脱缰之野马,会肆意妄为而造成严重的社会损失。政府的职责主要应有两个方面:第一,提供公共服务产品。政府应当通过财政税收安排,提供医疗、教育、社会保障,维护国土安全和境内安全。第二,维护市场秩序。通过界定和保护产权,强制合约的履行,打击市场中的违法犯罪,维护良好的市场秩序,保障公平的竞争环境。我国的公共服务体系还不够完善,便民高效的医疗资源匮乏,公平灵活的多渠道教育体系缺失,全方位覆盖的社会保障薄弱。

此外,在我国的市场中,假冒伪劣产品四处肆虐,食品药品安全问题困扰已久,欺诈失信行为横行。这些都需要政府持续发挥作用。加强市场监管,维护市场秩序是政府应尽的职责,应当由法律予以明确,做到"法定责任必须为",凡是在法律规定范围内的职责都必须充分履行,否则应当承担不利后果。同时,更需要专门、有效的监督问责机制,对政府不履行职责或履行不充分的行为进行严格的责任追究。

"权力清单"、"责任清单"和"负面清单",这三张清单是对市场主体权利的维护,也是对政府权力的规范和制约,厘清了政府和市场的界限,应当成为政府法治化的实现路径。

与此同时,克服政府失灵更需要独立的、不受地方政府约束的司法权的介入,允许人民对政府的不法行为进行起诉。如果没有公平公正的司法审判权存在,所谓的权力清单、责任清单便没有真正的约束力,无法起到弥补政府失灵的作用。

通过良法善治,推进市场经济改革

四中全会指出,发挥政府和市场的两个作用,必须以保护产权、维护契约、统一市场、平等交换、公平竞争、有效监管为基本导向,完善社会主义市场经济法律制度。这为处理政府和市场的关系提供了法治路径。以良法促善治,以善治推改革,这是完善市场经济体系的根本途径。

具体来说,接下来的市场经济改革应当着力推动以下几点。

推动财税制度改革,回归财税法治。

目前财税法律体系是我国立法中的短板,绝大多数税种都由政府发布的"条例"、"暂行条例"规定,如增值税、消费税、营业税的暂行条例,仅有个人所得税、企业所得税等个别的税种由全国人大通过的法律规定,这本质上并不符合税收法定原则的要求。财税法律规范体系建设要回归到人大立法主导。

当然,财税法治不是简单地将现行条例变成位阶更高的法律,而是在修订过程中,要尊重社会意愿,尊重人民财产权,税负的设定、修改与征管都应按照法律程序,经过人民的同意。此外,预算管理改革也应稳步推进,由各级人大代表人民对政府的财政收支进行有效的监督,从而对各级政府的行为形成有效的约束。

放松市场主体限制,实现市场权利平等。

主体平等是实现市场自由的必要条件,也是市场经济的根本要求。然而,国企与民企在政策倾向、资源配套方面有着巨大的鸿沟。如何使国企和民企真正享有平等地位、开展公平竞争,是我国目前存在的一大挑战。这就要求尽可能降低、取消不合理的行业准入门槛,同等对待所有的国有企业、民营企业和外资企业。

四中全会提出,健全以公平为核心原则的产权保护制度,加强对各种所有制经济组织和自然人财产权的保护,加强对国有、集体资产所有权、经营权和各类企业法人财产权的保护。这是向市场主体平等迈出的重要一步，应尽快从法律的层次为中小企业的发展提供便利条件，实现真正的"权利公平、机会公平、规则公平"。

我国现行的《中小企业促进法》是 2002 年制定的，至今已 12 年。应当尽快对其进行修改，在市场准入、投资融资、知识产权保护和税收征管等方面给予中小企业自由发展的空间。

完善市场秩序监管，改善市场竞争生态。

有效的监管是降低市场交易成本、保护市场交易环境的必要条件。四中全会要求，依法加强和改善宏观调控、市场监管，反对垄断，促进合理竞争，维护公平竞争的市场秩序。应当严格按照《反不正当竞争法》《反垄断法》《消费者权益保护法》的规定实施一般性市场监管，为市场主体清除障碍和壁垒，为正当竞争构建有序的环境，为广大人民群众提供全面的权益保障。

此外，改革金融市场监管，尊重市场选择，推进发行注册制，扩大证券范围，鼓励金融创新，让资本发挥经济发展的"血液"作用。同时，改变过往"重门槛、轻过程"的监管模式，加强检查和执法力量，遏制内幕交易、操纵市场、欺诈客户的不法行为，打造公平开放的资本市场。

遵循市场经济规律，改进市场退出机制。

该破产或者重整的企业，应当依照法律规定进行操作，阻断政府由于税收或者其他利益关联而进行的介入；建立商业银行破产和存款保险制度，规定存款保险机构的早期介入权，推广"生前遗嘱"制度，使商业银行能够自担市场风险；对由于市场经济周期原因而陷入困境的中小企业，应当设置快速、简便的重整机制。

实践中，《企业破产法》等相关法律的实施并不理想，背后的原因在于政府常常为了经济指标、政绩提升和社会稳定，过度干涉企业运行，不愿意将陷入困境的企业置于法治的轨道上求解。地方政府习惯于沿袭传统惯性，由相关政府部门一肩扛起，以图维稳定、保政绩。这些问题本质上都反映了政府与市场的边界仍然不够清晰。

另外，司法是正义的最后一道屏障，要建立相对独立的司法保障体制，公平地处置市场与政府之间的关系，建立与行政区划适当分离的司法管辖制度，并建立专门的破产法院审理破产案件。

立法引领国资国企改革，打破国企垄断。

现阶段，国有企业在产权关系、资本运作以及职工关系上都存在着问题，但更为突出的是国企垄断问题，这一问题已经成为市场经济改革的"拦路虎"。

垄断国企大致上可以分为四类：第一类是自然资源垄断型的国企，如中石油、中石化、中海油；第二类是行业垄断型，如中国电信、中国电力，这类企业主要是利用了行业政策的优势从而控制整个行业；第三类是涉及国家政治、军事、安全的垄断企业，包括中国航天、中国航空；第四类是专营专卖，包括铁路总公司、邮政总公司和烟草总公司。对这些垄断国企的改革，应该在法治框架下分类分批进行，实施不一样的策略措施：对第一类企业，应该大力推进其混合所有制进程，大力引入民间资本；对第二类企业，应当消除民营企业的过高门槛，调整市场结构，引入竞争机制；对第三类企业，要通过降低成本实现盈利；对第四类企业，则应该坚定不移地加强它的市场化改革方向。应细化国资国企改革的顶层设计，明确国资委定位，理顺国资管理体制。

同时，大力发展混合所有制，放开出资比例限制、注册资本限制以及主导者限制，让混合所有制企业成为重要的市场主体，从而有力化解国企垄断。应当注意，上述改革措施都要在法治框架下进行，修改国有资产法，发挥立法的引领和推动作用，做到重大改革于法有据。

十八届四中全会提出了"法律是治国之重器，良法是善治之前提"，为中国开启了实现全面法治的进程。良法善治是法治的本质，通过制定捍卫人们权利和自由、制裁犯罪维护正义、符合社会发展规律、推进经济进步的良法，并将其付诸充分的实施，从而公正、有效地实现治国理政的根本职能。以良法实现善治，以善治推进改革，是我国未来的必然方向。伴随着法治建设一步一个脚印的向前迈进，我国的市场经济之路也必将越走越宽广。

——《中国智库》第六辑

新型智库为深化改革提供动力支持

于今[*]

中国特色新型智库在政府决策过程中逐渐发挥着越来越大的影响力。中共十八届三中全会从顶层设计、制度建设及对外交流等方面，为中国智库的发展指明了方向，并为其拓展了广阔空间。可以预见，中国智库的发展正逢一个令人欣喜的契机。

一 智库为十八届三中全会文件的形成作出了贡献

中国政府是如何决策的？这个问题一直是西方政界和学术界观察中国政府运作逻辑的一个重点。中国政策决策体制实质上是一种民主集中制的决策体制。政策决策的形成广泛吸取了党内相关机构、民主党派、社会团体、公民的建议。习近平总书记在《中共中央关于全面深化改革若干重大问题的决定》的说明中指出，"今年（2013年）4月，

---

[*] 于今，东中西部区域发展和改革研究院执行院长。

中央政治局经过深入思考和研究、广泛听取党内外各方面意见",并发出了《关于对党的十八届三中全会研究全面深化改革问题征求意见的通知》。在这个"征求意见"的过程中,中国智库为丰富三中全会文件的内容发挥了重要作用。写入三中全会文件的"探索实行官邸制"就是其中之一。2010年,《国家智库》第二期独家刊发了汪玉凯题为《"官邸制":深化政府改革的题中之义》的智库报告,引起了高层关注。2013年中国行政体制改革研究会设立了"中国特色'官邸制'研究"的重点研究课题。该会副会长汪玉凯教授为课题负责人,并撰写了《建立中国特色"官邸制"的建议》。于当年7月上报中央。另外,中国国际经济交流中心、中国(海南)改革发展研究院、东中西部区域发展和改革研究院、中国经济50人论坛等中国智库机构,均形成了有关改革的方案与建议的科研成果,或报送中央有关部门,或在媒体公开发布以图影响民众、影响决策。丰富多样的智库改革方案的出台是我国科学决策、民主决策和依法决策的体现。智库已经融入国家决策的开放性平台之上,成为中国政策决策体制的一部分。

二 十八届三中全会为智库发展拓展了空间

近年来,中国智库在政府决策过程中发挥着越来越大的影响力。2013年4月,习近平对建设中国智库作出重要批示,把智库发展提高到了国家战略高度,并提出要建设"中国特色新型智库"。5月30日,刘延东副总理参加了教育部举行的"繁荣发展高校哲学社会科学、推动中国特色新型智库建设"座谈会。十八届三中全会审议通过的《中共中央关于全面深化改革若干重大问题的决定》明确提出:"加强中国特色新型智库建设,建立健全决策咨询制度。"这表明政府对智库建设的高度重视。

第一,国家治理体系、能力的现代化,为智库发展提供了舞台。

十八届三中全会提出全面深化改革的总目标是"完善和发展中国特色社会主义制度,推进国家治理体系和治理能力现代化",这是我们党首次提出"国家治理体系"和"治理能力"的概念。"治理体系"和"治理能力"概念是全面有效协调社会关系的概念，涉及如何进行更好的权力配置、提高政府自身的执政水平。治理不同于统治，就主体而言，后者单一，是政府或其他国家权力；而治理的主体是多元的。具体来说，治理就是要实现多元利益主体的利益均衡，处理好多元利益主体的关系，充分发挥国家政权机关、政协组织、党派团体、社会组织以及广大群众等多元利益主体参与治理的积极性，从而构建"程序合理、环节完整的协商民主体系"。国家治理是一个全面系统的工程，国家权力向社会回归，国家观念向社会观念转变，公民社会逐渐完善，公民参与意识增强，形成平面化、网络化的社会组织体系，利益主体之间相互平等、彼此依赖。这样的治理格局为智库发展提供了广阔的空间。智库将成为推进国家治理体系和治理能力现代化的重要力量。

第二，社会主义民主政治制度建设，为智库发展提供了制度保障。

有关"加强中国特色新型智库建设"的精神，我们在三中全会文件的"加强社会主义民主政治制度建设"部分中可以领会到。首先，加强中国特色新型智库建设，是与保证人民当家作主的地位，坚持和完善人民代表大会制度、中国共产党领导的多党合作和政治协商制度、民族区域自治制度以及基层群众自治制度，体现我国社会主义政治制度优越性相一致的。在"丰富民主形式"这一点上，智库的存在与发展正逢其时。其次，人民代表大会制度、协商民主制度和基层民主制度为中国特色新型智库建设提供了空间与宏观制度保障，体现出了民主政府的性质与色彩。智库不仅辅助决策，还要对现有政策提出质疑和修正。智库要真正成为一个产业，不仅要有决策机构的重视和高质量的研究成果，还要有有利于智库发展的宏观智库环境。三中全会对一系列民主政治制度的完善，对智库的发展意义重大。最后，建立健全决策咨询制度，为中国特色新型智库建设提供了微观智库保障。通过什么样的渠道影响政府决策和公民，对智库发展至关重要。当前智库尤其是民间智库很难将其研究成果和政策建议直接送至党政决策部门，也难以进入主流媒体发挥引导社会舆论的作用。在2013年中国国际智库学术研讨会上，有学者提出，当前事业单位面临着重大变革，要建立统一的市场才能有智库间公平的竞争，而现在智库的市场不是统一的。智库要从市场角度在市场标准不统一的情况下，按事业和产业进一步区分，要正确区分公益非营利性智库事业和经营性智库产业的不同性质和任务。这对于推动中国特色新型智库的发展，十分重要。中国特色新型智库不能也没有必要完全照搬西方智库，要基于中国国情，坚决克服一哄而上、盲目发展的倾向。三中全会提出要建立健全决策咨询制度，这为智库研究成果发挥作用，指明了建构畅通渠道的方向。

第三，加强对外话语体系建设，为智库发展拓展国际空间。

三中全会指出："坚持政府主导、企业主体、市场运作、社会参与，扩大对外文化交流，加强国际传播能力和对外话语体系建设，推动中华文化走向世界。""加强国际传播能力和对外话语体系建设"需要政府、社会和民间共同发挥作用，才能取得理想的效果。从国际经验来看，智库是强调国际传播能力和对外话语体系建设的重要力量。智库成员往往是高级知识分子和政商界知名人士，他们大多具有独立性、有自主判断能力，并且人脉广泛，对外有较强的说服力和影响力。因此，智库交流是一种高层次的人际传播方式，是对外传播的重要组成部分。它既是政策研究机构，又是对外宣传机构之间业务交流和政策协调的平台，更是对外传播价值观念和政策主张的交流使者，在对外传播过程中发挥着积极与独特的作用。

三　十八届三中全会为智库发展指明了方向

三中全会不仅详细论述了新领导集体的施政纲领，回答了在新的历史条件下举什么旗、走什么路的问题，而且合理布局全面深化改革的战略重点、优先顺序、主攻方向、工作机制、推进方式和时间表、路线图，形成了改革理论和政策的一系列新的重大突破。因此，中国特色新型智库的发展要有强烈的问题意识，要以我国面临的重大问题为导向，深入研究关键问题。

三中全会阐明了当前亟待解决的重要问题。这些重大问题涉及如何使市场在资源配置中起决定性作用和更好地发挥政府作用，如何深化财税体制改革，如何健全城乡发展一体化体制机制，如何推进协商民主广泛多层制度化发展，如何改革司法体制和运行机制，如何健全反腐败领导体制和工作机制，如何加快完善互联网管理领导体制，如何健全国家自然资源资产管理体制和完善自然资源监管体制，如何构建新形势下的外交关系，等等。总之，解决中国的现实问题，既是中国特色新型智库的典型特征，又为中国特色新型智库发展指明了方向。

三中全会提出要"推广政府购买服务"的政策，为建设思想市场、发展智库产业指明了方向。三中全会提出要"推广政府购买服务，凡属事务性管理服务，原则上都要引入竞争机制，通过合同、委托等方式向社会购买"、"加大政府购买公共服务力度"，等等。政府购买服务的内容不仅包括实物性服务、执行性服务等，还包括发展规划、服务咨询、政策调研、草拟、论证等软性服务。随着经济社会的发展，政府购买软性服务的数量会逐渐增多。智库提供的研究、咨询、规划等服务将成为购买服务的重点内容。智库通过竞争获得政府职能转移和购买服务，以促进优胜劣汰，提高服务质量。这就需要建立思想市场，健全竞争机制，发展智库产业，促进智库的公平竞争。

未来智库的发展逐渐从"分散式的随机性组织"向"以智库基地或产业示范区为平台、以目标为导向的有组织模式"转变，智库产业将成为经济结构转型的重要纽带。同时，通过建立思想市场，发展智库产业，智库能够更多地参与国际交流，设置公共议题，影响国际舆论。这既有利于提升中国智库的国际影响力，更有利于宣传中国决策科学化、民主化，消除国际社会对中国的误解。

"倒海翻江卷巨澜。奔腾急，万马战犹酣。"进入全面深化改革历史新阶段的中国，为中国特色新型智库的发展提供了肥沃的土壤。借助三中全会的东风，利用好政策，转变发展观念，理清建设思路，中国特色新型智库的发展正逢契机。

——《天津日报》2014年2月17日

第三编
国家前途与国家安全

中国国家安全环境策析

林宏宇 *

关于战争与和平

战争与和平,是国际关系的两种状态,其中,战争状态时间似乎更长。如果从某个角度来看,一部国际关系史,就是一部世界战争史,因为战争充斥着国际关系史的太多时间。所以,有人甚至认为,和平只不过是战争的"中场休息"。例如,克劳塞维茨在《战争论》中写道:"战争是人类社会存在的一部分,是国际社会冲突的最高体现,而且这一冲突只能由战争来了结。"出于对人类理性的悲观看法,克劳塞维茨对人类保持和平的可能性几乎不抱任何希望。他认为民族国家虽然并不总是诉诸战争以获得或推进某个政治目标,但是它们却总是面临战争的危险,因为国际环境总是变化莫测,国家之间绝对的力量均衡很难建立。因此,克劳塞维茨认为,两个武装敌对的国家之间所出现的和平,不能以均势原则来解释,唯一的解释是它

---

* 林宏宇,国际关系学院国际政治系主任、教授。

们都在等待最佳的行动时机，"和平只不过是战争的暂时缺失"。

如果有人问："你喜欢战争吗？"我想大多数理性的人都会作出否定的回答，反战、厌战、求和平应是共同人性。但实际上，人们对战争的认识有一个历史的过程，有些时候，有些国家的人们甚至觉得战争是个好东西。他们认为战争可以磨砺民族的意志，通过对外扩张寻求出路，可以使国家变得强大。例如，1868年明治维新之后的日本，就是通过一场又一场的对外战争，快速崛起为身居亚洲的"西方国家"。1894年通过甲午战争打败中国获得天价的赔偿，2.3亿两白银造就了工业化的日本；1904年通过日俄战争打败俄国，攫取了沙俄在中国东北的诸多特权，跻身西方强国之列；1914年通过对德国宣战，攫取了德国在中国山东半岛的势力范围，进一步壮大了日本实力；1931年又通过炮制"九一八事变"，全面占领了中国东北三省。因此，在"二战"以前，包括许多普通日本人在内的日本国民都觉得战争是个好东西，每一次战争都能掠夺他国的财富，于是国家就能"强大"一次。这很可能是日本国内始终有一股军国主义狂热势力的原因，其国内右翼的军国主义分子绝对不是"一小撮"，而是"一大拨"。这也正如卢梭在《永久和平计划》中所写的："统治者总是贪得无厌，扩张领土和集权统治的欲望不断刺激着他们的野心。而民众被异化，歇斯底里地为统治者的征服与战争贡献财力和人力，他们丝毫没有意识到因此带来的痛苦，统治者的贪婪和民众的异化是相辅相成的。"今天，我们似乎又看到了日本国内民众的这种异化。例如，据2012年最新的日本媒体民调数据显示，约有6成的日本民众支持安倍晋三首相参拜靖国神社，这是非常少见的，不能不引起世人的警惕。

关于中国国家安全环境

当前中国国家安全环境是2001年以来最为严峻的时期。这主要表现在两个方面：其一，周边地缘安全问题突出；其二，海洋战略环境恶劣。

首先，我们看一下我国的周边地缘安全环境。

从历史视角来看，中国当前的周边地缘安全环境源于近代以来的欧亚大陆地缘政治格局的演变。中国周边地缘安全环境的演变大致可分为三个阶段：1. 1840 年"第一次鸦片战争"之后的东亚"朝贡体系"崩溃至 1949 年新中国成立，可视为中国近代以来地缘安全环境的第一阶段。这是一个激烈动荡、激烈抗争的阶段，古老的中国终于突破西方的围堵，重新屹立于世界的东方，重塑了东亚地缘战略环境结构。2. 第二阶段从 1949 年至 1991 年冷战结束，这是一个调整的阶段，中国根据国际形势的变化，努力调整其国际角色，较好地适应了美苏争霸的地缘战略环境，并在苏东剧变之时成功转型生存下来。3. 从 1991 年至 2030 年左右为第三阶段，这是中国努力突破西方新的一轮围堵，实现和平崛起的阶段。这个阶段中国的周边地缘安全环境将呈现从动荡渐趋于稳定的特点。当前的中国周边地缘环境正处在第三阶段的"时间中值"位置上，也即由不稳定趋向稳定的时间节点上。这个节点在宏观上表现为当前中国和平崛起进程遭遇现存国际体系的空前挑战，在微观上则表现为中国周边诸多不稳定因素能量的集中释放，周边安全问题频发。

从区域视角来看，中国当前的周边地缘不稳定因素主要分布于东北亚、东南亚、南亚与中亚四个次区域，形成环绕中国的"地缘不稳定圈"。在这个圈内，又有众多的双边与多边因素，涉及美国、俄罗斯、日本、印度以及其他中小国家的国家利益。特殊的地缘特点与历史遗留问题决定了中国周边安全与争端将呈现出范围广、多发性、复杂性等特点。冷战结束后，世界出现了五条"地缘冲突带"：东欧与巴尔干半岛冲突带、中东地带、中亚地区、南亚次大陆的印巴地带以及亚太的"第一、二岛链"。中国处于亚太海陆交汇的地理位置决定了中国周边地缘不稳定因素的多方向性，后四条冲突带都与中国的周边地缘安全息息相关，是危及中国周边地缘安全的蛰伏地带。其中，与中国有较大利害关系的邻国正好位于多条"地缘冲突带"上，东北亚的日本、韩国与中国台湾地区，东南亚的越南、印尼、菲律宾、新加坡、缅甸，南亚的印度、巴基斯坦、阿富汗，中亚的吉尔吉斯斯坦等是关键点。这些国家（地区）要么和我国有领土、领海纠纷，要么因其特殊的地缘位置而成为大国争夺的焦点。在过去，这些矛盾基本属于单纯的双边性质，而在当前的特定时期，这四个次区域内的不稳定因素却产生了人为的"联动效应"：要么不发生，要么是同时或连续发生并呈逐一蔓延之势，导致中国周边地缘安全环境"到处冒烟"，而我国也疲于逐个应对，精力分散，战略安全处境较为被动。

其次，我们再看一下当前我国所处的海洋战略环境。

海洋覆盖着地球70%左右的面积，蕴藏着地球至少65%以上的自然资源，是人类在可预见的将来最重要的能源与矿产的来源。从人类未来的生存与发展来看，海洋至关重要，可以说，"得海洋者兴，失海洋者衰"。中国以龙自诩，中国人以龙的传人自称，龙本应属于海洋，却搁浅于黄土高坡。近现代以来，中国饱受海洋之屈辱，陷于某种战略困境与尴尬境地。这主要表现为：1. 从客观实力地位来看，中国应是一个海洋大国，但却是一个海权小国，对海洋问题的发言权很小，这与中国的国际大国地位严重不相称。2. 海洋权益争端频发，任何国家似乎都敢欺负中国、挑衅中国，中国似乎总陷于被动应付、消极防御的状态。

笔者认为，造成这种尴尬的战略困境主要有两个方面的原因。

从外部客观因素来看，主要有三点：第一，我国的海洋地缘环境恶劣。从当今世界大国比较来看，美国的海洋地缘环境最好，它不受任何阻隔地直接面对3个大洋（太平洋、大西洋和北冰洋），大洋战略通道非常通畅；其次是俄罗斯，直接面对两个大洋（太平洋和北冰洋）；而我国的海洋地缘环境最为恶劣，仅一面向洋（太平洋），但在通向大洋的战略通道上却阻隔着许多政治制度与意识形态不同的国家和地区，海上战略通道非常狭窄，容易受制于人。如此狭小的出海洋面，从某个角度来看，我国可谓"有海无洋"。第二，历史遗留问题众多，矛盾涉及面广。祖国宝岛台湾，当前还孤悬海外，成为我国东部海权的缺口；在东海我国还与日本有钓鱼岛争端；在黄海与韩国有苏岩礁争议；在南海与多个国家存在岛礁争议，而且，这些岛礁争议有愈演愈烈之势。第三，中国崛起所带来的国际体系的压力。中国崛起是近30

年来国际社会最重要的事件,它对国际格局与秩序产生了重大影响,也就不可避免地面临着重大的国际体系压力。尤其是近二三年以来,由于国际金融危机的影响,中国崛起的节奏"被加快"了,由此导致国际体系的压力也空前增加。当前对中国最大的压力来自美国,直接表现便是美国高调的"战略东移"与"重返亚洲"。

从内部主观因素来看,主要有两点:第一,我国整体海洋意识比较薄弱,海权观念淡薄。受传统的陆权文化的影响,加上明清以来数百年的闭关锁国,我国国民对海洋变得生疏了,对海洋国土与海洋权益缺乏应有的关注。在许多中国人的意识中,老觉得海洋离我们很远,海南三亚就已是"天涯海角",殊不知我们还有遥远的曾母暗沙。海洋意识的薄弱,导致我们对海权的忽视,对海权的忽视,又使得我们对海洋管控能力建设(比如海军建设、海洋监管机构建设等)重视不够,而这是致命的。第二,某些战略时机没能很好地抓住。由于我国缺乏系统的海洋大战略,加上陆权思想严重,致使我国在海洋权益的获取和维护方面,失去了某些战略良机,这又进一步加剧了我国目前的海洋困境。

关于我国的应对

当前严峻的国家安全环境对我国的和平崛起提出了严峻的挑战,我国面临着冷战结束以来空前的外部压力,甚至是战争的压力。如何才能超越战争并突破困境呢?笔者认为,要"知彼知己",努力做到两点:1. 看清美国,处理好与美国的战略关系,反战但不惧战。2. 突破海洋战略困境,构建海洋强国。只有这样,中国才能"不战而屈人之兵",才能真正赢得战略机遇期,实现和平崛起。

1. 我国当前面临的国家安全环境中,美国是最关键的因素。

近年来,奉行"重返亚洲"战略的美国,把遏制中国过快崛起、管控中国的国际影响力作为其最重要的战略目标。

首先，扰乱中国的东南部地缘安全环境是美国遏制中国崛起的首要选择。当前的东亚（含东北亚、东南亚）地缘格局始于"二战"后，总体上是美日韩与中俄朝的南北对峙。在新时期，对于美国来说，具有冷战色彩的东亚对峙显然须让位于遏制中国崛起这一战略目标。此时，美国60多年前为中国"量身定做"的"第一、二岛链"就派上了用场，处在岛链上的诸如日本、韩国、菲律宾等美国盟友也就自然走上了前台。无独有偶，这些国家又与中国有领土、领海争端或有重大利益冲突，这为美国"定向引爆"岛链提供了绝佳机会。2008年金融危机后，美国单极霸权加速衰落，尽管美国在亚洲的强大影响与控制仍在，但随着中国在亚洲的强劲崛起，美国与中国在亚洲的现实利益、地缘政治及区域主导权争夺的较量将更激烈。这种"权力转移"与新地缘政治构建的过程，或为某些地区冲突潜能释放提供了可能。美国加大对华遏制力度与周边国家"借美抑华"形成正向互动、"里应外合"。因此，当中日、中韩、朝韩、中菲之间出现双边问题时，我们总会看到美国的身影。

其次，扼守中国的海陆能源通道是美国遏制中国的第二选择。充足、安全、稳定的能源供应是中国和平崛起的必要条件，而目前中国90%的石油进口必须通过马六甲海峡和"第一岛链"，这两个地方很有可能成为美国遏制中国崛起的"战略阀门"。而中国要避开这个"战略阀门"有两个选择：一是修建经巴基斯坦到中国新疆的陆路通道；二是经海上运输至缅甸后再转陆运到中国西南边陲。为了破坏这两条可能的战略通道，处在岛链之外的印度、越南等国也被美国拉入遏制中国的行列。美国充分利用印度、越南与中国有领土与领海净端的背景，把印度、越南的特殊地缘位置变成扼守中国能源陆地通道的关键点。因此近年来，人们经常看到印度、越南在美国的挑动下频繁异动。而在缅甸方面也可看到美国的战略布局，通过对缅甸政府软硬兼施，意图打破中国既定能源战略。2011年的"密松水电站事件"和近期的"克钦族事件"都是信号。

第三，破坏中国周边的区域经济合作是美国遏制中国过快崛起的重要考虑。在实施扰乱中国东南部地缘形势、控制中国海陆能源通道后，遏制中国经济的进一步发展便是美国遏制中国崛起的另一个核心步骤。其中，破坏中国周边的区域经济合作是近年来美国遏制中国过快崛起的重要内容。新世纪以来，中国先后构建了"中国东盟自由贸易区""澜沧江—湄公河次区域合作区""中日韩自由贸易区"等周边区域经济合作机制，这些机制构成了中国地缘经济依托的根基。因此，不断冲击、破坏中国地缘政治依托，削弱中国地缘经济影响力，便成为美国遏制中国崛起的现实手段。在这种考虑下，美国近年在东北亚、台海、南海、南亚不断加强对中国的军事压力并不断恶化中国周边地缘安全形势，使菲律宾、韩国甚至日本等国充当马前卒，为即将到来的美中博弈准备筹码，竭力阻止中国地缘经济依托的形成，维护美国西太平洋和南太平洋地区的经济主导权。因此，目前中日关系的紧张也是美国这个战略图谋的结果。

另外，冷战结束后，美国凭借失去制衡的超强实力，成为世界上最大的战争始作俑者，波黑战争、阿富汗战争、伊拉克战争、利比亚战争（虽是北约名义，但美国是关键）等都是美国的"杰作"。美国之所以如此好战，除了外部因素外，还有一个重要的内部因素，那就是其国内存在一个影响巨大的军工利益复合体。这是一个规模庞大、结构复杂的利益集团，包括各级政客、军工企业、高校、科研机构、民间智库等。据美国国会研究局统计，每10亿美元的军火消费，就可以创造约1万个就业机会，所以军工产业对美国经济举足轻重，其对美国GDP的贡献率超过23%，这在西方国家中是最高的。而军工产品属于"终极产品"，不像其他工业产品那样可以转化，它们只有被战争"消费"时，才能实现其价值。这样的宏观经济结构，就决定了美国有"好战"的经济利益动因。因此，从某种意义上可以说，美国是导致战争局势的最大因素。对此，我们要有充分的认识，要揭露、反对美国的战争图谋，但同时不能惧怕战争。惧怕没有任何用处，要做好战争准备，包括心理准备，要克服长期和平的麻痹思想，不要以为和平是理所应该的，是轻而易举的。

2. 中国应努力突破海洋战略困境，构建海洋强国。

首先，增强国民的海洋意识，培养国民对海洋的感情，努力发挥国民在维护海洋权益中的作用。提高国民海洋意识是一个系统工程,需要政府和社会各方面的共同努力。近年来,我国国民对海洋的关注已有很大的提高,越来越多的国民表现出很强的维护海洋权益的意识与激情。这是我们发挥民间力量维护海洋权益的良好基础。而从现代外交实践来看,民间力量在国际争端中扮演着非常特殊的角色,有时可以起到官方起不到的特殊作用。海洋权益争端也是如此,我们可以考虑对有争议的海洋国土采用官民结合的办法来诉争和维护。例如,可以考虑借鉴"希望工程"、"爱心工程"等模式,设立"南沙工程",充分发挥民间爱国力量,由民间力量捐款"认养"南沙的一些无人岛礁,并以各地名称冠名。比如,北京地区的民间力量认养的可以叫"北京礁",广州人认养的可以叫"广州礁",各地可定期组织捐款的国民到这些岛礁进行海洋环保活动或海洋科学考察。这种民间的维权活动方式符合当今世界通行的 NGO 参与国际事务方式,容易得到国际社会的同情与支持。而且,这种维权方式还可以对国民进行爱国主义教育,给民间的爱国之情找到寄托之处。

其次,制定符合中国国情的海洋大战略,让未来我国对海洋的开发利用有明确的战略方向。应该说,我国客观上有天然的海洋地缘缺陷,北起阿留申群岛,南至新加坡的"第一岛链"把我国团团困住了,从整体上看,我国处于被包围状态。要想突破这种包围困境,我国必须得有长远的海洋大战略,用一代人甚至数代人的努力去实现我们的海洋战略目标,实现从海洋大国向海洋强国转变。海洋大战略涵盖面很广,应包括政治、经济、军事等方面的战略目标,但不管这些战略目标如何设计,我们一定要有一条打破"第一岛链"包围圈的战略设计。我们要明确告诉外部世界:"第一岛链"不是封锁中国的岛链,而是中国保卫东部国土安全的第一防线,我们不妨把它称为"东亚安全弧",其位置基本与"第一岛链"重合。设置"东亚安全弧"的目的是为了构建战略防御纵深,保卫我国东部国土的安全,因为东部国土集中了我国 60% 以上的国家财富和最重要的政治经济文化中心(如北京、上海、广州)。未来我国海上力量将应该经常在"第一岛链"附近活动,以让西方国家尤其是日本适应这个事实,不要老是惊呼"中国海军又一次穿过第一岛链了"!

第三,大力培育海权,增强海洋竞争力。海权是海洋强国的基础,没有强大的海权,就没法保障国家的海洋权益。中国改革开放30年所创造的奇迹,很大程度得益于海洋,无论国际贸易、国际投资,还是沿海经济特区,都离不开海洋元素,而这些都需要强大的海权来维护。另外,随着中国的发展,中国未来的海外利益还在不断扩展中,这些海外利益也需要海权的保护。海军建设是海权构成中最重要的组成部分,我们要大力加强海军建设。新中国成立以来,我国海军建设取得了很大成绩,但这与我国的海洋大国地位还很不相称,与世界一流的海军强国相比更有着巨大的差距。对我国来说,发展强大海军至少有两个意义:一是突破岛链包围圈,获取远洋战略通道。二是形成强大威慑,"不战而屈人之兵",维护亚太地区和平。为此,在战略思想上要改变近海消极防御的策略,把我国海军建成远洋海军。中国海军的创始人之一萧劲光大将就曾提出要组建太平洋舰队的战略构想。原中国海军司令员刘华清上将也曾提出中国海军要冲出第一、第二岛链,进入太平洋的宏伟目标。这些战略构想都具有远见卓识,中国海军的确要有这样的战略设计,否则就有可能被困死在浅海。笔者认为,未来中国海军的作战半径至少应扩大到第一岛链之外。这不仅是维护中国国家安全的需要,而是维护亚太地区和平的需要。只有中国海军实力达到与国力相称的地步,才能达到"不战而屈人之兵"的目的。我们不想挑衅、不想打仗,但我们要有打大仗的实力,才能达到这个目的。尤其是在南海问题上,只有当我国海军拥有绝对的优势时,与我国有争端的国家才不会冒险挑衅。如果优势不明显,则会激发他们军备竞赛的野心,试图靠购买几艘军舰的办法来挑战我国,继续侵占甚至扩大侵占我国的海洋国土,那样战争的可能性倒是增加了。

总之,中国周边地缘安全环境的紧张是中国和平崛起的必然结果,是现存国际体系内权力转移的必然结果。美国因素是影响当前中国国家安全环境的首要因素,遏制中国过快崛起、管控中国的国际影响力是美国"重返亚洲"战略的首要目标。海洋战略困境是当前中国国家安全环境严峻的重要原因。

我国要想实现和平崛起，就要处理好战争与和平的关系。我们要看清美国的战略图谋，处理好对美关系，做好必要准备，反战但不惧战；在钓鱼岛主权问题上绝不退让，求和但绝不苟和。

未来几年，中国仍将面临空前的周边安全压力，这种压力将一直持续到中国的力量强大到以美国为首的西方所认为的"难以打倒"的程度时才会自动消失，从而实现中国的和平崛起和中华民族的伟大复兴。

——《中国国家安全概览》（2012）

以"和平的多边主义"争取可持续安全

刘江永[*]

未来20年到本世纪中叶,"亚洲安全共同体"(Asian Security Community-ASC)将成为亚洲区域合作的重要目标之一。尽管还有许多曲折和困难,但它将是亚洲各国在共同安全利益基础上自主合作的必然趋势。这一进程将是漫长的,亚洲安全共同体能否最终形成,将取决于东亚安全共同体、南亚安全共同体、中亚安全共同体等局部安全共同体的形成与发展前景。同时,"可持续安全"(Sustainable Security)[①]的共同追求,将成为亚洲安全共同体的内在动力。

一 亚洲安全合作需树立"可持续安全"理念

1992年联合国环发大会提出"可持续发展战略",强调经济发展必须有利于资源的永续利用,有利于生态系统的良性循环,绝不能以浪费资源和破坏生态环境为代价。

---

[*] 刘江永,清华大学当代国际关系研究院副院长。
[①] "可持续安全"是一个新的安全概念,它吸收了"可持续发展"的思想,在传统安全概念中引入社会环境因素,强调安全的可持续性。

然而，没有可持续安全，实际上就谈不上可持续发展。

我们提出"可持续安全"概念，涵盖了传统安全与非传统安全两大安全领域。传统安全主要是指军事领域的安全问题，而非传统安全一般是指军事领域以外对公共安全、国家综合安全和人类生存发展环境造成重大影响或威胁的安全领域及相关问题。它涉及经济、金融、能源、资源、文化、社会、生态环境等诸多领域。非传统安全因素的威胁包括恐怖主义、疾病蔓延、走私贩毒、非法移民、海盗、洗钱等。它具有明显的跨国性并可与传统安全因素相互转化等特点。"可持续安全"理念的基本特点应该是：重视综合安全，提倡合作安全，谋求共同安全，争取持久安全。当人们普遍认同"可持续发展"这一科学发展观的同时，还需要树立"可持续安全"这样一种科学安全观，并以此作为制定相关政策的普世性理念。

第二次世界大战结束以来，国际社会一直把争取持久和平作为最神圣的安全目标。不过，和平并不等于安全。和平是指没有战争，而安全是指不受威胁。它们是两个相互关联的交叉概念。和平是安全的基本要求，但并不等于在和平条件下就必然安全。战后60年来，虽然没有发生新的世界大战，但人类的安全问题从未得到解决。局部冲突与战争不断，从来没有出现过全球普遍和平与安宁的时期。

20世纪80年代中期以来，中国学术界出现了一种颇为乐观的理论观点，认为"我们所处的时代是和平与发展的时代"[①]。

然而，时代，通常是就全球范围社会发展的大趋势而言的，而不是某一国家在某一时期自身的主观感受。就和平与安全的感受而言，即使在同一时期各国也会有很大差异。实际上，尽管和平与发展是当今时代的两大主题，但至今这两大主题一个也没有解决。邓小平在1984年5月指出："现在世界上问题很多，有两个比较突出。一是和平问题。现在有核武器，一旦发生战争，核武器就会给人类带来巨大损失。""二是南北问题。"1985年3月又强调说：

---

① 何方：《论和平与发展的时代》，北京：世界知识出版社2000年版，第31页。

"现在世界上真正大的问题,带全球性的战略问题,一个是和平问题,一个是经济问题或者说是发展问题。"1992年12月间,邓小平告诫人们:"世界和平与发展这两大问题,至今一个也没有解决。"①他的这一判断是建立在世界上还有霸权主义和强权政治、南北贫富差距拉大等国际现实基础之上的。

其实,推行霸权主义和强权政治不仅威胁别人的安全,也会威胁本国和本国人民的安全。当霸权国家发动战争的时候,不仅会遭到受害方各种方式的反抗,其国内也会出现不同程度的反战浪潮。当今这个问题在美国表现得最为突出。2005年美国《国防战略报告》就明确提出:美国是一个"处于战争状态"的国家。②布什总统也多次毫不掩饰地表示,美国目前处于战时状态。2006年2月美国发表的《四年防务评估报告》进一步提出,美国处于"长期战争状态"。一个世界上拥有最强大军事力量的国家,现在却沦为世界大国中最没有安全感的国家,深陷安全异化的困境。所谓"异化","哲学上指把自己的素质或力量转化为跟自己对立、支配自己的东西"③。美国等一些国家的安全异化困境主要表现在以下几个方面。

1. 军事打击难以确保持久而稳定的安全

2003年美英联军发动伊拉克战争已留下严重而难以治愈的后遗症。阿拉伯穆斯林世界的反美意识可能相传几代人。美国在伊拉克驻军成为当地反美武装打击的目标,死亡人数不断增加。针对美英等国的国际恐怖主义事件有增加之势。2005年7月7日、21日伦敦地铁连环爆炸案,分明是针对英国伙同美国入侵伊拉克而实施的报复。美国国防费用已从1999年度的2251亿美元增至2006年度的4190亿美元,占政府预算约18%。另外,2006年白宫还申请追加1200亿美元军费用于在伊拉克和阿富汗的军事行动。两项相加,美国年度军费开支总额将达5390亿美元,比1999年增加近1.4倍。据瑞典斯德哥尔摩国际和平研究所发表的2005年年鉴数据,2004年全球军费开支达

---

① 《邓小平文选》第三卷,人民出版社1993年版,第56、105、383页。
② 2005年3月18日美国国防部发表的《美国国防战略报告》。
③ 中国社会科学院语言研究所词典编辑室:《现代汉语词典》,北京:商务印书馆1998年版,第1492页。

到10350万亿美元。其中，美国军费已达4550亿美元，占全球军费总开支的47%，超过列在其后的32个国家军费开支的总和。据悉，美军军费中开销最大的一项是日常运作与维护费用，为1236亿美元，仅美军1艘航母日均维护费用就高达300万美元，而1架F-A-18战斗机每小时飞行成本约为5000美元。然而，美国投巨资建立的核武库和导弹防御系统，面对国际恐怖主义威胁不仅无能为力，甚至反而可能沦为遇袭的目标。这简直如同大象与老鼠之间的游戏。①

美国政府似乎已经意识到这种安全异化现象。2005年美国《国防战略报告》认为：美国"将没有势均力敌的全球性竞争者，同时在传统安全领域没有匹敌的对手"，但同时将面临与国际恐怖主义等"非正规战争"的挑战。美国的弱点之一是，"在世界事务中的领导地位将会继续导致不安、一定程度的反感和抵制"。遗憾的是，美国仍然坚持"先发制人"的军事打击，美国的政策智囊和国际战略家并没有开出有效的良方来防止本国安全异化现象的发生。

2. 国家之间的战争、军备竞赛，不仅难以确保本国安全，还会对包括本国在内的全球生态环境造成严重破坏

伊拉克战争是一场生态灾难。据有关专家称，战争造成的油井大火不仅会使中东地区的环境恶化，而且还会造成全球性大气污染。油井大火把污染物抛向空中，并随风扩散到世界各地。石油燃烧释放的二恶英（Dioxin）等大量剧毒物质，被人体吸收后会引发各种癌症，增加人类的死亡率。石油燃烧后释放的大量二氧化碳，将会加剧全球变暖，导致蚊虫、病毒和细菌孳生蔓延，进而引发各种疾病。②现代化战争还造成大量能源资源浪费，导致生态环境恶化，使各国为可持续发展的许多努力付诸东流。人类将继续面对一种极其荒唐和不公平的矛盾现象：《京都议定书》于2005年2月起生效，一方面众多国家在虔诚地为应对气候变化和改善生态环境而投入大量精力和资金，甚至

---

① 森安健：《美国急于获得联合国支持》，《日本经济新闻》2003年9月8日。
② 曲国斌：《伊战引发严重生态灾难》，新华网北京4月3日电．http://www.news.tom.com．

要忍受限制自身发展之苦;另一方面少数国家却既不受限制地享用能源资源,又任意发动战争,使生态环境遭到破坏。而且,如果人的安全受到严重现实威胁,对所谓"可持续发展"的关切势必大为下降。

3. 核能的和平利用可以造福于人类,而核战争、核扩散、核泄漏则将对人类安全及生态环境造成不同程度的核灾难

军事资源的过度开发和滥用,对不可再生能源造成的浪费和对气候变化造成的恶劣影响,绝不亚于发达国家工业化进程带来的损害。1945年至1996年各国进行的2035次核试验中,美国和俄罗斯(苏联)分别占50%和35%以上。核试验对大气、土壤、生物和海洋都有严重的破坏作用。在40多年的核试验中,共向生物圈内排放了12.5吨裂变物质。核爆炸使大气层内放射性核碳元素的含量提高了2.6%,达到了14%;放射性同位素氚的含量增加了100倍,对地球表面的放射性辐射提高了2%。① 锶和铯等核污染源的半衰退期为20年和30年,可以通过水、土壤和生物最后进入人体,危害健康。② 未来更大的危险可能来自两方面:一是核扩散,极端势力或国际恐怖组织获取核武器,搞核恐怖活动;二是美国先发制人使用核武器。美国参议院在1999年10月拒绝批准《全面禁止核试验条约》;2003年5月解除了长达10年的低能量核武器研发禁令;2005年2月15日,美宣布计划在2006年10月之前恢复核试验。美国已提出用新一代小型核武器补充核武库,瞄准那些"好斗的小国",在反恐战争的新时代加快研制新式核武器,包括改进中子弹,研制钻地核武器,使其有能力摧毁深埋地下的大规模杀伤性武器。白宫要求国会在2006财年为"钻地核弹"项目拨款850万美元。随着美国核弹头向小型化、实战化方向发展,未来战争将对人类生存的地球环境造成更大破坏。

4. 一国谋求所谓"绝对安全"的结果可能物极必反,使本国陷入难以自拔的"高成本、低安全"的安全困境

所谓国家安全成本,是指某一国家用于维护国家安全所投入的军事支出

---

① [俄]沙瓦耶夫等著:《国家安全新论》,魏世举、石陆译,北京:军事谊文出版第2003年版,第171页。
② 于连坤、唐洪鑫主编:《国防经济学概论》,北京:国防大学出版社1999年版,第57页。

等各项国家安全支出的总和;国家安全系数则包括国家总体安全状态和持续的时间以及国民的安全感。事实证明,企图通过追求绝对军事优势及加强军事同盟作战能力,对别国形成遏制力或实施先发制人的军事打击,不仅难以确保本国安全,还可能造成本国安全成本上升而安全系数下降的局面。即便庞大的军事力量能使某一国增加安全感,但同时可能增加别国的不安全感,引起别国的戒备或对抗,从而反过来削弱本国的安全感。超强的军事实力和对这种实力的过度自信,反而可能成为破坏国际和平与安全的因素。它尤其无助于解决非传统安全领域的问题,甚至会制造出更多麻烦,造成本国安全水平的下降。美国目前正陷入一种前所罕见的"高成本、低安全"的困境、一种国家安全成本不断升高而国民安全感不断下降的怪圈。据预测,2010年之前美国国防费用可能突破5000亿美元,约占全球军费总额的一半。然而,美国并未因此而得到相应的安全。

5. 企图通过增强军事集团主宰亚洲安全,将陷入安全困境

2005年美国《国防战略报告》提出,未来10年美国面临的安全挑战之一是"即便在我们最紧密的朋友之中,对威胁的理解都会不同,很难达成共识"。在亚洲,韩国虽为美国的盟国,但韩国前总理李寿成却明确指出:"美日同盟关系的加强和随之而来的日本军事大国化将给东北亚地区带来典型的安全窘境。因为美国和日本的防御性行为可以解释为对周边国家有攻击意图。特别是我们不能不担心中国的反应。如果中国将美日同盟的加强和构建东北亚战区导弹防御系统解释为构成了对自己的包围网,那么中国加强军事力量也是理所当然的事情。这就将再次促使日本和美国加强军事力量,并将引发包括韩国在内的所有圈内国家进入军备竞赛。这样,东北亚的安全环境将陷入极度不稳定的状态。"韩国认为,首先应该防止这种情况发生,"为此,有必要培养一种互信、互惠、相互依存的共同体意识,最终减少相关国家之间产生的纠纷、对立和误解的因素"[①]。正是基于这种判断,韩国赞同建立多

---

① 李寿成:《希望形成东北亚多边安全合作体制》,《日本学刊》2004年第6期,第45页。

边安全合作体制。

在这里,我们要特别指出的是,对待非传统安全给国家和地域造成的威胁,更需要树立"可持续安全理念"。非传统安全领域诸多问题对国家和地区的威胁在迅速上升。解决非传统安全领域问题,比处理传统安全问题更为复杂和困难。例如:国际恐怖主义,绝不是简单的通过对现存恐怖势力的打击就能彻底解决的问题;能源安全,也不仅仅是通过建立一套可靠的供需及运输体系就能得到保障,还需有油气的合理开发及利用、新能源和可再生能源的合作开发、利用等;地区生态环境的保护与治理更是需要通过国际合作来解决长期的、复杂的系统工程。当今,非传统安全问题已经受到国际社会的广泛关注。解决非传统安全问题的国际合作在发展。对待非传统安全领域问题,同样需要树立"可持续安全"理念,不仅要通过国际合作解决现实问题,而且要正确认识和处理产生非传统安全问题的各种复杂因素和新的苗头,保证非传统安全领域的可持续安全。

人们之所以认同"可持续发展"的理念,实质上是发现并承认在经济发展方面存在"异化"现象,并力图解决人类经济发展的无限性与能源资源有限性之间的矛盾,维系发展与环境的协调性。只有深刻认识"安全异化"现象的危险性和危害性,才能理解"可持续安全"理念的必要性和重要性。"可持续安全"与"可持续发展"同等重要,有了可持续安全才能保证社会的长期稳定和经济的可持续发展。

二、亚洲安全合作的基本原则

推进亚洲安全合作机制的形成和发展过程中,必须考虑亚洲地区的特殊性和战后国际关系准则的连续性以及今后形势发展的前瞻性。与世界上其他地区相比,亚洲是多样性较强的地区,因而尊重和平衡各国的安全利益就成为亚洲安全合作的基本出发点之一。目前,亚洲安全合作的一些原则,有些体现在双边关系条约中,有些被载入联合国等多边文件,成为国际公认的国际关系准则。

1999年举行的东亚"10＋3"第三次领导人会议发表的《东亚合作联合宣言》指出："在新的千年中存在着挑战和机遇；在全球化与信息时代，本地区的相互依赖不断增强。因此，他们同意要推动对话与合作，以加速对话进程；加强并巩固集体的努力，以促进相互理解、相互信任和睦邻友好关系，促进东亚乃至整个世界的和平、稳定与繁荣。"有鉴于此，"东盟和中日韩领导人强调，各自承诺根据《联合国宪章》的宗旨和原则、和平共处五项原则、《东南亚友好合作条约》以及公认的国际法原则处理相互关系"。

《东南亚友好合作条约》规定缔约各方在处理相互间关系时将遵循以下基本原则：1.相互尊重独立、主权、平等、领土完整和各国的民族特性；2.任何国家都有免受外来干涉、颠覆和制裁，保持其民族生存的权利；3.互不干涉内政；4.和平解决分歧或争端；5.反对诉诸武力或以武力相威胁；6.缔约各国间进行有效合作。

《东南亚友好合作条约》提出处理缔约国之间关系的六项原则，是建立在1955年万隆会议十项原则基础之上的。《东南亚友好合作条约》规定的六项原则比万隆会议十项原则更为精练、概括，并对加入该条约的国家具有法律约束力。

上海合作组织成立以来，一直遵循"互信、互利、平等、协商，尊重多种文明，谋求共同发展"的"上海精神"。"上海精神"作为该组织完整的基本理念和重要的行为准则，丰富了当代国际关系的理论和实践，对国际社会寻求新型的、非对抗性的国际关系模式具有非常重要的意义。

为了促进亚洲安全合作的发展，可以在万隆会议十项原则和《东南亚友好合作条约》和"上海精神"的基础上，进一步确立和遵循以下安全合作原则。

1. 尊重地区多样性原则

亚洲安全合作是建立在本地区多样性基础之上的，应尊重不同国家各自的社会制度、发展模式、文化宗教，不把自己的社会制度和意识形态强加于人，以和平方式彼此共存，相互借鉴、取长补短，在合作中共谋安全与发展。

2. 国际关系民主化原则

亚洲安全合作应成为一个民主的国际安全合作体系。成员国在地区安全事务的决策上拥有平等权力；一般问题尊重绝大多数国家的意见；重要问题和事项应继续采取协商一致的原则；当事国的意愿应得到尊重，并以当事国的意见作为协调安全利益冲突的基础；维和行动须符合联合国宪章精神和有本地区合作组织的授权并得到当事国的同意。

3. 和平的多边主义原则

和平解决国际争端，把平等协商、和平谈判、外交斡旋作为解决各个国家间冲突的基本方法。反对主权国家之间相互使用武力或以武力相威胁；反对以武力改变现存边界现状或以武力威胁手段解决国家间的分歧；反对为别国国内或跨国的民族分裂势力、宗教极端势力和暴力恐怖势力提供任何形式的支持；单边主义的海外军事行动尤其应受到制约。

4. 谋求各国共同安全原则

各国共同安全原则，即地区安全与国家生存安全相一致的原则。地区安全的前提是保障各主权国家的生存、发展与安全。各成员国的安全政策不应对其他国家的安全构成威胁。地区安全合作的主张与安排应尊重各成员国的安全关切与意愿。

5. 自愿平等、互利共赢原则

亚洲安全合作应尊重历史，着眼未来，照顾各方参与合作的"舒适度"。是否参与合作完全自主自愿。参与合作的国家无论大小强弱，主权一律平等。坚持通过对话与谈判解决国家间的分歧，通过深化合作解决非传统领域安全问题。

6. 开放性和不结盟原则

亚洲安全合作组织与合作机制应奉行对外开放、不针对第三方和不结盟的原则。坚持与所有愿意在平等、相互尊重和建设性基础上合作的国家级国际组织开展多种形式的对话、交流与合作，以维护地区的和平、安全与稳定。

三 亚洲"可持续安全"的战略措施

在经济全球化和社会信息化进程中，非传统安全威胁迅速上升，与传统安全威胁因素相互交织。这就使和平条件下的不安全因素进一步凸显。如何实现"可持续安全"，是摆在人类面前不可回避的战略课题。亚洲各国在谋求地区安全合作的过程中需要积累有关"可持续安全"的"共有知识"或"集体共识"。亚洲区域合作不仅需要坚持可持续发展战略，而且需要制定一项可持续安全战略。可持续安全战略是避免陷入"高成本、低安全"战略困境的唯一选择。一个主权国家根据本国疆域面积和保卫国家安全的需要，加强国防建设是理所当然的。但历史和现实反复证明：通过对外战争或盲目依靠增强军事力量谋求本国的绝对安全，到头来反而可能更不安全。与经济增长并不等于发展一样，暂时的和平也不等于安全。要使和平长期延续，要摆脱安全困境，仅靠增强一国或同盟国的军事力量是做不到的。

"可持续安全"既是没有得到安全保障国家的渴望，也是人类社会普遍追求的理想状态。问题在于：迄今有些国家在安全领域中受到传统安全思维逻辑的影响太深，偏重于针对外部敌对国家军事防御战略的建构，而缺乏除此以外更为宏观的大战略思路，故也难以找到"超越军事集团"的地区多边安全合作路径、指针和模式。

然而，21世纪各国合作应对非传统安全领域的挑战，将促进亚洲安全合作体系的形成。现在人们逐步认识到，传统安全领域涉及的国际关系中的对抗与矛盾往往具有"零"和局的性质并面临安全困境，但在非传统安全领域情况则相反，甚至处于某种敌对关系的国家之间也可以找到彼此的共同安全利益的汇合点与彼此合作的结合点。由于国际恐怖主义、艾滋病、生态环境等非传统安全威胁因素的上升，即便在长期和平的国际环境中，公众、国家或地区的安全也可能会受到威胁。因此，人们不仅需要确保传统安全领域的持久和平，而且要努力解决非传统领域的持久安全问题。它不仅有利于双边安全合作，而且可以形成未来亚洲多边安全合作强有力的"粘合剂"。

从长远看，亚洲各国在共同安全利益基础上形成对"可持续安全"理念的共识，并在此基础上形成能协调本国安全利益与地区安全利益的战略和措施，不仅是必要的，而且是能够做到的。亚洲国家和地区的"可持续安全"战略措施应该强调以下几个方面：

——"可持续安全"就是要通过亚洲各国之间的合作安全，保持和平与安全状态的可持续性。努力通过双边及多边国际合作，特别是建立和完善多边安全对话合作机制，在传统安全领域长期保持世界和平，在非传统安全领域加强长期合作。可持续安全战略的宗旨就是要通过国际合作，维护人类持久的安全。亚洲安全合作不论采取何种形式，最终目的都是为确保本地区的"可持续安全"。

——"可持续安全"注重国家生存、发展的安全环境与生态环境的统一性。它要求不得用战争解决主权国家之间的纠纷，尤其反对使用核武器或其他大规模杀伤性武器，反对核扩散及军备竞赛，反对以破坏社会、文化、经济和生态环境为代价换取某一国家或国家集团片面的安全利益。可持续安全战略就是要通过多边安全合作，争取使亚洲各国能以较低的安全成本保障较高水平的安全状态，防止现代战争对人类安全及生态环境造成威胁。

——"可持续安全"所采取的措施应具有预防性和综合性。当今世界，减少和妥善处理国家之间爆发战争的隐患是"可持续安全"最重要的任务之一。同时，国际安全威胁日趋多元化，传统安全因素与非传统安全因素相互交织，任何一个国家都难以单独应付这些威胁的挑战。分离主义、领土争端、武器扩散、海洋资源分配、恐怖主义、宗教冲突等等，既有传统安全因素，也有非传统安全因素，需要各国在社会、文化、宗教、经济、政治等多方面加强合作，综合治理，共同致力于消除安全威胁的根源。

——"可持续安全"需要依靠"和平的多边主义"的协作性。21世纪以来，美国单边主义对国际社会造成巨大冲击，多边主义得到国际社会的普遍认同。但是，自古以来多边主义也有诸多表现形式，例如"八国联军"、北约军事集团、美国为首的多国部队或所谓"志愿者主体联合"等，同样会由于对外动武或搞集团政治而威胁别国安全。因此，谋求人类的"可持续安全"，必须实行"和平的多边主义"，也可以称之为主权国家间"非暴力的多边主义"。其最早的国际实践曾体现在第一次世界大战后国际联盟的努力之中。1928年缔结的《非战公约》就是早期的一种尝试。然而，在帝国主义时代，法西斯军事集团的侵略行径导致国联的尝试归于失败，从而爆发了第二次世界大战。"二战"后联合国的诞生以及《联合国宪章》精神，再度体现了"和平的多边主义"世界潮流和人类前进的方向。战后的亚洲更成为"和平多边主义"的摇篮。亚洲国家首创的和平共处五项原则、亚非各国共同提出的"万隆精神"、《东南亚友好合作条约》、"上海精神"等，都体现出"和平的多边主义"精神。冷战后，东盟地区论坛、上海合作组织、朝鲜半岛核问题"六方会谈"等亚洲多边安全对话与合作机制，都是"和平的多边主义"的具体实践。

——"可持续安全"尊重国际社会的多样性和国际格局的多元性。在未来相当长的一个时期，世界格局将是一极多元结构，即美国"一超"与世界多种力量在竞争中合作并存的"一极多元格局"。在这种格局下，推行单边主义无论如何都难以摆脱安全困境。另一方面，亚洲国家的安全利益及面临的安全威胁不尽相同，又妨碍着亚洲安全合作的深入。针对上述现实，"可持续安全"战略强调世界各种文明、不同社会制度和发展道路彼此尊重、和谐共存，主张地区安全与国家安全的协调与互补，鼓励亚洲国家的地区认同感，增强共同维护亚洲安全的使命感，通过渐进积累方式逐步建立亚洲安全合作体系，实现有关各国的共同安全。

——"可持续安全"强调维护国家、地区及世界安全的整体性。国家之间恪守《联合国宪章》特别是和平共处五项原则，保障主权国家的生存、发展与安全是实现"可持续安全"的基本前提。任何国家的安全政策都不应对其他国家的安全构成威胁。地区安全合作的主张与安排应尊重有关各国的安全关切与意愿，在此基础上谋求实现全球安全。

——"可持续安全"有赖于世界各国共同发展的协调性。"可持续安全"

与"可持续发展"是一个大系统中相互关联、相辅相成的两大子系统。就好似一部双轮车的两个轮子,缺少哪一个,就会变成独轮车而不稳定,甚至难以前行。为实现"可持续安全",发达国家应高度重视南北问题的解决,尊重发展中国家的主权、生存权与发展权,通过经济合作促进地区经济的协调发展,消除地区贫困,缩小南北差距,以确立"可持续安全"的经济基础。亚洲区域合作如果能使"可持续安全战略"与"可持续发展战略"相辅相成,使和平、发展与文明三者有机地结合,定将为促进人类社会的安全、繁荣与进步作出巨大贡献。

四 亚洲安全共同体前景:框架与途径

随着亚洲经济向一体化方向发展,多边安全合作得到本地区各国的普遍认同。亚洲安全形势也有严峻的一面,国家之间安全利益不尽相同,一些矛盾在发展;超级大国推行先发制人的军事战略,在东亚、中亚、南亚、西亚地区加强军事部署;朝鲜半岛核问题与东北亚安全前景备受关注,爆发战争或冲突的导火线依然存在;印度和巴基斯坦之间的关系虽有所缓和,但领土争端包括核武器在内的军备竞赛仍潜藏着危机;中亚地区的民族分裂势力、宗教极端势力和暴力恐怖主义依然猖獗;跨国犯罪在增加;生态环境安全、传染疾病等公共安全问题日益突出;非传统安全领域的威胁明显上升,并与传统安全领域的因素相互交织。亚洲要应对上述安全领域的严峻挑战,必须加强双边及多边的国际安全合作,逐步建立亚洲安全合作体系。

1. 亚洲安全合作体系架构

亚洲安全合作基于亚洲各国政治体制、社会制度、经济发展模式、安全政策及关切的不同,在较短的时期内,不可能也没有必要谋求建立欧安会那样的亚洲安全共同体。未来亚洲安全合作机制只能是现有成功合作机制的自然延伸和发展。它必将是多层次、多渠道的。亚洲各国需要在现有多边安全对话机制的基础上,进一步增强亚洲地区的认同感,培育共同的安全理念,遵守共同的安全合作原则，建立维护集体安全的机制。亚洲安全合作的架构应是以传统安全与非传统安全合作为主要内容，以多边及双边对话与合作为主要载体，以次区域安全合作组织或合作机制为主要形式，各次区域组织及国家相互联系、平等协商、深化合作的开放式、多样性的安全合作体系。

东盟于2003年10月第九次首脑会晤签署了建立"东盟安全公共体"文件；东亚"10＋3"以经济合作为主，同时也进行了安全领域合作；"六方会谈"已成为和平解决朝鲜半岛核问题的唯一可行的机制；上海合作组织卓有成效地不断深化安全合作，对地区安全稳定与经济发展起到了重要作用；南盟和海湾合作委员会也在推进地区安全合作的发展；亚洲一些国家通过双边对话，解决双方长期存在的一些分歧和矛盾并建立了战略合作关系，互信与合作不断发展……这些合作组织及合作机制，不仅成为亚洲安全合作体系的基础，而且成为亚洲安全合作的纽带，将继续发挥十分重要的作用。

在亚洲安全合作体系中，对官方合作起重要辅助作用的非官方或半官方合作对话渠道将继续发挥重要作用。

未来的亚洲安全合作体系，将继续保持东盟地区论坛、上海合作组织等开放性的特点。

未来的亚洲安全合作体系一定要摈弃传统、过时的旧安全思维，不搞军事同盟，不搞对抗性集团。

（1）东盟安全共同体是东盟设定的2020年长远目标。

（2）当前"10＋1"和"10＋3"以经济合作为主，但也包含不少政治和安全问题的内容。

（3）安全合作包括了传统领域和非传统领域的合作。

亚洲安全合作不可能脱离经济合作、社会与文化合作而独立进行，根据亚洲的实际情况，一般也不宜脱离经济、社会与文化合作另搞一套。经济合作、社会与文化交流是安全合作的基础，并推动安全合作的发展。安全合作作为区域合作中的重要组成部分，要适应经济与社会文化合作发展的需要，并为经济、社会与文化合作提供可靠的安全保障。

2. 建立东亚安全合作体系有四条路线可供选择

东盟于2003年签署建立"东盟安全共同体"文件。此后，有些国家的研究机构人员对东亚建立安全共同体的问题提出了一些看法，归纳起来大致有四条路线可供选择：

第一条路线：在"10＋3"或东亚峰会基础上形成东亚安全共同体，并吸收朝鲜、蒙古等东北亚国家加入。

这条路线，从现实可能性看，是以亚洲国家为主的东亚地区多边安全合作机制，其中没有美国和俄罗斯参与。美国虽然是亚洲域外国家，但不仅拥有同日本、韩国、泰国等国的同盟关系，而且是东盟地区论坛的正式成员，并是朝核问题"六方会谈"的重要一方。所以，完全排除美国的亚洲安全合作很难为有关方面所接受。同样，俄罗斯是东北亚安全的重要一方，没有俄罗斯参加的东北亚安全合作，也是不完整的。此外，在日本的推动下，首届东亚峰会已经形成包括印度和澳大利亚、新西兰的"10＋6"机制。而这一成员范围恰好是20世纪30年代末日本军部提出的建立"大东亚共荣圈"的地理范围，难免引起亚洲邻国对日本潜在意图的怀疑。

第二条路线：在东盟地区论坛（ARF）的基础上形成东亚安全共同体。

东盟自身将建立安全共同体，并通过东盟地区论坛形成亚洲安全合作的重要基础。近十多年来，在欧洲、中东、南亚、非洲等地相继爆发战争或冲突，而东亚则保持了相对和平与稳定的局面，这在东亚近百年的历史上是少有的现象。东盟地区论坛作为有史以来东亚地区第一个多边安全对话机制发挥了特有的积极作用。它是包括美国和俄罗斯在内的东亚地区多边安全合作对话机制，在维护地区和平与稳定方面发挥了独特的作用，但现仍处于比较松散的初级阶段，从机制内部受到各方意见分歧的牵制也可能影响东盟地区论坛作用的充分发挥。建立更加有效的东亚安全合作体系是东亚各国面临的共同课题。

第三条路线：促使亚太经合组织（APEC）演变成讨论安全问题的综合性地区合作组织。

这条路线实质上是将 APEC 与 ARF 并轨的思路。但是，由于地区安全合作必须是主权国家参与，而中国台北代表只在 APEC 有十分有限的参与权，没有在 ARF 的参与权，所以在中国大陆与台湾统一前，把 APEC 变为同时讨论安全问题的地区机制显然不妥。就反恐做些政治表态只是特例，而不属于 APEC 的日常工作和追求的政策目标。

第四条路线：使上述第一、第二两条路线、两大机制相互补充、长期并行。

这是一种顺其自然的发展路径，有可能为东亚国家提供更多的战略选择余地。但在不同时期、不同领域，重点可能有所不同。在涉及东亚乃至亚太地区全局的安全合作问题上，东盟地区论坛将发挥较大的作用。在非传统安全领域的合作方面，亚洲国家之间完全可以根据自身的需要开展安全合作，未必需要美国的介入。而在东北亚安全问题上，朝核"六方会谈"有可能演变为"东北亚安全对话"，形成朝鲜半岛与中、日、美、俄四大国长期进行地区安全对话与协调的机制。

从目前形势和今后发展趋势来看，未来 20 年，东亚安全合作体系的主要形式，有可能以东盟地区论坛为大框架，以"东盟安全共同体"为主导，以"10＋3"为核心，以东亚峰会为高层协调主渠道，建立开放性的"东亚安全合作组织"（East Asian Security Cooperation Organization-EASCO）。它与北约不同，不是军事集团，不具有排他性，不预设假想敌，而是针对不同安全领域的问题开展东亚各国之间不同形式的安全合作。亚洲国家不存在共同的外部军事威胁，传统的军事集团模式不适合东亚地区的整体安全需要。亚洲安全共同体难以照搬欧洲安全与合作组织（OSCE）模式①，但可以从东亚的实际情况出发，借鉴欧安组织的某些经验，并对现有安全合作机制加以整合，最终建立一个以"东亚安全合作组织"为主体的复合型地区安全合作体系。

3. 构筑东亚安全合作体系的基础与挑战

东亚安全合作体系的形成已经有了初步的基础。东亚"10＋3"合作在

---

① 欧洲安全与合作组织的前身是欧洲安全与合作会议。1995 年 1 月欧安会改名为欧安组织，现有 55 个成员国。每两年举行一次首脑会议。日本从 1992 年起开始列席欧安会（现欧安组织）的各种会议。

发展；东盟地区论坛已经成为重要的安全对话与合作的平台；亚太安全合作理事会在安全对话方面发挥了重要作用；朝鲜半岛核问题"六方会谈"将来有可能向东北亚安全对话方向发展。

东盟地区论坛在加强内部的机制化建设方面，未来有可能在东盟设立"东盟地区论坛理事会"之类的常设机构，建立由东盟国家外长担任的轮值主席制度。根据不同性质的安全问题，在东盟地区论坛内部设立不同领域的部长会议，例如国防及公安部长会议。也可在东盟地区论坛框架内设立专项分组会或召开临时会议，有针对性地讨论本地区最突出、最紧迫的安全问题。

关于东亚安全合作体系与双边同盟的关系，东盟国家大多奉行不结盟的政策，而美国同日本等东亚某些国家的同盟关系既是历史遗留的产物，也是有关国家的自主选择。如同东盟地区论坛不排斥结盟国家一样，未来的东亚安全合作体系也可能是不结盟国家与结盟国家共同参与的地区安全体系。不过，届时双边同盟的性质、功能和作用应同参与东亚安全合作体系的进程相吻合，结盟国家必须遵守东亚安全合作体系的规则。

东北亚地区的朝核问题主要仍将依靠中、朝、韩、美、俄、日参加的"六方会谈"来解决。北京"六方会谈"联合声明已确立起和平解决朝核问题的共同目标和基本途径。"六方会谈"若能最终解决朝核问题，促使朝鲜半岛停战协定变为和平协定，推动实现朝鲜与美、日关系正常化，今后便有可能形成包括六国在内的东北亚多边安全合作机制，成为未来东亚安全合作组织的重要组成部分。

亚洲多边安全合作中，当前和今后最大的问题是日本问题。从历史上看，日本曾两次摆脱了来自北方俄罗斯或前苏联的军事威胁，而其后日本同中国的矛盾都开始加剧。第一次是日俄战争后，日本开始企图取代俄国霸占中国东北；第二次是冷战后苏联解体，日本实际上已把中国作为取代前苏联的假想敌和威胁，并企图明目张胆地干涉中国内政，支持"台独"势力。日本将日美军事同盟作为安全政策的轴心，并把开展地区合作与推行其价值观联系在一起，有悖于东亚安全合作的宗旨。小泉内阁在外交政策上充当美国的马前卒，在东亚区域合作中，时常扮演着搅局的角色。若日本政治右倾化和偏狭的民族主义发展下去，不仅使日朝关系实现正常化遥遥无期，而且很可能造成中日、韩日政治关系的进一步恶化。日本在亚洲已经没有真正的朋友和真诚的合作者，它在东亚乃至整个亚洲地区安全合作机制建立及运作中可能起到较多的负面作用。

4. 上海合作组织将在亚洲安全合作中发挥重要作用

上海合作组织是亚洲发展最快、成果最明显的区域合作组织。"互信、互利、平等、协作、尊重多样性、谋求共同发展"的"上海精神"和"不结盟、不针对其他国家和地区及对外开放"的原则得到亚洲绝大多数国家的认同。蒙古、印度、巴基斯坦、伊朗成为其观察员国，联合国、东盟、独联体等国际组织与其建立联系。种种情况说明上海合作组织的作用在提高，影响在扩大。

中俄两国同时参加东盟地区论坛和上海合作组织，形成两大链条，把东亚、中亚的地区安全合作连接起来。印度已加入东盟地区论坛、东亚峰会，并成为上海合作组织的观察员，将来如能加入上海合作组织，有可能作为第三大链条，成为南亚与东亚、中亚合作的"地缘桥梁"。

5. 中国与亚洲安全合作机制

亚洲安全共同体的建立好比是一座大厦的构建。其基础是亚洲各国的共同利益、地区认同、危机意识与合作精神。这种基础越深，安全大厦就越稳固。亚洲安全大厦的框架将是多层次、多通道的。它将由次区域局部安全对话与合作机制的建设开始，逐步形成彼此相连、大体覆盖全亚洲的多边安全合作体制。

中国是亚洲大国，地理上处于亚洲中心的位置。在中国周边地区业已出现同中国相联系的多个亚洲次区域多边安全合作机制：在北部地区，中俄战略协作伙伴关系在加强，两国在维护国家统一的核心安全利益方面一致，在能源供求关系方面形成战略互补结构，并具有最佳地缘经济能源合作优势。在西部地区，上海合作组织作为新型区域合作组织在维护地区安全和促进经济发展中表现出强大的生命力。在南部地区，中国成为南亚区域合作联盟的观察员国，与印度、巴基斯坦建立了战略伙伴关系。印度和巴基斯坦也成为上海合作组织的观察员国。在东南部地区，东盟地区论坛正向构建东亚安全共同体方向发展。这种全方位的地区多边安全合作机制的形成，在历史上是没有先例的。

上述各亚洲次区域安全合作组织及合作机制，都有一个共同特点，即：不针对第三方、不设假想敌，以平等、对话、协商、合作的方式，维护地区的和平与稳定，促进经济与社会的发展。在这些合作组织及合作机制中，中国或是其重要成员，或是其重要对话合作伙伴，使中国周边安全环境处于历史上最好的时期。

中国坚持走和平发展道路，需要与周边各地区及国家开展全方位、多领域的合作。中国作为亚洲的重要成员及联合国安理会常任理事国，有义务积极推动亚洲的和平、稳定、发展与繁荣。中国将继续积极支持各次区域合作组织在和平共处五项原则、"上海精神"和《东南亚友好合作条约》的基础上深入合作，努力构建和谐亚洲，共谋发展大业。

——《国家智库》第六辑

国际格局转变与中国外交转型

崔立如[*]

中国特色大国外交之路的开启和中国外交战略转型基于以下两点：一是当今世界的变化；二是中国自身的变化。外部环境的变化和中国自身的变化，正在重塑中国与外部世界的关系，所谓开启大国外交就是顺应国内外的重大变化，提升中国外交的能力和水平。

关于国际格局的转变

当今世界正在发生前所未有的重大变化，这已是人们的共识。需要明确的是，这里所谓的"重大变化"，既是指世界长期的发展变化带来的重大结果，更是强调其发展进程出现一个历史性拐点或急剧的转变。我们目前正处于世界历史性变化的过渡时期，是一个从量的积累进入质的转变的过程。2008年爆发的全球金融危机催化了这个质变进程。所谓质的变化指的就是国际关系结构的大变化。

---

[*] 崔立如，中国现代国际关系研究院院长。

国际政治的核心问题即现实主义理论所描绘的权力格局，正在发生结构性的转变，即从冷战后的"单极时刻"进入多极时代。这一权力格局的变化影响重大。尽管其他理论学派在解释国际政治现实方面不乏各自的依据和合理性，但基于国家利益、实力和权力结构的基本分析来讨论国际政治的现实主义学派仍然占据主导地位。这并非因为它在理论上更为正确，而是它对国际政治现实具有更强大的主导认证作用。由于美国的超级大国地位和对国际政治的主导作用，其以现实主义理论为主要依据的外交政策实践，以及强力推行的一整套观念和话语，成为当今国际政治的基本构成。这也是超级大国的影响力之所在。所以，不管我们是否赞同现实主义的基本理论，它不但在相当程度上反映了当今国际关系的现实，而且在一定程度上塑造着人们对国际政治的理解和感知，进而影响许多国家政府的决策和国际关系的演变。

随着20世纪90年代初苏联解体，以美苏之间竞争对抗为特征的两极格局一夜之间变成美国独步天下的单极格局，在美国"一超"带领下的西方发达国家完全主导了后冷战时期的国际事务。这种戏剧性的历史突变造成的局面，人们也称之为美国的"单极时刻"。在这种单极格局下，21世纪以来美国打了两场战争。其中阿富汗战争获得联合国安理会决议的合法授权，而伊拉克战争不仅没有安理会决议的支持，还遭到美国盟国的反对。但是美国还是一意孤行地发动了这场战争，没有任何力量可以制止或制约它。布什政府在新保守派主导下，试图把苏联解体造成的单极时刻固化成21世纪美国长期主宰的国际政治格局。一时间，美国似乎可以为所欲为，这成为后冷战时期单极格局的典型特征。

当前，我们正在经历的战后国际政治历史性转变，其核心发展进程就是从单极走向多极。所谓过渡时期，也是多极格局开始形成的过程。盛极而衰，历史上的帝国都没有逃脱这样的演变轨迹。"单极时刻"是美国冷战后的鼎盛，而美国对鼎盛的消费也是疯狂的，深陷两场战争的泥潭和前所未有的金融危机是其始料未及的后果。国际格局演变的加速都是重大事件造成的，2008年是个分水岭。华尔街一手造就的巨大金融泡沫一夜之间变成席卷全球的金融海啸。金融危机造成了正反两个方向的事态发展,即美国及西方发达国家实力地位削弱和新兴经济体实力地位相对提高,而中国则是新兴经济体中主要的代表。美国实力和对国际事务控制力大大削弱,新兴力量群体性崛起,单极时刻就此终结。更多的力量中心开始在国际政治舞台上扮演日益重要的角色。

世界从单极格局走向多极格局要经历一个漫长的过渡时期,当下还处在这个过渡时期的前段,即单极格局的解构过程中。单极结构是权力高度集中,而走向多极结构就是权力由集中变为分散。尽管在多极化进程中,非国家行为体在很多方面的作用在增大,但目前看来,走向多极世界的国际权力格局构成的主体仍将是民族国家,这大致分成两个层次:一是传统的五大力量中心,即美国、俄罗斯、中国、欧洲和日本,再加上另外两个迅速崛起的新兴经济体印度和巴西。二是在地区经济、政治层面出现的一批影响越来越大的国家和国家集团,可以称作"第二层次力量中心"。

地区大国的作用在显著发展,从不同方面利用其优势影响本地区政治经济的发展、治理和危机管控。比如韩国是一种类型,其经济保持多年的高速增长,已在"四小龙"中脱颖而出,成为亚洲第四大经济体。与此同时,韩国历届政府都努力保持了与美国和中国十分密切的全方位关系,使之在东北亚乃至东亚的地区经济、政治和外交中扮演重要角色。印尼是另外一种类型,它是最大的伊斯兰国家,具有传统的政治影响力,经济起飞较晚,但现在却拥有相对有利的比较优势,其雄心是要做东盟的主导大国,在地区事务中占有重要一席。在西亚中东地区,沙特的影响力来自其巨大的石油财富,以及在阿拉伯—伊斯兰世界宗教中心的地位。随着世界多极化的发展,沙特要在西亚中东地区称雄的意图已经十分明显。作为另一类型的地区大国,土耳其拥有横跨欧亚大陆的特殊地理优势,战略地位十分重要,意欲以其伊斯兰国家世俗政权的成功典范,成为欧亚之间的经济政治桥梁。近年来在地区问题上土耳其力图有积极作为,扮演独特角色。当然,这些国家内部的发展都存在某些问题,但它们扮演举足轻重的地区大国角色的意向是非常坚定的,这在未来世界多极化进程中将成为日益重要的一个维度。

在权力扩散的同时,国家间的关系尤其是大国关系却变得更加密切和相互依赖。这个看似矛盾的现象具有重要意义。在两极格局时期,两极之间的关系是疏离的,东方阵营和西方阵营、社会主义阵营和资本主义阵营界限分明,相互之间的经贸关系极少,没有相互利益捆绑,两极格局的特点以对峙和对抗为主。这种结构特点决定了国际关系的冷战形态,对立的政治—军事关系占据双方关系的主导地位,安全问题始终如同不散的阴云笼罩着国际事务。两极格局保持稳定的重要条件是在美苏核武库势均力敌下形成的核威慑。苏联解体后,东方阵营"树倒猢狲散",两极格局不复存在。在美国"一超"主导世界的单极时刻,经济扩张成为时代主题,西方资本向全球所有未开发的市场进军,经济全球化有力地推动了大批发展中国家的工业化进程,世界日益成为国家间联系紧密的一个整体。

经济全球化促进新兴经济体的崛起,经济多极化与经济一体化相伴而生。与此同时,政治的多极化也在积极发展之中。首先是冷战时期的西方政治—军事同盟体系开始松散化。在北约未来使命的辩论中,欧洲联盟的发展进入快行道,欧元的诞生无疑包含了重大的政治意义。其次,在拥有众多人口的几大新兴经济体崛起进程中,发展模式的多样化逐渐成为令人关注的世界政治经济现象。

单极格局的权力集中基于美国的超强实力和对国际事务的巨大影响力,后者又基于美国对冷战后国际体制的主导地位和对其他国家的压倒性优势。单极格局走向解构首先是因为新兴力量崛起和美国实力地位的削弱(很大程度上与美国的"豪华消费"有关),其次也和全球化导致国家间形成深度的相互依赖关系有关。尽管美国依然是世界唯一的超级大国,但在利益捆绑的全球化时代,其所受到的来自各方面的制约大大增加。美国外交学会会长理查德·哈斯指出,伴随美国国际地位相对衰落,是权力的相对衰落和影响力与独立性的绝对衰落。

国际格局的核心是权力格局。从格局的解构到建构,要经历在某种程度上的失衡和失序，之后再重建平衡和秩序。这几年世界上各种乱象丛生是过渡期的历史性特征。从两极格局到单极格局，解构到建构的过程短暂而简单，因为其过程基本上就是苏联这个超级力量中心的自身和平解体过程，华盛顿乘机与刚刚独揽大权、又热切想与西方亲和的俄罗斯总统叶利钦达成和平交易，顺理成章地建立起美国这个超级力量中心主导的单极格局。当前正在发生的格局转换，则是超级力量中心实力削弱，更多力量中心崛起造成的。美国一极集权下的国际平衡从结构上发生了改变，这种平衡不是均势，而是一种相对稳定的状态。结构改变造成的失衡是深层的失衡，失衡必然导致一定程度的失序，而新的平衡的形成有待于新的权力结构的建立。国际格局走向多极已经成为不争的现实，但多极世界的权力格局将是何种结构却是一个巨大的问号。

不言而喻，国际格局变化的影响是深刻而长远的，首当其冲者非美国莫属。哈斯将这一权力的扩散和美国国际霸权地位衰落的发展描绘为"无极时代"的到来。他写道："21世纪国际关系的一个重要特点看来将是无极秩序：世界不再由一两个或多个国家支配，而是受几十个拥有并运用各种力量的角色控制。这代表一种有别于以往的结构型转变。"美国著名政论家法里德·扎卡里亚说："这是一个新的世界，完全不同于我们在过去二三十年里习惯的以美国为中心的世界。"

就地缘政治的影响而言，国际格局变化及其带来的问题，在亚洲表现得最为突出。2008年，奥巴马高举"变革"大旗带领民主党赢得大选，新政府肩负两大历史使命：一是重振美国经济；二是重新塑造美国的世界领导地位。结合两大使命为一体，以亚太"再平衡"冠名的奥巴马政府的外交战略调整颇具标志性意义。无论人们对"再平衡"战略的实施过程如何评论，在笔者看来，"再平衡"的提法其实道出了美国外交调整的中心思想，即冷战结束以来美国主导的战略平衡（单极格局）已发生重大变化，美国要想维护其霸权地位，必须作出积极调整，来主导建立能够适应21世纪国际关系深刻变化的新的战略平衡。

在当前国际格局的转变进程中，中国是除了美国之外最受关注的国家。作为世界第二大经济体，中国已成为拉动世界经济增长的主要引擎，是128个国家最大的贸易伙伴、诸多国家出口增长最快的主要市场、普遍被看好的主要投资目的地之一。作为新兴经济体的主要代表，中国的"发展模式"成为国际上热议的政治经济学问题。2008年爆发的金融危机和经济危机更把中国一举推到国际经济政治舞台的中心。毋庸置疑，迅速崛起的中国已成为当前国际格局转变进程中的主要变量和未来国际秩序的重要构建者。

国际格局的转变和中国实力地位的极大提升，使中国与外部世界的互动关系发生显著变化，使中国外交面临前所未有的新形势。

首先是大国关系的变化。坐上世界第二大经济体的交椅，中国与美国的关系随之进入一个新的阶段。其变化在于美国对华关系的定位由"最重要的外交关系之一"变为"最重要的外交关系"。老大与老二的关系，对双方来讲都是分量最重的外交关系。而对要继续维持其领导地位的美国而言，对中国作为最大潜在挑战者的担心和防范也提高到新的水平。奥巴马政府的亚太"再平衡"战略已明显地表现出这方面的调整。

其次是一些周边国家对华心态的变化。中国本身的超大质量决定了其崛起过程的"外部效应"（或称为"外部性"）的巨大，周边国家对此感受最为直接。随着中国崛起进程的不断发展，与周边国家的利害关系将变得更加复杂，尤其是与中国有某种竞争关系，或有重要争议问题的国家，利益冲突的一面将更加凸显。在这种情况下，一些国家对美国的"再平衡"战略采取欢迎的态度，并与之发生互动，形成对中国周边外交更为复杂的挑战。

关于中国特色的大国外交

中国从来都是一个传统大国，但它与现代意义上的大国概念有很大差异。作为在现代化进程中迅速崛起、与外部世界深度融合的新兴经济体，今天的中国已成为一个具有全球性影响的大国。中国将在一个多极世界中扮演什样的角色，奉行什么样的政策，已成为举世关注的重大问题，这是中国外交在国际格局转变的历史时期所面临的重大课题。

改革开放以来，中国外交的主要使命是如何为中国的改革开放和经济发展创造一个有利的外部环境。或者说，外交工作就是为改革开放和经济发展保驾护航。邓小平提出的"韬光养晦"战略思想就是基于这一核心考虑。在此思想指导下，中国外交总体上采取低调行事的方针，基本态势是防守型的、反应性的。以"不××"词语搭配方式来表述中国的外交政策（如不树敌、不当头、不扛旗、不对抗、不争锋，等等）成为典型的中国特色之一。应当看到，在冷战期间的两极格局和后冷战时期的单极格局下，中国还是一个弱势的发展中大国，处在国际经济、政治体系的外围，其采取防守型和反应性的外交，既出于中国集中精力搞改革开放、发展经济的需要，也基于中国自身实力地位的明智选择。中国过去近40年外交取得的巨大成功，为中国改革开放和经济建设的顺利推进所作出的巨大贡献，世界有目共睹。

改革开放以来40年中国外交的成功经验，集中到一点，就是准确把握了世界经济、政治和安全领域发展变化的大趋势，根据中国的实力地位和阶段性目标，确立中国外交的战略方针和推进路线。当今国际形势最大的变化是国际格局的转变，多极化加速发展已进入一个由解构到建构的历史过渡时期。中国崛起成为第二大力量中心，并因其继续处在上升期而成为各方最为关注的变量。中国的经济、政治和安全关切已经与世界的发展紧密地联系在一起。如果说，中国外交的使命还是继续为新时期深化改革开放和经济发展保驾护航，那么现在指导其谋篇布局的理念和战略思想则必须提升到与国际秩序建设相关联的高度和全球范围的广度。这就是提出新时期中国特色的"大国外交"意义所在。我们从中国外交部长王毅"探索中国特色大国外交之路"的文章中，可以了解到当前中国大国外交的基本要素。

首先，中国特色的大国外交"要立足于中国作为发展中国家的基本国情"，这是中国现阶段的基本经济地位。从经济的发达程度、社会现代化进程，尤其是人均GDP等方面讲，中国仍属于发展中国家。以传统国际政治分属，中国也把自己放在第三世界或发展中国家行列。作为新兴经济体的代表,"最大的发展中国家"这一正式"身份"标签,不仅是兼顾经济与政治、国际与国内几方面因素的综合考量,同时也在一定程度上表明中国的大国地位和中国传统外交特色。

其次,中国特色的大国外交"要根植于中国坚持社会主义的理念"。这是中国的政治旗号,是共产党执政下当代中国追求的国家政治发展模式。与此相对应的是,对外强调公平正义、共同富裕以及和谐世界的理念。和谐世界是建立在公平正义和共同富裕的基础之上,如果没有公平正义和共同富裕就不可能有和谐。这是中国自身发展要着力实现的目标,也是参与和处理国际事务的基本取向。强调这一点也十分契合中国是发展中国家的基本身份和外交中注意维护发展中国家整体利益的政治定位。

再次,中国特色的大国外交"要从博大精深的中华文明中汲取营养"。从传统文化中寻求思想和智慧一直是中国外交的一个重要特色。今天的大国外交更要求对解决21世纪人类面临的挑战具有启示作用的中国智慧和思想。当然,这绝不是简单地从传统文化中寻找、挖掘能适用于当今需要的某些思想观念,而是真正能抓住那些具有大智慧的思想观念的精髓,加以创造性地运用,使之成为可以真正因应现今国际经济、政治和安全问题的思想和智慧。在实践中,中国需要在现代化的自身发展进程中首先实现与体制、机制和能力建设的衔接,然后才能推向世界,推动不同文明之间的交流对话。

最后,"中国特色的大国外交还要继承新中国的外交优良传统"。"优良传统"的说法是中国独特用语,人们经常将之解读为连续性。中国的外交政策在一些重要方面保持连续性是长期以来一个受到普遍赞赏的特点。连续性与稳定性相关。但审时度势,根据变化作适时调整更是外交政策的生命力所在。所以,所谓"优良传统"的精髓不是连续性本身,而是支持连续性符合现实和长远需要的"合理性"。王毅外长在文章中明确提到的中国外交"优良传统"的政策主张和战略思想包括:坚持独立自主的和平外交政策与和平共处五项原则,高举和平、发展、合作、共赢的旗帜,坚持走和平发展道路,推动建设和谐世界等。

中国新时期的大国外交将更加突出维护世界和平的宗旨，在推进人类的和平与进步事业上发挥更加积极的作用。世界多极化进程加速，意味着国际力量对比朝着更加均衡的方向发展，但格局转变造成的国际关系失衡与失序，使中国外交进入一个更具挑战性的历史阶段。王毅外长以《探索中国特色大国外交之路》为标题的文章，充分反映出在中国外交面对机遇与挑战并存的复杂形势下所怀有的基本自信和必要谨慎。

关于中国外交转型的几点思考

在上述开创新时期大国外交的总体思想指导下，中国外交还需要进一步解决如何实现战略转型的课题，即能体现主动引领和塑造大外交战略的总体设计。

1. 拿出比以往更加清晰的顶层设计

处于有意无意之间的战略模糊是以往中国对外战略的一大特色。一方面，这与中国当时的实力地位有关，也与中国传统文化有关，目的是便于避实就虚，辗转腾挪。另一方面，因为客观上我们尚未真正进入大国角色，对此需要进行相关的深入研究。从现在中国自身的发展和国际地位的要求来看，确定中国究竟要什么样的大国外交和如何实现外交经略，其实质就是要求更加清晰的政治设计，这是所谓"顶层设计"的核心。经济是基础，经济基础发展到了一定程度之后，就需要有能与之相适应的上层建筑，也就是政治建设。中国的改革开放进程是这样，中国的外交发展进程也基本如此。而这方面恰恰是中国的弱项，因此集中力量，加强对历史与现实相关问题的研究，在尽可能短的时间里提出适合中国当前外交需要的国际政治指导思想，是中国外交战略转型最大的挑战。

2. 转变观念问题

观念转变就是要站到历史发展前沿来认识中国和世界的关系。中国外交要有两个本体意识：一个是中国本体意识，就是从中国来观察世界；另外一个是世界本体意识，即要从世界来反观中国，站在全球层面看待中国的发展、看待中国和世界的关系。当今的世界日益成为一个"命运共同体"，这不仅仅指国家之间你中有我、我中有你的利益捆绑，在哲学意义上更指世界作为一个统一体的深刻道理。合作共赢不仅是国家发展的现实需要，也是人类社会发展的归宿。这里，中国传统文化中的一些观念、思想和智慧可以得到发扬光大。命运共同体的思想是中国外交上的重要发展，与中国传统哲学中"和而不同"的理念相契合。如何将这种博大、开放的理念变成具有实践价值的外交战略和政策思想，是对当代中国领导集团和精英的政治智慧的真正考验。

3. 中国近中期的外交目标

作为世界第二大经济体和日益具有全球影响力的崛起大国，实现"中国梦"的外交使命是什么？能否提出某种阶段性的目标？这些都关系到对世界秩序、地区秩序和全球秩序的思考，其核心问题包括：如何构建多极格局下的国际秩序；如何在亚太这个多极格局的中心地区构建一个大国共处的稳定关系框架；如何妥善处理中美、中日之间日益凸显的战略竞争等。合作共赢的思想基于命运共同体的认识，但在各方维护自身利益的激烈博弈中显得虚无缥缈，突破困境的关键在于确定合理目标并对其有韧性的坚持。

4. 中国在全球事务中扮演更加重要角色

中国要积极参与全球治理，需要超越事务层面来思考和构建未来的国际社会。为世界提供更多的公共产品，不仅需要中国拿出更多的物资贡献，还需要提出有价值的思想和学说。要发挥大国的"引领"和"塑造"作用，则要求中国的外交不但是"中国本位"，还要"世界本位"。只有如此，中华民族伟大复兴的"中国梦"才能与"和谐世界"的理念形成真正有意义的价值关联。即便带有一定理想主义的色彩，这也应该是进入新的历史时期的"中国特色的大国外交"具有的思想品位。当然，就现阶段而言，中国面临的最艰巨的挑战是，面对内部和外部世界远非理想的复杂形势，以坚定的战略导向和政治意志、合理的统筹谋划和强有力的协调操作,有效应对中国快速崛起过程中所遭遇的各种外交难题。我们必须明白,这是前所未有的挑战。变化的提前到来虽让我们有些措手不及,然而这也是不断学习、适应和提高的过程。

——《国际关系研究》(2014)

新丝绸之路：做什么、怎么做？

郑永年[*]

新丝绸之路要做什么呢？就是要回归丝绸之路的本色，通过新丝绸之路把中国建设成为经济贸易和投资的大国，也就是当代商贸大国。

中国如果要回答"做什么"，先要回答新丝绸之路有关的国家"需要什么"。如果中国要做的也是有关国家所需要的，双方就有了巨大的共同利益，新丝绸之路成功的希望就很大。但如果中国要做的并不是有关国家所需要的，就意味着双方没有共同的利益，新丝绸之路就很难成功。

有关国家所需要的，就是中国规划新丝绸之路的前提。这种需要是显然的，无论是"一带"还是"一路"，大多数还都是经济发展水平不高，甚至是很穷的国家，都需要发展和建设。就目前和今后相当长的一段时期的世界经济局势来看，没有其他国家能够有像中国那样的条件，来做如此宏大的区域项目。对中国来说，下一步的关键问题是，怎么做？

---

[*] 郑永年，新加坡国立大学东亚研究所所长。

从政策层面看，中国必须超越老殖民主义和现代西方方式。中国规划新丝绸之路表明中国要在这个过程中起主导作用，扮演主要角色。所以，首先要确定的是行为模式问题，中国既不能走老殖民地主义路线，也不能走新殖民地主义路线。西方老殖民地主义，从来就没有解决好非西方国家的发展问题。

新丝绸之路很多相关国家，历史上都曾经成为西方的殖民地，但除了少数几个国家例如新加坡，无论是殖民地期间和殖民地之后，都没有解决好发展问题。从经济上说，老殖民地主义者所关心的，只是为国内商品开拓新的市场，为国内的经济发展提供原材料。帮助被它们所殖民的国家，从来不是殖民主义者所考虑的问题。中国更不能走日本"二战"之前和期间在"东亚共荣圈"的漂亮口号下的侵略路线。

中国也不能走现代西方国家的路线。"二战"之后，非西方国家发生了反西方殖民地主义的运动，原来沦为殖民地的国家纷纷独立。但是，西方殖民地主义通过各种变换方式生存了下来，仍然主导着非西方国家的发展。也就是说，尽管非西方国家在政治上赢得了独立，在经济上仍然高度依靠西方国家。

为了通过经济方式控制这些国家，西方对这些国家的经济交往（投资和贸易等）附加了各种苛刻的先决条件，往往是后发展中国家根本没有条件满足的政治条件（例如人权、政治开放等等）。如果不能满足西方所提出的条件，就不能得到西方的"帮助"。但是，这么多年下来，这种新殖民主义的发展已经被证明为虚伪，因为这种方式，实际上有效地制约着发展中国家的发展，使得他们始终处于贫穷的状态。

向"马歇尔计划"取经

中国要跳出这些老思路。在规划和执行新丝绸之路过程中，可以从美国"二战"后所实行的意在复兴欧洲的"马歇尔计划"学到很多东西，既要学其成功的经验，也要超越其狭隘的地缘政治概念。在帮助复兴欧洲经济过程中，马歇尔计划作出了巨大的贡献，也使得美国成为欧洲国家的领袖。不过，这一计划同时也是针对苏联的，是和苏联竞争的一部分，在客观上加剧了欧洲国家（主要西欧和东欧之间）的分化。前一部分，中国要学，而后一部分，中国要避免。

在新丝绸之路规划和执行方面，中国的强势在于所拥有的金融资本和庞大的基础设施建设能力。中国现在是一个资本过剩国家，其资本（无论是民间资本还是国家资本）走向世界的规模越来越大、速度越来越快。同时，今天的中国已经成为具有强大的从事基础设施建设能力的国家，没有一个国家具备像中国那样的能力。基础设计建设是中国过去30多年经济成就的一部分。在一定程度上说，中国已经把这个经验整合到"走出去"的计划中，例如在非洲、拉丁美洲、亚洲等地区，中国在帮助那里的一些国家，进行大规模的基础设施建设。

在规划和实施新丝绸之路方面，中国可以有效整合其金融能力和基础设施建设能力。目前，中国方面正在积极建设"亚洲基础设施投资银行"。实际上，中国可以在此基础上，设立一个非常庞大的"新丝绸之路开发基金"或者"新丝绸之路开发银行"，通过大规模的金融动员方法，来为新丝绸之路做好坚实的金融准备。"亚洲基础设施投资银行"本意是好的，但仍然有诸多改进的空间。它过于聚焦于亚洲，过于聚焦于基础设施建设。再者，它也经常引出人们的地缘政治竞争的想象，例如和日本主导的亚洲开发银行进行竞争等等。而新丝绸之路开发基金或者开发银行，更具地域和发展领域的开放性，符合中国长远的国际发展目标。

中国是亚洲国家，强调亚洲的开发和发展非常重要。不过，亚洲的开发和发展，不能和其他地区的开发和发展割裂开来。新丝绸之路开发基金或者开发银行可以整合中国的亚洲、非洲，甚至是拉丁美洲政策。现在中国对这些地区的政策都是分割的，甚至是冲突的，效率并不佳。早些时候中国也提出要建设"金砖国家开发银行"，后来也提出"中国—中亚国家开发银行"的设想。不过，实行起来比较困难。如果根据不同的需要设立不同的开发基金，就会演变成一个又一个互相不连贯的小项目，不仅可能造成资金的大量浪费，管理起来也非常困难。新丝绸之路开发基金或者开发银行，可以把这些项目整合起来，形成一个宏大的国际开发计划。

中国实际上可以以新丝绸之路为契机，在中央层面成立一个国际开发机构，来协调经济的"走出去"和海外的经贸活动。在现行体制下，国际援助和开发方面的权力，分散在不同的政府机构，例如商务部、外交部、地方政府、国有企业等等，没有很好的协调性，效率不高，经常出现问题。其他国家在上升成为大国之列的时候，都会设立类似的机构，有效促成国家的外部崛起。中国设立这样一个机构的时候到了。

从投资领域来说，在现阶段中国的投资对象是基础设施方面。例如中国和东盟（亚细安）之间，在过去很多年里开展互联互通方面的基础设施规划和建设，取得了不小的成就。在这方面，仍然有巨大的空间。总体上看，新丝绸之路沿边和沿岸国家的基础设施仍然非常落后，中国的确可以帮助建设公路、港口等大规模的基础设施。再者，中国也为当地社会做了不少好事情，例如建立医院、学校和体育馆等公共设施，也就是帮助当地社会的社区建设。

建设开放式的新丝绸之路

不过，从过去的经验教训来看，做基础设施和社区建设还不够。开放不能仅仅局限在基础设施方面，而应当覆盖更广泛的领域，例如工业、制造业、农业等等。这些国家的开发和发展不仅需要基础设施建设，更需要经济平台（产业等）建设。同时，公共设施建设具有福利性质，不能获利，很难具有可持续性。中国必须考虑更多的互惠性质的建设，也就是当地社会和中国本身都能获利的建设。

如何使得中国本身和更多的当地社会成员获利于中国参与的基础设施建设呢？根据中国自己的经验，可以在基础实施的周边建设产业园区等，既能解决当地的就业，也能促进当地的经济发展，是当地社会和政府都希望的一种方式。产业园区建设也就是经济平台建设。在这方面，中国是有巨大的能力做的，因为中国本身的崛起，就是通过大规模的工业化途径。

从战略上看，建设开放式的新丝绸之路，有助于减轻其他国家的地缘政治担忧。中国传统的丝绸之路具有很大的开放性，今天必须保持开放这个优势。中国建设新丝绸之路并非要和其他国家竞争地缘政治利益，而是要促进新丝绸之路沿边沿岸国家的经济发展。这既有助于中国本身的可持续经济发展，也有助于其他国家的经济发展，同时不会被其他国家视为战略威胁。

新丝绸之路的开放性也应当反映在执行方面，那就是新丝绸之路的开发应当是参与式的。这里至少有两层含义。首先应当是地方的参与，让当地社会和老百姓分享发展成果。早些年，中国在非洲、拉丁美洲等地的一些做法，就引起了当地人的不满甚至抗议。例如中国公司乐意雇用中国工人而非当地人，中国公司没有对当地的环保给予足够的考量等等。

近年来，中国能够考量到这一点，开始找到一种更具参与式的开发方式，让更多的地方因素和社会成员参与到项目中，情况有了很大的改变。这种参与式的发展要坚持下去。同时，在做新丝绸之路的当地规划的时候，也可以开放给当地社会，尽量听取当地政府、社会、非政府组织的意见。尽管各方面达成共识要花时间，但在此基础之上的开发更具合理性，也更具可持续发展能力。

在第二个层面，开放式的发展指的是向其他国家开放。中国在新丝绸之路建设方面占据主导地位，并不是说中国也应当垄断所有的项目。作为世界大国，中国应当持更加开放的态度，让那些有能力的外国公司，都能参与到这个大计划中来，共同把这个计划做好。中国具有开放的文化精神，有能力在自己主导的计划中容纳不同的利益，并且有能力协调不同的利益。

财富和资本不同，只有当财富进入市场领域的时候，财富才转变成为资本，财富才可以继续增加和扩大。中国已经具备了庞大的资本积累，尤其是国家资本，而现在这么庞大的资本大都存在银行，仅仅表现为现金。不仅财富没有扩张，反而面临缩小的威胁。在国内投资仍然有很大的空间，中国也不会中断国内投资。同时，中国的资本也会加快"走出去"，这就需要和其他国家进行经济交换。

同样重要的是，作为大国，中国也要承担国际责任，在自己发展的同时帮助其他国家的开发和发展，走共同发展、共同富裕的道路。新丝绸之路的理念已经提出来了，如果中国能在这个概念构架下规划新思路，中国离实现文明复兴和大国崛起的"中国梦"就不远了。

——新加坡《联合早报》2014 年 6 月 24 日

中国—中东欧国家关系中需要注意的问题和几点建议

朱晓中[*]

1989年到1991年,东欧国家的政治和经济体制先后发生了根本性变化,中国和东欧国家以往以执政党关系为基础的国家关系不复存在,在经过一个短暂的相互摸底和重新定位之后,双边关系重新起航。继1995年中国提出恢复和发展与中东欧国家的"布达佩斯原则"和2004年提出"布加勒斯特原则"之后,双边关系不断发展,关系质量不断提升。2012年4月,中国时任总理温家宝在波兰提出了中国同中东欧国家发展新型关系的12点计划,由此,中国和中东欧国家关系进入了发展新阶段。在此基础上,中国和中东欧16国又先后发表了进一步开展务实合作的《布加勒斯特合作纲要》(2013年)和《贝尔格莱德合作纲要》(2014年)。藉此,中国与中东欧国家的全方位各领域务实合作全面发力。

虽然中国全面发展与中东欧国家关系的大幕已经拉

---

[*] 朱晓中,中国社会科学院俄罗斯东欧中亚研究所研究员。

开,但要切实推进中国与中东欧国家关系还需要解决如下几个问题。

第一,如何处理双边关系中的不对称。

(1) 双方的战略需求不对称。在中国十分关切的问题上,中国需要中东欧国家的支持(西藏、台湾、人权、欧盟解除对华军售支持)和理解(打击疆独、南海和东海岛屿归属)。相反,中东欧国家(塞尔维亚在科索沃问题上需要中国的支持)似无重大问题需要中国予以支持。

(2) 双方贸易关系不对称。在双边贸易中,中国对中东欧国家长期保持贸易顺差。根据商务部欧洲司的数据,中国对中东欧国家贸易失衡程度远超过与发达国家的贸易失衡程度,而且贸易结构较为单一。目前,中方的大量顺差尚不能被中国和中东欧国家的企业级经贸所改善。同时,中国和中东欧国家之间的相互投资虽有所增加,但也不能为改善双方的贸易不平衡状况作出贡献。

(3) 双边对话关系不对称。部分中东欧国家加入欧盟后,对外政策受到欧盟外交框架政策的一定约束,对华政策也不例外。因此,在中国—中东欧国家关系中,作为对话一方,中国既要同欧盟打交道(多边关系),也要同单个中东欧国家直接对话(双边关系)。虽然自1997年以来,欧盟先后发表了6个对华文件,但欧盟至今没有形成统一的对华政策。其后果是,由于主体不清,在一些问题上,中国有时感到无所适从。在中欧关系中如何利用这种"双轨制",是中国对欧盟以及中国与中东欧国家关系中面临的一个挑战。

(4) 双方国情和价值观不对称。在中国政府决定大力发展同中东欧国家关系的背景下,中国如何在与社会制度、国情、价值观等方面存在差异的中东欧国家求同存异,寻找利益共同点,维系和大力发展同中东欧国家的友好合作关系,在双方关切的重大问题上相互理解(甚至支持),确定清晰的"利益"领域,是中国方面需要认真思考的重要现实问题。

第二,如何处理不同质量的双边关系。

目前,中国同中东欧16国的关系有5种称谓:1. 战略伙伴关系(塞尔维亚、波兰);2. 全面友好合作关系(罗马尼亚);3. 友好合作关系(匈牙利）；4. 全面合作伙伴关系（克罗地亚）；5. 无称谓（其他中东欧国家）。2012年之后，中国的官方文件中对中国与中东欧国家关系的统称是16＋1，显然是将中东欧16国视为一个整体，但现实中国与这些国家保持着不同称谓（质量）的关系。那么，这些不同称谓的关系是否会影响到中国与中东欧国家开展务实合作的规模和质量呢？而且，人们很难区分这五种关系的内在区别。这些不同的"荣誉称号"反映的可能只是中国外交政策和发展双边关系的"务虚"成分，不利于切实推进中国同包括中东欧国家在内的欧洲国家关系的发展。

第三，如何妥善处理达赖和"人权问题"。

随着政局剧变，中东欧国家的意识形态和价值观发生了很大变化，同时，越来越多的中东欧国家加入欧盟后开始向欧盟的人权政策趋同。这使得少数中东欧国家不再无条件地在人权问题上支持中国。在外界（美国）压力下和必须遵守欧盟政策规范的情况下，中东欧国家的一些政治家可能会在同中国的关系中举起人权旗帜。另一方面，随着中国的改革开放和经济不断发展，许多中东欧国家又都希望进入中国市场。但获得经济利益的前提是同中国进行保持至少是平稳的政治关系，这就使中东欧国家在中国的人权问题上不得不走"之字形"，在对抗和和解之间摇摆。① 在大多数情况下，只要不是代表官方立场，中国政府会有意"忽视"中东欧国家对中国人权状况的"批评"。但是，这种批评对中国—中东欧双边关系肯定会产生消极影响。同时，中东欧国家的极少数政治家或政党无视中国政府为推动西藏社会经济进步而作出的巨大努力，不时同达赖进行接触。

人权问题和西藏问题是中国同包括中东欧国家在内的欧洲国家双边关系和多边关系中不可回避的问题。在这些问题上我们必须捍卫核心利益。同时，我们也需要思考，如何更令人信服地向境外介绍中国人权状况和西藏发展的现实问题。换句话说，现在到了思考如何改善中国的外宣工作的时候了。

---

① Czeslaw Tubilewicz, Comrades No More, *Problems of Post-Communism*, March/April 1999, p.12.

第四，中国企业走出去还面临诸多困难。

虽然中东欧地区是中国企业"走出去"的试水区，但中国企业在走向欧洲过程中还面临着诸多困难：（1）欧盟国家以中国没有开放政府采购市场为由，对中国企业在中东欧地区开展承包工程持谨慎排斥立场；（2）中东欧国家基础设施项目建设多利用欧盟基金，在投标过程中，经常会出现对中国企业不利的条款；（3）欧盟技术标准严格，设备和劳务输入困难，中国企业无法完全照搬在亚洲和非洲等地承包工程经验；（4）中国企业在中东欧地区影响不大，竞争力不强，且存在同业恶性竞争等问题。

第五，在落实务实合作时切不可一哄而上。

客观地说，中国与中东欧国家相互不甚了解，无论是政治家还是普通百姓。因此，在落实"华沙12项举措"、《布达佩斯合作纲要》和《贝尔格莱德合作纲要》过程中，应加强对中东欧国家政治、经济、社会、法规和投资环境的调研，在环境许可的前提下实施相关计划，如果再发生类似中国企业承包波兰高速公路那样的不良案例，中国以及中国企业在欧盟不仅形象受损，而且"走进欧洲"之路将更加艰难。

随着中东欧国家老一代政治家淡出政治舞台，中国与中东欧国家"传统友好关系"的基础日渐薄弱。"利益主导型"的双边关系日益成为中东欧与中国关系的主流。虽然中国的经济力量和国际影响力不断提升，但在一些中国关切的问题（西藏、台湾、人权、欧盟解除对华军售和打击疆独等）上，中国依然需要中东欧国家的理解和支持。相反，中东欧国家似无重大问题需要中国予以支持。中国与中东欧国家关系中的战略需求严重不平衡。因此，如何在意识形态和价值观念不同、贸易关系平衡不利于中东欧国家的情况下，维系和发展同中东欧国家的友好关系，并在上述问题上需要国际社会予以理解和支持时能够获得中东欧国家的理解和支持，确是中国方面需要认真思考的重要现实问题。

为切实推进中国与中东欧16国在各领域的务实合作，中国还需要作出如下努力：

第一，加强对外宣传，宣传在双边关系中的平等、互利互惠和双赢的外交理念，使中国与中东欧国家的合作成为同发展中国家、中小国家以及地区组织中成员国合作的模式。

第二，为减少欧盟的猜疑和干扰，中国应继续强调中国与中东欧16国的合作是中盟合作的一部分，并在条件许可的情况下，吸收其他欧盟成员国进行项目合作，以期减少来自欧盟成员国的阻力。

第三，正确认识中东欧国家在中国外交实践中的地位和作用，协调中国—中东欧16国合作与丝绸之路经济带的交叉和合作关系。

第四，考虑到中东欧国家的历史传统，特别是与俄罗斯之间的关系，中国与中东欧国家的合作更多地应该聚焦在经济领域，少谈或不谈政治和战略合作。

第五，应该大力加强文化和教育交流，加强中国和中东欧国家之间的相互了解，使双方的合作在雄厚的人文基础上得以持续和发展。

——本文为特邀撰写，系首次刊发

中国特色外交的新常态

赵磊[*]

今天,中国崛起已经成为世界格局变迁的重要变量,成为21世纪最重大的历史事件之一。中国的内政外交都随着综合国力增强、国际地位提高发生着影响深远的变化,特别是十八大以来,以习近平同志为总书记的党中央统筹国际国内两个大局,锐意进取,全面深化改革,开创了中国特色社会主义各项事业的新局面,在经济、政治、文化、社会、国防、外交等各方面都形成了新的常态化模式。在对外战略方面,党中央面对日益复杂的国际大势,加强对外工作的顶层设计,以正确义利观为中国特色外交的新旗帜,将"一带一路"作为中国特色外交的地缘突破口,不断夯实新型大国关系的战略基石,践行"亲、诚、惠、荣"的中国特色周边外交新理念,通过对外援助和全球治理为抓手布局中国特色国际战略,成为引人关注的中国对外战略新常态。

---

[*] 赵磊,中央党校国际战略研究所教授、台港澳与国际关系研究室副主任。

一　中国特色外交的新旗帜：正确义利观

2013年，习近平主席在访问非洲期间和周边外交工作座谈会上提出，外交工作要树立正确义利观。他指出："义，反映的是我们的一个理念，共产党人、社会主义国家的理念。这个世界上一部分人过得很好，一部分人过得很不好，不是个好现象。真正的快乐幸福是大家共同快乐、共同幸福。我们希望全世界共同发展，特别是希望广大发展中国家加快发展。利，就是要恪守互利共赢原则，不搞我赢你输，要实现双赢。我们有义务对贫穷的国家给予力所能及的帮助，有时甚至要重义轻利、舍利取义，绝不能惟利是图、斤斤计较。"

习近平主席强调，对周边和发展中国家，一定要坚持正确义利观。只有坚持正确义利观，才能把工作做好、做到人的心里去。政治上要秉持公道正义，坚持平等相待，遵守国际关系基本原则，反对霸权主义和强权政治，反对为一己之私损害他人利益、破坏地区和平稳定。经济上要坚持互利共赢、共同发展。对那些长期对华友好而自身发展任务艰巨的周边和发展中国家，要更多考虑对方利益，不要损人利己、以邻为壑。习近平主席关于正确义利观的论述，既是对中华民族传统文化精髓的继承，又体现了共产主义的国际精神，表明我国在对外实践中崇尚正义、主张公道、以义为重、利在义后的价值取向。

对正确义利观的阐述和践行，贯穿于当前中国所有重大外交行为之中。在对塔吉克斯坦进行国事访问之前，习近平主席就在塔知名媒体发表署名文章，指出中国绝不牺牲对方利益谋求一己私利，而是坚持走共同发展、共同繁荣的道路。在今年7月对韩国访问期间，习近平主席在首尔大学演讲中强调："国不以利为利，以义为利也。"习近平主席出访非洲和拉美，多项合作协议和项目主要涉及的是基础设施和民生领域，中国积极落实有关承诺，坚决不附加任何政治条件，帮助各发展中国家把资源优势转化为实实在在的发展优势，实现共同繁荣和发展，有力驳斥了西方国家对我国在非洲等地搞"新殖民主义"的指责。

简而言之，利，是中国与各方开展经济合作的基本驱动力；义，是合作共赢的感召力。坚持义利并举、义重于利、互利共赢的正确义利观表明，中国不但把自己视为发展中国家的一员，更视自己为一个维护世界和平与促进共同繁荣的负责任大国。在处理同其他发展中国家的关系时，勇于进取以自身发展带动各国共同发展，敢于担当，在重大问题上维护国际公平正义，愿意更加积极有为地承担起国际义务。正确义利观成为中国特色外交的一面"新旗帜"，是新时期中国对外战略的核心指导原则。

二 中国特色外交的地缘突破口："一带一路"战略

"一带一路"具体是"丝绸之路经济带"和"21世纪海上丝绸之路"两大地缘战略的合称。2013年9月，习近平主席在访问哈萨克斯坦期间，首次提出了欧亚共同建设"丝绸之路经济带"的战略构想，并对此有针对性地提出了"五通"，即政策沟通、道路联通、贸易畅通、货币流通、民心相通。同年10月，习近平主席在印度尼西亚国会发表重要演讲时又强调，中国致力于加强同东盟国家的互联互通建设，愿同东盟国家发展好海洋合作伙伴关系，共同建设"21世纪海上丝绸之路"。

"一带一路"战略统筹国内与国际两个大局，协调西北边疆与西南海疆两大重心，目的是拓展中国战略空间，构建新时期的中国地缘大战略。目前，西北边疆和西南海疆是我国最不稳定的地区。一是以极端恐怖势力、宗教极端势力和民族分裂势力为首的三股力量在西北边疆不断制造暴力恐怖事件，妄图分裂国家。二是以越南、菲律宾为首的周边国家不断在南海侵犯我主权，企图从乱局中牟利，且相关国家大有拉帮结派之势，"以斗谋权"、"以武侵海"、"群狼战术"等倾向日益明显。

上述两大问题都有一个较为突出的特征，即国内问题日益受到国际局势和域外势力的影响和干预。这些势力希望不断给和平崛起的中国制造麻烦，造成复杂局面，分散中国注意力，破坏中国和平发展势头。一些域外势力唯恐天下不乱，企图通过强力介入，挑战我战略定力，希望中国崛起被民族以及南海问题所拖累。

对此，"一带一路"战略的提出与实施，就是要构建一条经济繁荣之路、一条文明共鉴之路。就丝绸之路经济带而言，它的两端不仅仅是中国西北五省以及中亚五国，而是一头连着繁荣的东亚经济圈，另一头系着发达的欧洲经济圈。从战略内涵而言，其中，"向西辐射"是指：丝绸之路经济带向西延伸，直到欧洲和非洲，中国不仅要获得中亚的资源，也要放眼欧洲的资金、技术以及非洲的能源和市场；"向东辐射"是指：丝绸之路经济带向东延伸，直到东亚经济圈，力求在经济合作的同时"溢出"到政治安全领域的战略互信。

针对美国TPP战略的咄咄逼人，"一带一路"突出四大特性：第一，跨区域性，即丝路不是封闭的，不是局限于某个特定区域，而是横跨欧亚非三大洲的跨区域战略合作。第二，非排他性，即丝路建设秉持开放性原则，世界上所有致力于丝路合作的国家都可以参与其间。第三，非门槛性，即丝路合作不设置门槛，发达国家、发展中国家都是平等的一员。第四，非主导性，强调中国以及美、俄等大国都应发挥建设性作用，共同摒弃任何主导、支配意识的存在。以此，赢得丝路建设的话语权，抢占道德高点。

中国作为亚欧大陆上最具活力的国家，通过"一带一路"战略，实现内外突破、海陆并举，让资金、技术、资源、市场，特别是人才、思想在中国交汇、融合，让中国经济更具活力和效率，让世界文化更具包容性，同时带动周边国家的共同发展。以塑造命运共同体、提供新型公共产品为使命的"一带一路"战略，将长期成为中国对外战略的两大突破口。

三　中国特色外交的基石：新型大国关系

新型大国关系的首次提出是在2012年2月，时任国家副主席的习近平访美并在华盛顿发表演讲，提出中美应当建设"21世纪的大国关系"，努力避免误读、防止误判。党的十八大报告指出，我国将"改善和发展同发达国家关系，拓宽合作领域,妥善处理分歧,推动建立长期稳定健康发展的新型大国关系"。2013年6月,在安娜伯格庄园与美国总统奥巴马进行会晤时,习近平主席提出中美新型大国关系的内涵有三点:一是不冲突、不对抗,就是要客观理性看待彼此战略意图,坚持做伙伴、不做对手;通过对话合作而非对抗冲突的方式,妥善处理矛盾和分歧。二是相互尊重,就是要尊重各自选择的社会制度和发展道路,尊重彼此核心利益和重大关切,求同存异,包容互鉴,共同进步。三是合作共赢,就是要摒弃零和思维,在追求自身利益时兼顾对方利益,在寻求自身发展时促进共同发展,不断深化利益交融格局。

大国关系直接影响世界人民的福祉,而对新型大国关系的探索则前无古人、福佑后人。纵观当今世界,就国家综合实力而言,中美俄是世界上最强大的国家,是目前国际规则的主要制定者,在全球拥有广泛的利益。其中,美国能够凭借强大的实力使其自身的意志成为全球的共同意志。俄罗斯则是全世界领土面积最大的国家,虽然经历了长时间的经济低迷,但仍然是欧亚大陆的军事强国与能源基地。中美俄之间有广泛的共同利益,但最根本的利益莫过于三国之间长期交往的不可选择性,今天的国际会议如果没有三大国参与就不叫国际会议,没有三国共识很多问题就难以解决。此外,中美俄之间具有较强的资源高异质性和互补性,进行战略合作可以弥补各自资源与能力的不足和空白。因此,构建中美俄战略大三角,是我国建设新型大国关系的重要内容。而中美俄之间保持政治、经济、安全的稳定也是维护我国外交战略总体稳定的基石。

自2014年初乌克兰危机爆发以来,美俄之间由之前的暗斗逐步转为明争。俄罗斯以公投的形式将克里米亚收入囊中,但也因此与以美国为首的北约交恶,与欧盟关系跌入谷底。有学者认为美俄的矛盾已经不可调和,中国面临的是在美俄之间选边站的问题。但如同三角形是自然界中最稳定的图形,国际关系中的三角关系也是最稳定的多边关系。因此,稳定当前中美俄三角关系,不在两国之间选边站,最符合当前中国的核心利益,也最有利于全球的和平发展。另外,当今世界和平与发展依然是时代的主题,我们不应该把美俄之间的局部问题全局化、偶发问题必然化、双边问题全球化。在今后相当长的时间内，世界和平是可以预期的，"斗而不破"是中美俄大国博弈的底线与红线。因此，我们在美俄斗争中要摈弃冷战思维，防止被"选边站"、被小国"拉下水"。

稳定中美俄战略三角，与大国共同构建"不冲突、不对抗，相互尊重，合作共赢"的新型大国关系，是中国特色大国战略的基石，将会从根本上改变零和博弈、冷战思维等传统国际关系定势，从而将中国智慧与国际需求完美地融合在一起。

四　中国特色周边外交新理念：亲、诚、惠、荣

自古以来，我国就有与邻为善的传统，而随着综合国力的不断增强，中国现在拥有了更多帮扶周边发展的意愿与资本。2013年，习近平总书记在周边外交工作座谈会上指出："中国周边外交的基本方针，就是坚持与邻为善、以邻为伴，坚持睦邻、安邻、富邻，突出亲、诚、惠、容的理念。"亲、诚、惠、荣的四字箴言，既是我们开展周边外交的指导思想，也是我国周边外交的工作目标。

"亲"是指要坚持睦邻友好，守望相助；讲平等、重感情；常见面，多走动；多做得人心、暖人心的事，使周边国家对我们更加友善亲近，巩固延续山水相连、血脉相通的天然亲近感。"诚"是指以诚心诚意对待周边国家，坚持国家不分大小、强弱、贫富一律平等，在和平共处五项原则基础上全面发展同周边国家关系，用自己的真诚付出，赢得周边国家的尊重、信任和支持。"惠"就是要本着互惠互利的原则同周边国家开展合作，加强共同利益的契合度，打造命运共同体，让我国的发展更好地惠及周边，同时也从周边国家共同发展中获得收益和机遇。"容"是指要提倡包容精神，求同存异，尊重各国国情和发展阶段现状，并以更加开阔的胸襟和更加积极的态度促进地区合作，共享发展机遇，共迎战略挑战，不断开创和平繁荣的大好局面。

亲、诚、惠、容的四字箴言,使中国与周边国家关系超越冷冰冰的利益关系,更多体现热乎乎的近邻情谊。习近平主席频频出访周边,就是在践行这四字方针。从首访俄罗斯,到专程再赴俄参加索契冬奥会开幕式;从韩国到蒙古国,"走亲戚式"的专程到访,无一不凸显了友邻间的邻里亲情;从提出"一带一路"宏大战略带动周边国家发展,到倡导"共同、综合、合作、可持续"的亚洲新安全观,中国对周边的重视诚意十足;从与周边国家签署诸多领域的合作协议,到欢迎周边国家搭乘中国崛起的便车,互惠互利的精神不断赢得好评;从访俄期间提出"鞋子合不合脚只有自己知道",到提出中印两国应做地区和平稳定的双锚,都体现了中国外交的美好愿景与真切努力。

党的十八大以来,中国与周边国家领导人和民众之间的常见面、勤走动,真正体现了近邻更胜远亲的深厚情谊,周边的首要地位在中国外交布局中不断凸显。亲、诚、惠、容四字方针指导下的中国特色周边外交,将持续成为中国对外战略新常态的战略支点。

五 中国特色国际战略的新抓手:对外援助和全球治理

在国际舞台,中国日益承担积极有为的国际责任,坚持做负责任的大国,积极开展对外援助,参与全球治理进程,中国特色国际战略的两大抓手日益鲜明。

今年11月召开的中央外事工作会议上,习近平总书记指出:"要切实落实好正确义利观,做好对外援助工作,真正做到弘义融利。"在危机援助中,中国果断伸出援手救危解难。为应对西非埃博拉疫情,中国目前累计捐赠已超1.23亿美元,并派出了超过500人的医疗救援队;在日常援助中,中国主张"授人以渔",注重对受援国的能力建设和培养,体现了互利共赢的援助理念。中国重视为受援国培养人才,仅2010—2012年三年间,中国政府资助近8万名发展中国家的留学生来华专业学习,并为发展中国家在华培训各类人员近5万人。此外,中国还通过技术合作、派遣医疗队和志愿者等方式为受援国就地培训了大批人员。这对增强受援国自主发展能力发挥了积极作用。中国对外援助始终坚持民生为主。从2010年到2012年，中国对外援助的资金近80%投入到受援国减贫、教育、卫生、体育、文化、交通等民生和基础设施领域。

在全球治理层面，中国日益活跃。中国已经参加了几乎所有重要的政府间国际组织。中国还进行了制度创新，比如六方会谈、"10+1"、"10+3"、上合组织，中国的很多想法通过制度得以实现。中国的国家形象发生了比较大的改变，从"中国威胁论"、"中国崩溃论"到"中国责任论"、"中国贡献论"，客观反映中国形象的变化。中国提供了一系列新的战略思想，如"和谐世界"、"中国梦"，等等。对于国际热点问题，中国作为联合国安理会常任理事国，积极参与叙利亚问题、伊朗核问题、朝鲜半岛核问题以及阿富汗和平重建等事务的解决，坚定不移地做国际和平的维护者和促进者。

去年在北京召开的APEC会议，中国政府积极推动亚太自贸区建设。在中国政府的努力下，会议批准了《APEC推动实现亚太自由贸易区路线图》，决定开展亚太自贸区联合战略研究，建立亚太地区自贸信息交流机制，致力于加速将亚太自贸区从愿景变为现实。这标志着亚太自贸区进程的正式启动，亚太合作迈入了新的阶段。据统计，目前亚太区域内共有大大小小56个自由贸易区，路线图的提出将有助于结束区域经济合作碎片化的局面，照顾到区域内各个经济体的利益，也为构建面向未来的亚太伙伴关系、打造开放型亚太经济格局奠定了坚实的基础。本次会议还批准了《亚太经合组织互联互通蓝图》这一里程碑式的文件，各方决心在2025年前实现硬件、软件和人员交流互联互通的远景目标和具体指标，并决定拓展基础设施、投融资等领域的务实合作，切实为亚太长远发展夯实基础。据美联社报道，亚太领导人对中国推动的亚太自由贸易协定表示支持，这标志着中国在争取全球贸易规则制定中发挥更大作用的努力取得了胜利，中国在打造全球治理新格局。

对于全球气候治理，中国利用主场外交优势亦有贡献。在北京APEC上，此前一直拒不承诺具体指标的美国答应到2025年温室气体减排达25%，中国承诺到2030年不再增加排放量。中美两个世界上最大的排放国签署《中美气候变化联合声明》，并做出承诺，为全球气候治理翻开了崭新的一页。

中国作为负责任的大国，广泛参与到国际事务当中，以对外援助和全球治理为抓手布局国际战略，推动国际政治经济秩序朝着更加公正合理的方向发展。红日初升，其道大光。河出伏流，一泻汪洋。中国对外战略新常态的崭新篇章正在展开，中国不仅要成为一个重要的国家，更致力于成为一个受尊重的国家，我们有理由相信，中国的明天将会更加美好，中国对国际社会的贡献将会更加扎实、深刻。

——本文为特邀撰写，系首次刊发

第四编
国家前途与经济新常态

深刻认识我国经济发展新趋势
——深入学习贯彻习近平同志关于经济发展新常态的主要论述

易纲[*]

党的十八大以来，习近平同志全面总结我国改革发展成功实践，提出许多富有创见的新思想、新观点、新论断、新要求，丰富和发展了中国特色社会主义理论体系。在经济建设和发展领域，面对"三期叠加"的新形势，习近平同志提出要从经济发展的阶段性特征出发，适应新常态，保持战略上的平常心态。这一重要论述，对于新时期全面深化经济体制改革、推动经济持续健康发展，对于实现"两个一百年"奋斗目标和中华民族伟大复兴的中国梦，具有重大理论价值和指导意义。

---

[*] 易纲，中央财经领导小组办公室副主任。

全面理解我国经济"三期叠加"判断的科学依据

以习近平同志为总书记的党中央准确把握经济发展大局,作出了我国经济社会发展基本面长期趋好,但正处在从高速到中高速的增长速度换档期、结构调整阵痛期、前期刺激政策消化期"三期叠加"阶段的重要判断。作出这一判断,表明党中央勇于面对改革发展攻坚中的各种问题,善于抓住经济发展的主要矛盾和关键环节。全面理解"三期叠加"判断的科学依据,是做好经济工作的前提。

经济发展规律决定我国经济增长速度换挡。改革开放 30 多年来,我国 GDP 保持年平均近 10% 的高速增长,2013 年经济总量达到 56.88 万亿元人民币。我国已是世界第二大经济体,经济总量巨大,保持高速增长面临生产要素供给约束。以劳动力要素为例。我国人口结构和劳动力供求状况已发生根本变化,2012 年首次出现劳动力数量和占比双降,人口老龄化趋势还将进一步加剧,难以支撑两位数的高速增长。从国际经验看,经济发展到一定阶段后,各国经济增长速度都出现不同程度回落。例如,第二次世界大战后日本、韩国先后经历了 23 年和 36 年的高速增长时期,GDP 年均增速分别为 9.7% 和 8.02%,其后经济增速约下降一半。面对经济增长速度换挡,我们必须深入研究和自觉遵循经济发展规律,在经济增速换挡中把握好调整的合理区间,提高经济发展的质量和效益。

加快经济结构战略性调整是应对经济形势深刻变化的迫切需要。长期以来,制造业是我国经济发展的"火车头",为创造中国经济奇迹提供了重要支撑。但我国制造业发展模式总体上较为粗放,带来一系列问题。例如,产能过剩问题突出。2013 年前三季度工业企业产能利用率处于 2006 年以来的历史低位,也低于国际公认的正常水平。其中,钢铁、水泥、电解铝、焦炭、船舶、光伏等行业主要产品产能利用率不到 50%。制造业产能过剩,导致资本回报率下降和边际产出下降。同时,制造业粗放发展还带来大量资源、生态、环境问题，单位 GDP 能源消耗较高，水、大气、土壤污染严重，生态环境恶化。如果现在不拿出壮士断腕的决心和勇气，将来付出的代价就会更大。面对发展形势的深刻变化，我们必须加快推进经济结构战略性调整，把经济发展与结构调整、改善民生、生态文明建设有机结合起来，实现可持续发展。

消化前期刺激政策是维护国家经济金融安全的必然要求。前几年，为应对国际金融危机冲击，我国出台一揽子刺激政策，为我国经济稳健增长和世界经济复苏作出重大贡献。但大规模刺激政策也产生一些负面效应，如金融资本脱实向虚、企业债务偏高、地方融资平台等部分领域和环节潜在风险积聚等。高负债率、高杠杆率条件下的发展不仅意味着对未来的透支，而且会给经济可持续发展埋下隐患。面对这种情况，我们必须牢牢把握经济发展主动权，妥善处理保增长和防风险的关系，推动经济实现更有效率、更有质量的发展。

准确把握中国经济发展新常态的丰富内涵

习近平同志指出："我国发展仍处于重要战略机遇期，我们要增强信心，从当前我国经济发展的阶段性特征出发，适应新常态，保持战略上的平常心态。"这是在全面分析我国经济"三期叠加"基础上，综合考虑各方因素，对我国经济发展长期趋势的科学分析。我们要准确把握经济发展新常态的丰富内涵，深刻认识我国经济发展的新趋势，扎实做好经济改革发展工作，确保到 2020 年全面建成小康社会，进而实现未来发展目标。

经济增长从高速增长向中高速增长转变。过去 30 多年，我国经济长期保持两位数增长。经济新常态的一个重要标志是经济增速逐渐回落到中高速增长区间。这是一种可持续的经济发展速度。习近平同志强调："要全面认识持续健康发展和生产总值增长的关系。"不盲目追求经济增长的高速度，有利于优化配置和充分利用各种资源，提高经济发展质量和效益，切实使经济发展成果惠及全体人民。经济增速换档只是相对于以往高增长的适度降低，但我国经济增速仍然大大高于发达经济体和许多新兴市场国家,而且是结构更加稳定、合理的经济增长,是更加全面、协调、可持续的稳态增长。可以预测,在未来10年,我国经济增长将对全球经济增长作出更大贡献。

产业结构从制造业为主向服务业为主转变。服务业是国民经济的重要产业,服务业发展水平是衡量现代社会经济发达程度的重要标志。过去一个时期,我国服务业发展相对滞后。2013年服务业增加值占GDP的比重首次超过制造业,达到GDP的46%。但与发达国家服务业占比一般达到70%以上相比还有较大差距,服务业对我国经济发展的拉动作用尚未得到充分发挥。经济发展新常态下,服务业在经济结构中的地位将进一步上升。我们要的是民生改善、就业比较充分的经济增长速度。服务业吸纳就业能力高于制造业,大力发展服务业有利于实现充分就业目标,有利于丰富生活性产品供给、提高人民群众生活质量,有利于改善民生、实现以人为本的增长。

发展理念从片面追求GDP向以人为本和保护环境转变。经济发展新常态下,不再以GDP增长率论英雄,而是按照以人为本的理念和原则,坚持从人民群众的根本利益出发谋改革、促发展。习近平同志指出:"良好生态环境是最公平的公共产品,是最普惠的民生福祉。"近年来,中央大力实施创新驱动发展战略,把节能减排作为经济社会发展的约束性指标,深入推进绿色发展、循环发展、低碳发展。强调实现以人为本的经济发展,意味着城乡基本公共服务均等化的步伐将加快,城乡二元经济格局将被打破。近年来,我国城镇化快速推进,2011年末,我国城镇人口首次超过农村人口;2013年末,我国城镇人口比重达53.7%,基本达到世界平均水平。越来越多的进城农民享受到城镇的基本公共服务。与此同时,新农村建设深入开展,统筹城乡扎实推进,城乡差距逐步缩小,发展成果正在更多更公平地惠及全民。

坚持用深化改革的办法推动经济在新常态下平稳运行

从"三期叠加"到经济发展新常态,既是机遇,也是挑战。习近平同志强调:

"面对人民群众新期待，我们必须坚定改革信心，以更大的政治勇气和智慧、更有力的措施和办法推进改革开放。"要牢牢抓住大有可为的重要战略机遇期，坚持用深化改革的办法破解经济发展中的体制性、结构性矛盾，通过推进重点领域和关键环节改革，使市场在资源配置中起决定性作用，同时更好地发挥政府作用，促进我国经济持续健康发展。

坚持市场取向的改革。一是简政放权。最大限度地减少许可、审批和资质资格认定，激发市场主体投资创业的积极性，为经济转型提供不竭动力。二是加快完善现代市场体系。建立公开透明的市场规则，按照负面清单的思路制订统一的市场准入规则。深化要素市场改革，建立能够反映稀缺程度和供求关系的价格体系，把提高资源配置效率与促进经济增长结合起来。三是增强微观主体活力。依法保护各种所有制经济公开、公平、公正参与市场竞争，鼓励非公有制经济进入服务业和高技术领域。四是扩大对内对外开放。推动资本市场双向开放，有序提高跨境资本和金融交易可兑换程度。坚持"引进来"和"走出去"相结合，鼓励外资参与境内并购重组，放宽境内居民境外投资限制，确立企业和个人对外投资主体地位。

坚持创新取向的改革。一是深化教育改革，加速人力资本积累。充分发挥人力资本的创新源泉作用，为传统产业升级换代和发展新一代信息技术、新能源、高端装备制造等产业夯实基础，提高劳动生产率和全要素生产率。二是完善科技创新体制机制。深化科技体制改革，构建公开透明的国家科研资源管理和项目评价机制。坚持技术创新的市场导向，强化企业在技术创新中的主体地位，完善风险投资机制和商业模式，促进科技创新转化为经济发展的动力。三是促进科技与金融结合。加强知识产权运用和保护，充分发挥资本市场对创新创业的支持作用。

坚持可持续发展取向的改革。一是加快建立经济可持续发展的体制机制。建立科学的节能减排指标体系、考核体系和监测体系，严格落实节能减排目标责任制，强化指标约束。二是发展绿色经济和循环经济。推广低碳技术，发展新能源和可再生能源，加强水污染、大气污染、固体废物污染和城市交通拥堵防治。三是保护生态环境。积极应对全球气候变暖，继续推进天然林保护、退耕还林、退耕还牧等生态工程，促进经济与环境协调发展。

坚持普惠取向的改革。一是形成合理有序的收入分配格局。调整国民收入分配格局，进一步提高劳动报酬在初次分配中的比重，努力实现劳动报酬增长和劳动生产率提高同步。完善最低工资和工资支付保障制度，努力缩小城乡、区域、行业收入分配差距。二是建立公平可持续的社会保障制度。整合城乡居民基本养老和医疗保险制度，统筹城乡最低生活保障制度，加快健全覆盖全民的基本公共服务体系。借鉴其他国家实施福利政策的经验教训，建立与我国经济社会发展水平和发展阶段相适应的社会保障制度，避免出现福利水平过高诱发"福利病"和福利水平过低不足以保障基本生活的问题。

——《人民日报》2014年11月3日

分析当前中国经济形势和全面阐述新常态

厉以宁[*]

最近如果看中国的报纸，可以经常看到一个字眼，就是"新常态"，怎么来理解这个"新常态"？我们首先讲，经济的超高速增长是"非常态"的，它不能持久，这是一个规律。所以，我们今天讲经济要进入"新常态"这有两个含义。第一，做我们力所能及的事情，如果是为了过分强调速度而超高速增长，这对中国经济是不利的。第二，过高的增长率带来哪些不利呢？主要有五个方面的不利。第一，资源消耗过快；第二，环境受到影响，生态恶化；第三，低效率；第四，一些行业的产能过剩；第五，也是最重要的，错过了结构调整的最佳时期。

错过了结构调整的最佳时期，就留下了很多后遗症。现在不得不再把调整经济结构放到重要位置上。结构问题是一个非常重要的问题，我们讲比总量、重量。1840年中国跟英国发生了鸦片战争，1840年中国的GDP要比英国大很多，中国当时的GDP是世界第一。但是我们的结构不

---

[*] 厉以宁，北京大学光华管理学院名誉院长。

行。英国的工业革命从 1970 年开始,当时已进行了 70 年,英国的 GDP 构成中的产品有蒸汽机、铁路、轮船,连它的纺织业都是用机器制造的。而中国的 GDP 结构完全是由农产品和手工业品构成。英国的交通工具已经是火车和轮船了,而中国当时仍然是帆船和马车。中国出口产品是什么呢?是茶叶、瓷器、丝绸等这样一些农产品,而英国是不一样的。英国的出口是机器设备、蒸汽机、铁路这些东西。所以,英国在结构方面远远超过了中国。

再看一个重要的结构,人力资源结构。中国的人口比英国多很多,英国当时才一千多万人,中国那时候已经是差不多四万万人了。但是,英国产业革命以后已经 70 年了,所以他们那时候,小学都普及了,并开办了大量中学,新建了很多大学,每年培养出大量科学家、技术人员,还有经济管理人员、金融专家等等。中国农民绝大多数是文盲,妇女绝大多数是文盲,少数人读的是四书五经,很少人懂先进的科学技术。中国的人力资源结构远远不如英国。所以,今天虽然我们经济总量上已经占到世界第二位了,但是从 GDP 结构方面讲我们还落后于一些发达国家,因为我们的高新技术产业在国内的 GDP 产出中所占的比例远没有他们那么大。中国的人力资源虽然比过去改善了很多,但是我们大学毕业生在全人口当中的比例也比他们小,中国的熟练技工的队伍也还正在形成中。所以,这种情况下如果我们再错过了结构调整重要时机,那将是我国经济的最大损失。在"新常态"下,不要单纯追求速度,要更注重经济质量和经济结构。

这就谈到第二个问题,把硬性的增长指标改成弹性的预测值。多年以来,中国政府靠下死命令实现增长目标,比如今年定的增长速度为 9%,全国各地拼命干,最终达到目标。这样下去就会产生几个问题:第一,对地方政府形成压力,对中央政府也同样形成压力。因为地方的发展规划是由地方人民代表大会通过的,而中央的发展规划是由全国人大通过的,一旦通过这些硬性指标,就意味着要严格执行。

各地政府为完成任务或者赶超别人,不顾经济增长的质量和结构调整,这就很被动。为什么会很被动呢?因为主要原因在于,硬指标意味着一定要完成，而一定要完成硬指标则意味着只顾增长，把产能过剩、高成本、效率很差等都放在次要地位了，所以，中国政府力争改变这一现状。

可喜的是，现在中央已经在一些地方进行试点，先试验一段时间，如果这些地方试点成功，那么，对于中国经济增长和调整结构是非常有好处的。

中国经济增长率在下降，所以要谈第三个问题，第三个问题是什么呢？我们怎么来看待当前经济增长的下降。经济增长下降是由许多原因造成的，比如出口没有前几年那么旺了，还有一些过剩的产品也销不掉。当然，这些原因都在。但我们应该看到，要有一个概念，这是个非常重要的概念，我们实际的GDP比统计公布的要高，而且年年如此。举几个例子说，第一、农民盖房子，在西方发达国家都计入GDP的，而中国农民盖房子，自己盖房子，邻居亲戚互助盖房子，村里帮一些人盖房子，统统不计入GDP，这个量年年在变大，这个量是很大的。

第二、对我们来说也很重要的，就是家庭保姆，好几千万人，这个数目还在增加，他拿的工资是计入GDP的。过去美国经济学家曾经讲，当你和家里保姆结婚以后，GDP将下降，因为雇保姆给她钱，而跟她结婚，就不用付钱给她了，她照样给你做家务。所以，中国保姆的工资在涨，它不计入GDP，而且量越来越多。

第三、中国个体工商户，他们的实际的营业额多少是倒推出来的，他们是包税制，比如这个小店300块钱一年，就定了你做多大的生意，做多少产值，根据会计的税，你应该是多少来推，而且个体工商户的数量最近增加得很快，这几年都是这样的。所以，他们的产值都是用包税方法倒推出来的，实际比这个要大。而且最近还在给一些三万块钱营业额以下的免税，这个财政，免税就不好推了，但是这个数目还在，就是它主要做这么多生意。

第四、中国现在的GDP的构成大概是这样的：企业不到35%，外资企业不到10%，而民营企业可能超过了55%。这是前年的数字，这两年数字还没出来，也就是说中国的民营经济占了GDP的55%。55%是个什么概念呢？就是说人家外国人唱衰中国的时候，中国的GDP因为是掺了水的，都是虚报的。

他们不了解中国，民营经济能虚报吗？民营经济虚报不就吃亏了吗？所以这个占到55%的GDP是实的。国有企业有一些可能有虚报的地方，但是他们的虚报是有限的，为什么虚报呢？表示我的政绩，我为了提拔，但是他不能多报，一多报就露馅儿了，可能稍微有一点民营企业少报的要比他虚报的要多。

从以上四点来讲，我们可以承认就是事实，这个事实说明什么问题呢？年年如此，所以增长率看不出大的变化，但是这个量是逐年在增加的。所以，我们GDP比实际公布的多，大家心中有数了，就不要怕现在减收了，下降0.2个百分点，0.1个百分点，我们要有信心。

第四个问题：投资与就业的关系。这是经济学中的一个老问题，却也是当前要着重研究的问题。因为经济学从来都是这么认为的：新的工作岗位是在经济增长过程中作为投资的结果而显现出来的。也就是说，你要增加就业，就必须大量投资。但目前中国的情况变了，因为中国正在朝完善的市场经济走，这就要进行基础创新，技术要改革，成套设备要更换。而每一次更换成套设备，投资到高新技术产业的时候，都会出现就业人数减少的现象，因为产业自动化了，用的是机器人，它不需要那么多人就业。所以，这成为高新技术发展过程中一个必然出现、必须面对的问题。

另外，还应该看到，中国正在加强环保建设，搞低碳化经济。"雾霾"就是因为工厂排烟太多、烧煤太多，所以我们要低碳化。低碳化必然要求关、停一些企业，在环保治理的同时就有一部分工人会失业。那么，中国就业问题靠什么办法解决呢？当前的政策导向是靠大力发展民营企业，大力发展小、微企业。现在对小微企业和民企一样，先开业、后办证，而且省掉很多手续，对小微企业还有贷款帮助创业，这是解决中国就业问题的一个办法。

第二个办法：搞农业。今年在中央文件中正式提出要发展家庭农场。以前家庭农场是美国、加拿大、西欧才有，中国从来不提的，现在开始提了。为什么呢？因为土地经过确权了。确权是什么意思？过去农民的土地是集体所有制，但是没有确权，农民事实上是空的所有制的承担者，现在不同了。2012年，我们带了政协经济组和北京大学光华管理学院的师生在浙江的嘉兴、杭州、湖州等几个地方考察。我们进了一个村子，农民收入大大增加，农民放炮庆祝确权。确权主要是"三权三证"：土地的承包经营权发证，宅基地的使用权发证，农民在宅基地盖的房子房产权发证。嘉兴市的土地确权之前，城市人均收入和农村人均收入比是3.1∶1，确权以后，正式公布的是1.9∶1，农民的收入从3.1∶1变成1.9∶1，差距大大缩小了。问农民，怎么一下子起来那么高呢？这都是土地确权的好处。过去农民权利得不到保护，因为是集体所有制，要圈地就圈地，要拆房子就拆房子。确权以后这种情况不可能再有了，农民能够依法依证保护自己的权利了，积极性提高了，养殖业发展了，种植业也发展了。同时，农民想外出打工就打工去了，土地转包给别人，因为确权了，就不担心回来后人家不认账了。过去土地转包给别人，缺少足够的权属证明，打工回来想收回就难了，万一对方是村干部，就更吃亏。现在可以放心到外面打工，这边得到租金，那边打工，收入增加了。我们到嘉兴市下属的一个市去，农民旧房子都没了，盖起来四层楼房。我们问，你家里这么多房子怎么住？他说，一楼的店面租给外乡人开店，二楼给他们家住，我们家住三楼、四楼就够了，这样收入就增加了。

这就是中国农村发生的变化，中国的现代农业正在兴起。这就为就业开辟了新的道路。

很多人对中国现在发生的"钱荒"感到很奇怪。因为中国的货币流通量并不少，按照M1、M2，量都是很大的，但老百姓特别是做生意的人和民营企业却感到找不到钱，发生"钱荒"。"钱荒"是什么原因？首先有两个问题需要解释。第一，中国正处在一个双重转型阶段。一种转型是发展转型，从农业社会变成工业社会，叫发展转型；第二个转型是体制转型，从计划经济转到市场经济。在这两个转型过程中，农村对货币需要量是大的，因为以前实行实物制，跟货币没有太大关系。现在农民自己也搞经营了，生产的东西全部卖掉，口粮哪里来？自己去买，比如他觉得黑龙江的大米好吃就去买黑龙江的大米，另外，他吃的菜也不自己种了，也去买。而且在计划体制下，中国的流通渠道不通畅，到处都是管制，现在则不同了，等等。这样中国对货币流通量的需求是大的。第二，不是光靠经济增长率、人口增长率就能够计算出来中国合适的货币流量是多少。如果照这个算，都是小的，因为实际要比这个大，这就是中国的特点。

最后一个问题，中国当前金融改革主要在哪里？中国是三个目标：一个是宏观目标，一个是微观目标，一个是结构性的目标，应该分三个目标来谈。从宏观的角度来谈，中国金融业、银行业应该走向市场化。利率市场化是其中很重要的一个方面，利率市场化不等于利率的自由放任，因为自由放任对经济是有害的。所以，宏观上应该确定的是利率的市场化，也就是中共十八届三中全会所讲的"让市场在调节资源配置中起决定性作用"。微观的目标是两个。一个微观的目标就是银行作为一个金融机构，作为一个微观单位，它应该既有经济效益，又有社会效益。经济效益跟社会效益两个效益的并重就是它的微观目标。它不能只看一个，因为在中国这个环境中一定要看到社会效益。从结构性的目标来谈，金融改革应该把重点从虚拟行业转到实体经济中来，因为实体经济比例是最重要的，中国的产品要打入世界，必须有一个自主创新的过程，要帮助企业来实现技术升级和产业升级。在结构方面，应该大、中、小银行分别以大、中、小企业作为服务对象，就是大银行对大企业，中等银行对中等企业，小银行对小企业。但是所有的大中银行要为最底层的小企业、小微企业的贷款业务服务，这对大中银行而言算不上什么，这是表示全社会共同支持草根金融。三个目标：宏观目标，利率市场化；微观目标，银行两个效益并重，经济效益跟社会效益；结构目标，向实体经济转移重心，并且大中小都能得到照顾。此外，还应该加大政策性银行的发展力度，政策性银行中国太少了，而且还弱。政策性银行，比如说支持教育发展，你就成立教育银行，它是一个政策性银行。比如说我们讲开发西部地区，有许多政策银行可以做，所以政策银行应该进一步扩大。这就是我今天讲话的内容，谢谢大家！

——在北京大学金融国际论坛暨北京大学国际金融研究中心成立仪式上的演讲实录（2014年10月20日）

如何在中国经济新常态下致胜下一个十年

吴敬琏[*]

当前中国经济的特性

中国经济已进入了一个增长速度换挡期、结构调整阵痛期和前期刺激政策消化期三期叠加的阶段。所谓增长速度的换挡期是指我们的经济增长速度、GDP增长速度进入了一个下行的通道。大致上从2010年第三季度开始,GDP增速就从超过10%一路下行,这是进入所谓新常态。

我认为生产函数是最为实用的分析框架。根据生产函数理论框架产出的水平是由三个基本因素决定的:一是劳动力,二是资本,三是效率。

驱动增长的三个因素近年来都发生了比较大的变化。第一因素就是新增劳动力,大致上在2003到2004年中国一些经济学家就发现人口红利正在消失,新增劳动力的数量大大减少。第二因素资本,通过改革开放使得我们的效率提高,这个因素也在减弱。第三因素,投资,我们一直

---

[*] 吴敬琏,国务院发展研究中心研究员。

在用这个办法。它一方面使得产能过剩的现象越来越严重，另一方面因为过量的投资，资源损耗和宏观经济资产负债表的负率积累起来，到了可能引起资产性风险的程度。在这种情况下增长率的下降就是一个必然的趋势。

历史经验告诉我们，用改革推动发展转型是唯一出路。

党的十八次代表大会确定了要全面推进深化改革。十八届三中全会对于全面深化改革作出了一个整体的设计，作出了一个战略部署。经济改革的核心问题就是使市场在资源配置中起决定性作用，也要更好发挥政府的作用。

怎样使市场在资源配置中起决定性作用

十八届三中全会说得一针见血，它的基本任务就是要建设统一开放、竞争有序的市场体系，也就是建立起能够使市场在资源配置中起决定性作用的制度基础。

这个基本任务包含一系列的改革要求，它正好是针对着我们现在体制中的一些缺点。比如说建立开放的市场。我们这个市场缺乏竞争性，缺乏法制，缺乏规则和严格的执法、执行规则。我们这个市场体系的发展水平参差不齐，而且其中资本市场特别落后。能不能把这些改革要求落实，决定了我们今后经济能不能持续稳定的发展。

关于政府的作用，主要是保持宏观经济稳定，加强和优化公共服务，保障公平竞争，促进共同富裕，弥补市场失灵。

从十八大前后对于全面深化改革的讨论开始，已经进行了一些改革，从这些改革的成果来看，我认为应该增强我们的信心，走这么一条新的道路，是能够解决问题的。从 2012 年开始，我们在结构优化、在改善就业情况两个方面都出现了一些好的迹象，它最突出的一个表现就是服务业的发展。

要转变经济增长方式核心就是提高效率，提高效率的主要来源就是要发展制造业内服务的成分，加强研发，加强设计，加强品牌销售、渠道管理、售后服务。另外就是发展服务业，特别是生产性的服务业。

结构优化在 2012 年出现了苗头，2012 年历史上第一次第三产业增长速度赶上第二产业的增长速度。到了 2013 年这个情况进一步变化了，第三产业的增长速度超过了第二产业的增长速度，而且因此第三产业第一次成为国民经济中第一大产业。这就表明这个结构优化在这一方面取得了一定的成功。服务业的发展还使得我们就业状况虽然在增速下降这样的背景之下，而就业的情况却有了改善，不同方向的运动，增长在下降，就业也上升。

为什么会取得这样的成绩

2012 年深圳、广东在转变政府职能中作了一个改革，就是工商注册登记的便利化。实现便利化以后，许多地方新登记注册企业的数目大量增加，新增加企业数目比去年同期增长了 60%。再就是营改增，营改增的改革有两方面的好处，大家注意的一个方面，就是减负。其实更重要就是分工深化的改革。因为营业税是全额征税的，一分工一个企业要分成两个企业，就要多交很多税，而分工的深化正是推动经济发展最强大的动力。

如果小试牛刀，取得一定的成果，给我们一个启示，就是改革能够解决我们的问题。今年是全面深化改革元年、开局之年，这个开局之年现在看起来有些方面改革进行得不错，但是有些方面还有待加强。

简政放权取得了初步的成效，一方面要落到实处。另一方面就是金融改革，网络金融对原有的体制有很大的冲击。

财政改革正在按照深改小组批准的计划落实，现在把它限制起来了，但是怎么消化，怎么使得地方政府有新的财政来源，这些问题还有待研究，采取措施来解决，解决这些问题并不是十分容易的。

看起来有一个比较大的分歧，就是农地改革。现在似乎是找到了某些大家选择一致的变通的办法来加以解决，比如说把土地所有权、承包权和经营权分离，然后经营权可以流转，诸如此类的东西。

最后一条就是国有经济改革需要加快，最重要的是三中全会决定所说的对国有企业的管理要转化为管资本为主。

另外，就是对外开放新局面的问题。

现在各地除了走出去之外，有一个国内体制如何对接的问题。走出去要做得好，海外投资要做得好，首先我们自己走出去这些企业在国内的经济环境、制度环境、法制环境要好，否则很难适应国际化的要求。

这里面就有一个很重要的改革，就是自贸区的建设。它的意义在于促进贸易和投资的便利化，营造市场化、国际化、法制化的营商环境。在我看来这是中国为了适应贸易和投资规则可以预见的一个大的进步，作出的一个很重要的决定。我们的企业特别是要走出去的企业一定要适应这个大趋势。

国内企业也要适应这个大趋势？

因为这个大趋势的某些要求已经在我们的国内体制上起作用了。市场化、国际化、法制化的营商环境，我们希望中国乃至全世界将来都出现这样一个营商环境。这样一些东西当然是有党政领导机关来主导向前推进的，但是在这个过程中，我们企业也应该适应这个变化作出自己的努力。

总的来说，在粗放增长模式下靠政府主导、海量投资实现的高增长模式挣快钱的日子已经过去了，必须要靠自己的核心竞争力才能在激烈竞争的市场中存活和发展。要提高自己的核心竞争力。一是把握全球市场发展大趋势，二是咬定技术创新不放松，三是提高对全球贸易投资规则适应能力。

我们对于全球世界各国的贸易和投资规则不是那么熟悉，全球贸易和投资规则正在面临一个新的变动、新的升级。即使我们对于原有的规则还比较熟悉，也需要不断吸取新的知识。而提高竞争力的关键是在于吸收人才，并且使得这些人才能够在自己的企业里面脱颖而出，找到安身立命的地方，发挥他们的才能。

——在"2014中国企业国际化论坛"上的演讲

新常态下的财政政策：思路与方向

贾康[*]

2014年5月，习近平总书记在河南考察时指出："我国发展仍处于重要战略机遇期，我们要增强信心，从当前我国经济发展的阶段性特征出发，适应新常态，保持战略上的平常心态。"作为研究者，我们需要理解所谓"新常态"的内涵，就其运行特征进行判断，从而把握好提出政策建议的方向和要领。

对新常态的理解

何谓新常态？《经济日报》评论员文章认为，新常态表述之"新"，意味着不同以往；新常态之"常"，意味着相对稳定。因此，中央以"新常态"一词作为对当前中国经济形势的特征判断，并且以战略高度来提出，表明了中央对目前我国经济增长所处阶段的变化规律的深刻认识，并且这样的认识也将对我国未来中长期的宏观政策选择产

---

[*] 贾康，财政部财政科学研究所原所长、中国财政学会副会长。

生方向性和决定性的重大影响。《经济日报》钟经文的署名文章则认为，中国经济发展的新常态不能简单归纳为经济增长速度下降几个百分点的表象，而是需要从经济结构的再平衡和增长动力的转变等多方面的表现来共同反映。国务院发展研究中心副主任刘世锦称，与我国增长速度放缓相适应的是，中国经济结构目前即将和已经发生的重大的转折性变化。

笔者认为，对决策层的"新常态"这一概念表述，关于其基本内涵的判断在于我国当前和未来一段时期所面临的经济运行状态的阶段性改变，即从原来的状态向一种新的相对稳定的常态的转变。尽管经济增长速度不是其唯一的表征，但首先需要对应到的，还是这个国内学术界和其他相关方面已经共同讨论了相当一段时间的，关于我国潜在经济增长率"下台阶"的问题。

在过去的三十年中，我国年均GDP增长率这一龙头指标，处于9.8%左右的高水平。邓小平"南方谈话"后的二十余年，则在两位数的10%以上。目前不论是国内还是国外的学者，大多认为这一高增长速度不可能再维持下去，很可能要下降到相对较低的区间。但关于这个新的增长速度区间的量值，目前还没有形成一个基本的共识。譬如目前宏观调控当局所设定的年度增长速度"7.5%左右"的相关表述，应该反映了相关管理部门所判断的区间中值；在学术界，以林毅夫教授为代表的一些学者认为，如果中国能够处理好当前的基本问题，把需要做好的改革等事情做到位，那么还将有望继续实现二十年8%左右的增长速度。而以刘世锦研究员为代表的一些学者则强烈反对这一提法，认为中国目前的增长模式不可持续，增长速度很可能很快会降到7%以下。花旗银行等机构的预测则更是认为未来中国经济的所谓"新常态"将放缓至5%–6%的增长速度。

在当前还没有形成统一共识的情况下，这里笔者并不打算直接对未来"新常态"下的具体增长速度区间进行判断，但需要指出的是，在"新常态"概念下我国经济运行的下一阶段的表现，可以认为是要完成一个以增长速度指标为代表的运行态势的探底过程。关于这一探底过程中我国所面临的现实状态，中央已经有了"三期叠加"（经济增长速度换挡期、结构调整阵痛期和前期刺激政策消化期）这样的提法。事实上，这几个期间的客观存在都是无可否定的，但我认为，在"三期叠加"之上，更需要注意到的是"改革攻坚克难的推进期"的又一重叠加。这意味着在正确处理和对待目前的探底过程中，将过去的状态与相对稳定的新常态衔接时，我们能够选择的最关键变量即为制度供给变量。而选择制度供给变量，伴随着打造中国经济"升级版"的一系列努力，即优化结构、提高质量，"稳增长、惠民生、调结构、促改革"。其中的"促改革"，无疑是尤其值得执政管理者看重、选择和把文章做足的关键事项。如果能够处理好"促改革"的问题，就将有望相对顺利地趋稳，并通过结合调动各种上行因素来对冲下行因素的努力，完成一个"蓄势"的阶段，进而迈入能够追求一个长期中的次高经济增长速度区间的阶段。

尽管目前关于这个次高增长速度区间，并没有一个研究主体可以拿出全套的模型处理实证数据进行预测而得到一个较为精确、能够形成共识的判断，但笔者认为，我国应当有望在改革取得实质性进展的情况下，在7%以上的经济增长速度区间运行相当长的一个时期。这主要基于以下的分析认识。

首先，现阶段我国在城镇化和老龄化等大的演进趋势面前所具有的潜力、活力的释放空间依旧是清晰可见的。譬如，在经历此前若干轮的建设与升级换代改造后，我国的基础设施目前依然存在着较为迫切的、进一步换代升级的需求。从我国高铁客运所经常面对的"一票难求"的旺盛需求，或者其他领域不鲜见的"局部短缺"现象，我们不难观察到未来通过进一步激发产能的利用能力、增长空间和需求释放以后，由供给的回应所能够形成的支撑未来继续增长的条件。具体考察可以列举，中国经济未来增长的潜在空间包括：新型城镇化的发展空间；实体经济技改换代空间；基础设施多轮升级空间；服务业成为长期增长新引擎的空间；与科技、信息等因素结合的农业现代化空间；环保产业应运而起的增长和支撑作用空间；地区间的梯度推移空间；消费占比低的调整和人均收入增长空间；以巨额外汇储备支持"走出去"的对外投资空间，等等。但所有这些空间的打开、潜力的释放，莫不需要以改革来"激活"，以制度供给来提供放大"乘数"。

因此，我国在人口红利消失、劳动力成本上升、常规投资活动边际收益下降的过程中，依然具备了通过改革释放制度供给红利的巨大潜力。通过改革来放松供给约束，以制度供给来激活供给潜力，是目前最值得争取的未来增长前景。通过改革来达到经济增长"趋稳"、"蓄势"，把"新常态"和需要调动的"新动力"以及在认识上特别需要强调的"新供给"有机结合，应是使未来我国进入长期的次高增长速度区间状态的最重要着眼点。

走向新常态中的宏观调控亮点

在新常态下，我国的宏观调控管理政策也需要从思路上调整，结合"促改革、调结构、稳增长、惠民生"，达到使经济增长完成"趋稳"、"蓄势"和进入"新常态"的次高速增长区间的目的。当前，在维持积极的财政政策和稳健的货币政策不变的同时，我国宏观调控总体贯彻了"相机抉择"原则。2014年被称为中国"全面改革元年"，宏观经济运行状态的调控具有为全面改革的展开提供条件配套的特殊意义，而年初经济运行一度表现出的较明显的下行压力，亦使宏观调控当局的动向与举措备受关注。半年过后，已看到颇具亮色的调控成绩：继龙头指标 GDP 于一季度报出 7.4% 的增长率之后，二季度的运行又在明显企稳的同时略有回升，GDP 增长率达到 7.5%，使上半年的经济增速站在 7.4% 以上。

客观地看，上半年我国宏观调控的特色和亮点，有如下四个方面：

一是一以贯之地体现了"让市场充分起作用"、加快发展方式转变、打造中国经济升级版的调控理念。哪怕在年初经济下行压力较明显、市场预期较悲观，甚至有境外新一轮"中国经济崩溃论"舆论抬头的情况下，宏观决策层坚持明确地给出信息：只要中国经济运行处在可接受的区间之内，政府绝不启动大规模经济刺激方案——这是在 7.5% 引导目标量值加上"左右"二字的情况下，清晰宣示了"使市场充分起作用"的空间，而市场竞争中的"优胜劣汰"，正是挤压、排解过剩和落后产能、促使企业和产品升级换代的有效压力与动力机制。这一点表明中国宏观调控当局与社会主义市场经济发展相匹配的调控哲理,在复杂局面和压力时段中,具有其稳固的逻辑和坚强的定力。

二是在维持积极财政政策和稳健货币政策框架不变的同时,成功地贯彻宏观调控的"相机抉择"原则,以所谓"微刺激"有效推进了"稳增长",并提振了市场信心。从宏观运行状态的"区间掌握"出发,宏观调控当局在认为无需对财政、货币两大宏观政策"积极—稳健"搭配这一基本框架和各自定位作出调整的同时,又审时度势灵活运用了经济调控理论的"相机抉择"原则,在政府投资安排、财政支出重点和支出进度、货币政策力度和定向等方面,作出了一些必要的"稳增长"举措,被舆论界称之为"微刺激"。动作虽"微",但有理、有利、有节,效果已经有较好显现,市场氛围也随之有所改善和提振。这一点也体现了中国"宏观调控艺术水平"的进一步提升。

三是在宏观调控中鲜明地运用"供给管理"方式和手段,注重区别对待,突出重点,强调结构优化,兼顾一般。在所谓"微刺激"的投资事项上,通过适当对高铁工程、棚户区改造和保障房建设项目、农村水利设施项目等作出重点支持,既能对经济运行产生适当的景气提升作用,又能体现在改善民生、支持城乡基础设施升级并培育经济社会长期发展后劲等方面的综合效应。在财政"结构性减税"事项上,特别注重对于中小微企业的减税支持,既有利于鼓励"草根创业"和民间资本释放潜力活力,又有助于增加就业改善民生"雪中送炭"式扶助低端;在货币政策几轮适当掌握的"定向降准"中,颇具中国特色地把存款准备金率这一总量调节型政策工具加以结构化运用,支持三农、小微企业等"弱势"领域。这些都使中国宏观调控在供给侧的"有效供给"机制得到与"需求管理"相结合的较好发挥。

四是宏观调控与深化改革有机结合,短期与中长期目标有效衔接。在调控中,坚定地实施减少行政审批、简化企业工商注册程序、压缩政府"三公经费"等行政成本、扩展"营改增"改革的行业覆盖面、推进反腐廉政建设、进行上海自贸区"先行先试"等改革举措,并为下半年即将正式展开的财税配套改革、公车制度改革等作了很好铺垫，体现了在宏观调控中把短期状态掌握与中长期"攻坚克难"配套改革过程衔接起来、寓调控于改革的全局协调和长远追求。

在上半年宏观调控取得较好成效的基础上，8月间又遇下行压力，但当局基本态度是主要看就业率和物价指标而不看重增速，估计下一段我国宏观调控将会继续体现上述亮点和特色，但随着各项改革任务展开，全局协调的复杂性和不确定性也可能上升。建议有关部门总结把"需求管理"与"供给管理"有效结合起来、更多注重"在供给端发力"的成功经验，进一步跟踪国民经济运行动态并前瞻性地考虑政策储备与项目储备，在全面改革深化推进过程中，使我国宏观调控更好地体现"国家治理现代化"的取向和促改革、稳增长、调结构、惠民生的功能与效应。

新常态下财政与货币政策的优化

新常态下的财政、货币政策，必须立足于服务全局，努力促进国民经济运行的基本稳定与提高质量，并在加快发展方式转变、稳增长、调结构、促改革、惠民生中，把短期的、年度的调控与中长期实现"五位一体"全面改革目标衔接起来。财政、货币两大政策的优化，至少需考虑把握好如下要点。

一是两大政策协调搭配的框架，要坚定不移地贯彻"使市场充分起作用"的调控哲理。只要宏观经济运行状态处在可接受的区间之内，绝不贸然启动财政、货币两大政策的"双松"搭配。目前以积极财政政策与稳健货币政策来作"一松一紧"的搭配，总体上适应新常态进入期的调控需要，有利于在景气水平、就业率水平可接受的底线上，让市场更好地发挥"优胜劣汰"、调整结构的资源配置决定性作用而加快发展方式转变。只要经济运行不出现可能穿破底线的重大特征变化，对此绝不轻易改变。

二是两大政策在总量调控与结构调控、需求管理与供给管理互有侧重、优势互补的同时，总体上需更多考虑强化与优化"供给侧管理"。货币政策的调节通常势必带有总量调节特征，而财政政策在配合、策应货币政策时，理应把现阶段的总量扩张（以赤字规模和举债安排为代表）与明确的"区别对待"结构导向政策相结合，突出重点，兼顾其他，以财税政策手段倾斜支持三农、社保、小微企业、科教创新、教育文化、战略性新兴产业等领域。另外，2014年货币政策方面"定向降准"等把总量型政策工具结构性运用的操作，也值得及时总结经验，加入"供给管理"的区别对待式政策组合。以财政、金融相互协调机制支持的政策性金融和开发性金融的发展，亦需放入"供给管理"框架充分发挥作用。更好地在供给侧发力，有助于结合中国国情与特定发展阶段，在新常态下把从保障房建设、小微企业创业支持、环保产业发展等，到重大项目建设等的一系列重要事项做好、做实。

三是两大政策的设计与运作必须积极有效地服务于、配合于推进财税、金融等方面改革的展开和深化。财政改革作为在被称为"全面改革元年"的2014年率先启动的重头戏，将在预算管理、税制和中央地方体制关系三大方面推出一系列举措，也将在财政信息透明度、跨年度预算编制、资金绩效提升、转移支付、地方债务、具体税种改革和中央地方分配关系等方面产生众多与新制度供给相匹配的新政策供给需求。金融改革的一些重要事项，如存款保险制和中小金融机构兴办、人民币"走出去"与汇率机制的优化、特别是关键性的利率市场化改革等，亦都摆上了改革议程，需要政策配合。两大政策还要在深化改革中于国债发行、公开市场操作、国库现金管理等"结合部"方面创新机制。以财政政策为主支持公车改革、司法改革、资源产品价格改革等等，亦是无法回避的重要任务。政策的设计和优化，需要服务改革、寓于改革。

以上关于两大政策的松紧适度合理搭配、供需管理结合而更加注重供给管理和服务支持改革，其内在逻辑都是在于要适合新常态的"趋稳"、"蓄势"与"创新"需要而服务全局。

——《中国智库》第六辑

向新常态平稳过渡的对策

李佐军*

一 正确认识经济新常态

经济新常态是我们要努力实现的目标状态。经济新常态的内涵有三个方面。第一，新常态有很多新的表现形态，既与旧常态时期的形态不一样，也与过渡态时期的形态不完全一样，新形态集中体现下述六大特征中。第二，新常态应是相对稳定的。用经济学的语言来说，应是均衡的。这也是常态的应有之义。如果经济还在急剧变动，还在增速换挡，还在调整阵痛，就还没有进入到新常态时期。正因如此，真正的新常态是几年之后的事情。第三，新常态应是可持续的。因为既然是常态，那就不能很短暂，就应持续比较长的时间。

经济新常态是一组由多种新常态构成的画卷，有如下六个方面的特征。

第一，经济增长速度的新常态。即经济增长速度由过去三十多年9.8%左右的高速增长，转为今后五年左右6-8%

---

* 李佐军，国务院发展研究中心资源与环境政策研究所副所长。

的中高速增长，再往后可能是更低的中速增长或中低速增长，因为这是经济社会发展的规律性现象，当一个国家或地区工业化城镇化达到一定阶段后，经济增长速度就要下台阶。当2030年前后中国成为发达国家后，经济增长速度有可能进一步下降到当今西方发达国家2-4%左右的水平。

第二，经济结构的新常态。主要表现为产业结构、区域结构和排放结构的新常态。其中，产业结构的新常态表现为服务业或者第三产业比重占主导地位，并越来越高，高新技术产业、先进制造业、绿色低碳产业比重进一步提高；区域结构的新常态表现为新型城镇化水平进一步提高，城乡差距和区域差距进一步缩小；排放结构的新常态表现为废水、废气、废渣、二氧化碳等的排放逐步减少，氧气、水蒸气的排放逐步增加。

第三，经济质量的新常态。主要表现为：经济效率（劳动力生产率、土地生产率等）进一步提高，经济效益进一步提高，整个经济的竞争力进一步提高。

第四，经济增长动力的新常态。主要表现为：由原来的要素驱动和投资驱动转为创新驱动；由主要依靠出口、投资、消费"三驾马车"拉动经济增长，转为主要依靠制度变革、结构优化和要素升级"三大发动机"（简单说即改革、转型、创新）拉动经济增长；需求动力结构内部，由主要依靠外需转为主要依靠内需拉动经济增长，由主要依靠投资转为主要依靠消费拉动经济增长，由主要依靠政府投资转为主要依靠社会投资拉动经济增长。

第五，财富分配的新常态。主要表现为：由主要实现国富转为主要实现民富，由少数垄断行业富裕转为各个行业共同富裕，由少数人暴富转为绝大多数人共同富裕。也就是说，要提高居民收入在整个收入分配中的比重，使收入财富分配更加公平合理，让广大老百姓分享改革和发展的成果。

第六，制度环境的新常态。主要表现为：由政府主导型经济体制转为市场主导型经济体制，政府则由权力型政府转为服务型政府、由经济型政府转为社会型政府，真正发挥市场在资源配置中的决定性作用，更好地发挥政府的作用。同时，按照依宪治国、依法执政的要求，由人治转向法治。

二 实现向新常态平稳过渡的四大对策

一则加快推进全面改革。全面改革,一方面可为向新常态平稳过渡提供更好的制度环境,另一方面可以通过释放改革红利、培育新增长点,为进入新常态奠定基础。因此,要按照十八届三中全会的部署,根据推进国家治理体系和治理能力现代化的目标要求,加快推进经济、政治、文化、社会、生态、党建"六位一体"的全面改革。推动"六位一体"改革,最关键的是要处理好八组主体之间的关系——党与人大、政府、政协、民众等其他主体之间的责权利关系、政府与市场的关系、公有制经济与非公有制经济的关系、中央政府与地方政府的关系、农村和城市之间的关系、当代人与后代人在资源环境权益方面的关系、民权与特权的关系、国内与国际的关系。

二则全面推进七大转型。向新常态过渡的过程,也就是经济全面转型的过程,推进全面转型也就是推进经济向新常态平稳过渡。具体来说,包括七个方面的结构转型:一是要素投入结构转型,即由原来主要依靠劳动力、资金、资源能源等一般性要素,向主要依靠人才、技术、信息等高级要素转型,实施创新驱动。二是排放结构转型,即增加氧气、水蒸气等好的排放,减少废水、废气、废渣、二氧化碳等不好的排放,推进绿色发展、低碳发展、循环发展,建设生态文明。三是产业结构转型,即推进产业结构的高级化或高度化、产业高端化、产业特色化、产业集群化、产业品牌化、产业绿色低碳化、产业融合化、产业国际化、产业信息化等。四是区域结构转型,即推进新型城镇化、城乡一体化和区域协调发展,缩小区域和城乡差距,建设全国统一市场。五是经济增长动力结构转型,即前面已提到的主要依靠"三大发动机",或者说制度改革、结构转型升级、创新驱动来拉动经济增长。六是财富分配结构转型,即通过垄断行业改革、收入分配制度改革等,实现收入财富的公平分配。七是发展目标结构转型,即由原来主要追求经济总量的增长,向主要追求经济质量和效益转型,由原来主要追求物资财富的增长,向主要追求有形物质增长和无形财富的共同增长转型,由原来主要追求大国,向主要追求强国转型。

三则推进多层次创新。创新包括观念创新、技术创新、管理创新（含服务创新）、模式创新等内容。观念创新主要解决思想市场的建设问题，培育全民的创新意识。技术创新必须落实到产品和工艺创新层面，而不是制造很多华而不实的"科研成果"。管理创新包括管理手段的创新、管理内容的创新和管理服务的创新等。模式创新主要指发展模式创新和商业模式创新等。总之，全面实施创新驱动，通过创新寻找新的经济增长动力，培育新的增长点，实现向新常态平稳过渡。

四则全力控制风险。中国经济经过多年的高速发展，已积累了一定的风险，这是我们向新常态过渡过程中必须面对和解决的问题。向新常态过渡是否平稳，主要取决于能否控制好风险。控制风险需要从两个方面着手：一方面是解决好存量风险，主要是锁定、释放和化解存量风险；另一方面是控制好增量风险，主要是减少增量风险，同时要有底线思维，做好应对风险冲击的准备。

三 寻找向新常态过渡的"新动力"

我们先来分析一下经济增长客观上有哪些动力？

第一组动力：需求边动力。即出口、投资、消费"三驾马车"。过去多年来，很多人将其看作是经济增长的基本动力，外需不行了就扩大内需，投资不行了就增加消费。我们不能否认，这"三架马车"确实是经济增长需求边的短期动力，但也要认清：它们仅仅是需求边的动力，短期的动力，而且是有许多副作用和后遗症的动力，是经济危机和经济过度下行非常时期的非常举措。

第二组动力：要素投入动力。即通过大规模要素投入也能带来经济增长。众所周知，在生产函数关系式中，等号左边是 GDP 或者产量，等号右边就是资金、劳动等生产要素。过去三十多年，我国就是通过大规模的生产要素投入，实现了经济的高速增长。

第三组动力：效率提高动力。在生产函数关系式中，不能被要素投入解释的经济增长部分，可以用全要素生产率来解释。也就是说，提高生产率或全要素生产率也能带来经济增长。那么，影响全要素生产率的因素又是什么呢？是制度变革、结构优化和要素升级这"三大发动机"。其中，制度变革或改革通过调动经济主体的积极性和创造性、优化资源配置、改善消费者和投资者预期等途径释放生产力；工业化（含产业转型升级）、城镇化、区域经济一体化等结构优化，通过将人口和生产要素从低效率部门或区域向高效率部门或区域转移释放生产力；技术进步、人力资本增加和信息化等要素升级，通过直接提高要素生产率和国民经济运行效率释放生产力。

第四组动力：中国特色动力——"五驾制度马车"。前三组动力都是经济学比较容易解释、世界各国都通行的动力，除了这些动力之外，中国经济的高速增长还有五个特色动力。第一，"价格制度动力"，即通过价格管理部门的价格管制，将许多商品的价格，特别是生产要素的价格，人为地压低或扭曲，形成低成本竞争优势，促进出口，带来经济增长。其副作用是过度消耗了祖宗留下的资源，并把子孙后代的资源提前用了。第二，"财税制度动力"。主要是通过财政支出安排偏向经济建设来促进经济增长，这与那些将社会福利保障支出优先安排的国家有所不同。第三，"金融制度动力"。突出表现在货币制度设计上，在央行不独立的情况下，货币发行要重点满足经济增长的需要，而非主要维持币值稳定。第四，"土地制度动力"。在城乡差别土地制度下，政府可以将农民和农民集体的土地低价买过来，经过整理后再高价卖出去，形成"土地财政"，再通过"土地财政"推动地方经济的高速增长。第五，"考核制度动力"。长期以来，地方政府干部考核主要考核GDP、财政收入和工业增加值等指标，于是各地竞相追求GDP的高速增长，形成万马奔腾的局面。这五大特色制度动力可以部分解释中国经济高速增长的现象。

问题是，当中国经济发展到今天这一步，上述哪些动力开始靠不住了，哪些动力是未来必须主要依靠的动力？笔者认为，未来必须依靠的主要动力只能是"三大发动机"，原因有两个方面：

一方面，另外三组动力越来越靠不住了。如"三架马车"中的出口，随着国际经济形势的变化，明显下台阶了，从以往的年增长20%以上，降到了近几年的8%左右，2012、2013年出口都只增长了7.9%，2014年前10个月只增长了不到6%。投资的边际效益明显下降，且遇到了巨大债务压力。消费一直相对稳定，难以有大的改观。通过大规模生产要素投入来拉动经济增长，则遇到了资源越来越短缺、环境污染压力日益加大、雾霾很严重的挑战。"五驾制度马车"在带来经济高速增长的同时，也带来了很多问题，它们正是十八届三中全会决定确定的全面改革要解决的问题。

另一方面，"三大发动机"既健康又富有潜力。制度变革、结构优化、要素升级"三大发动机"是通过提高生产率来促进经济增长，因而是健康、可持续的。中国目前的许多制度还不成熟、不合理，正因为不成熟、不合理，还可以通过改革来释放制度变革的生产力。中国的工业化、城镇化正处于中后期阶段和加速发展阶段，还有巨大的释放结构生产力的潜力。技术进步、人力资本增加和信息化等要素升级都还有很大的提升空间。

总之，在向新常态过渡时期，必须寻找经济增长的"新动力"，新动力只能是制度变革、结构优化、要素升级（或改革、转型、创新）"三大发动机"。

——《中国智库》（总第12辑）2015年第一期

第五编
国家前途与社会民生

读懂中国经济数据

王小鲁[*]

统计工作面临最大的压力还是来自各级政府，常常会涉及政绩问题，这种情况对统计影响比较大。这是我们现在行政管理体制存在的问题，也恰恰是我们改革需要解决的问题。

很长时间以来对中国的经济数据有很多困惑和质疑，围绕经济统计数据或者指标产生的议论和争论原因也有很多。其中有对统计指标的口径、统计方法理解的问题，也有统计数据本身的准确性和真实性的问题，涉及的问题比较复杂。今天我想借这个机会谈一下对一些经济指标的理解。我不是统计学家，只是作为一个经济学者，从经济学的角度谈谈我对经济指标的理解，可能有理解得不对的地方，希望大家批评指正。

---

[*] 王小鲁，中国改革研究基金会国民经济研究所副所长，研究员。

一 关于经济增长率的统计

长期以来，围绕经济增长率有不少争论。我们的增长率统计是不是可信？是不是准确？我们的 GDP 增长率统计基本上采用了国际标准，国家统计局作了很大的努力，从各方面来完善这个数据。由于这是一个高度综合性的指标，是由大量的分项指标汇集而成的，而且涉及全国无数个生产单位和无数个参与经济活动的单位和个人，所以这个指标的统计过程是一个复杂的过程，涉及的方面很多。

GDP 是指一个国家在一定时期内全部生产活动的最终结果。通常有三种方法进行统计：生产法、收入法和支出法。各国根据自己的情况采用的方法不一定相同。中国基本是以生产法为主。主要原因是，在过去计划经济时期，我们的统计主要是依靠企业到各级政府层层上报，再进行数据收集汇总形成的。这样的方法和生产法统计比较容易接轨。我们目前仍然是使用以生产法为主的统计，但是也用收入法和支出法进行核算。

从生产过程的角度来统计，还是从生产过程结束以后产生的收入来统计，或者是这些收入是怎样支出的角度来统计，只是三个不同的角度，指的都是同一个东西。所以从理论上讲，三种方法角度不一样，但得到的最终结果应该是一样的。事实上，世界各国谁也不能完全做到这一点。因为统计工作的复杂性，加上方方面面的因素和问题，每一种分项指标的收集整理都有可能存在一定的误差。另外在计算和统计方法上也仍然存在一些值得探讨和需要改进的地方，所以很难做到三种方法完全一致。我们国家以生产法的统计为主，同时也参考收入法和支出法，在三种方法之间应该是有一定程度的调整，所以最终的结果是比较接近的。

生产法是生产部门创造的增加值的汇总。它的基础数据主要是来自企业、农户、个体经营者等等所有这些生产单位。因为小企业和个体经营户、农户的数量太多了，不可能做到一家一家的进行统计，所以对于小企业和个体经营者的统计，通常是通过典型调查的方法，对采集的数据进行推算，再和统计得到的企业数据进行汇总来核算 GDP。我们的 GDP 统计历年来作了不少改进，其中经济普查是一个非常重要的方面。因为很多报上来的数据可能会产生偏差，每隔一定的时间，在全国范围进行一次涵盖所有生产单位的经济普查，由此取得的数据相对来说真实程度比较高，比较可信。

过去在两次经济普查以后，都对 GDP 数据作了调整。第一次经济普查有一个重大的调整，就是把 GDP 上调了 17%，这主要涉及第三产业也就是服务业。过去我们的统计对服务业遗漏比较多，通过经济普查补充了这方面的数据，所以作了一次性的调整。调整以后，还要对以前年份的数据根据普查的情况再进行调整，追溯到以前若干年。

最近，国家统计局开始实行全国 90 万家企业统计数据的网络直报，这是一个比较重要的措施。通过网络直报的方法，可以使企业的数据直达国家统计局，不再需要一级一级上报，这就避免了中间过程可能产生的数据误差和损失。所以总的来说，GDP 数据的统计还是在不断改进的，基本上还是一个比较可以信赖的数据。但是，仍然存在着一些问题。

一是表现在全国每年 GDP 增长率和全国 31 个省市自治区统计的 GDP 增长率不一致。每年地方统计的 GDP 增长率基本上都比全国增长率平均水平要高出 2–3 个百分点。这是一个比较突出的问题。

从 2008 年到 2012 年，如果我们把各省的经济增长率简单平均一下，把得到的结果和全国 GDP 增长率来加以比较，可以看到每年相差大约在 3 个百分点左右。各省的增长率一般都高，有些年份甚至是所有省份的增长率都高于全国的增长率。这个现象是怎么造成的？一个是一些地方政府倾向于夸大自己的政绩，因此干预统计工作，尽量报高不报低。这个现象各级都有发生，特别是在基层单位就更突出。比如每个县都有统计局，他们对本县经济状况统计得出的初步结果，通常要上报给县委县政府。县里主要领导可能会说，你们的数据是不是统计得太低了？为什么我们的增长率这么低？邻近的那个县怎么就比我们高？你们是不是再重新算一算。这样一来，重新计算的结果通常就把 GDP 算上去了。

为了解决这个问题，国家统计局采取了一些措施，在每年 GDP 统计过程当中，要做所谓"挤水分"的工作。要通过数据分析发现一些不实的、虚假的成分，把这部分剔除，如此一来就会导致全国统计的 GDP 数据低于各省的统计。这项工作只做到全国统计，国家统计局现在还不能够直接去修改各省的数据，所以就造成了数据的差别。各地统计局在行政上隶属于地方政府，不是直接隶属于国家统计局。地方统计局行政上受地方政府领导，和国家统计局之间只是业务上下级的指导关系，所以这个数据问题和行政管理体制有关系。

当我们看经济增长率，全国和地方的数据到底哪一个更准确一些？在我看来，全国的更准确一些，也就是挤过水分的数据更准确一些。但是也不排除这样一种情况，我们现在的统计仍然存在一些遗漏。刚才我说了过去曾经通过经济普查对服务业的遗漏有过重大的修正。尽管如此，现在是不是仍然有遗漏？我认为不排除这种情况。因为存在遗漏，数据就有可能在某种程度上低估了，而有些地方政府又倾向于高估统计数据，这两种情况在某些场合下可能起到某种互相抵消的作用。

我刚才说到，国家统计局在上一次对 GDP 的数据作重大修正以前，如果我们把修正以前的各地方统计的 GDP 加总，再来和修正以后的全国数据比较，两者在总量上倒是比较接近，而修正以前的全国统计数据显得偏低，这是因为统计遗漏造成的。现在是不是仍然存在这种情况？我认为不排除一定程度的统计遗漏。但总的来看，全国的 GDP 统计准确性还是高于各地的统计。这种情况和地方政府的政绩追求动机有关，和地方政府的政绩观也有关。李克强总理在辽宁省担任省委书记的时候，有人问他有关 GDP 的统计，他讲 GDP 是一个人造的数据，他更相信的是一些实物数据。比如说发电量、货运量等等。后来就有人把这几个指标叫作李克强指数。这样说也未必准确，但是在实物数据和综合性的 GDP 数据之间，确实存在着一个很密切的相互关系。有的时候我们通过对实物数据的分析判断经济形势，可能要更准确一些。

统计工作面临最大的压力还是来自各级政府，常常会涉及政绩问题，这种情况对统计影响比较大。这是我们现在行政管理体制存在的问题，也恰恰是我们改革需要解决的问题。

1992年、1993年我国经济出现过热，然后采取了从紧的宏观政策，这个政策持续了几年，到1997年已经开始出现经济下滑的趋势。比如1997年的电力消费增长率下降到了4.8%。通常年份电力消费的增长和工业产出的增长，和GDP的增长具有比较强的因果关系，因为你要生产就要耗电。由于效率提高、节能减排等等原因，我们的经济增长率可能会高于电力的增长率，但不会差太多。1997年电力消费增长率降到4.8%，铁路货运增长率下降到0.7%，说明经济增长出现了显著放缓趋势，但是当年报告的经济增长率是9.3%，继续保持着高水平。由于各项数据都很好，仍然保持高增长低膨胀，说明现行政策不用做大的调整。结果使我们的决策层错失了一个在亚洲金融危机的冲击到来之前提早调整宏观政策的机会。事实上，人们感受到当时的情况已经发生了变化。

1998年，国务院总理朱镕基提出经济增长目标是8%。这一年电力只增长了2.8%，铁路货运量降到了负4.6%，说明经济是在下滑。但事后公布的统计结果，当年的经济增长率是7.8%，仍然是比较高的增长速度，和政府提出来的8%的增长目标只相差了0.2%。这种情况在我看来是不真实的，根据当时电力、铁路货运和主要工业品实物量的增长等一些数据来推算，恐怕得不出7.8%这样一个增长率。如果要进行估算的话，在3%—4%比较可信。说明国家统计局1997—1998年的数据在某种程度上是不真实的。2002年朱镕基总理视察国家统计局，留下了四个字的题词——"不出假数"，这说明当时的领导人也意识到了统计容易出现不真实的问题，而且这种不真实对宏观政策和整个经济的发展是不利的，有时会造成相当严重的结果。

在以后年份里，这种情况变得相对好一些，但在某些年份也出现过类似的问题，只是程度上没有差那么多。举例讲，2008年—2009年全球金融危机，从2008年第四季度到2009年出口大幅度下滑，记得是掉下来20%左右，对我们的出口产业是一个非常重大的打击。2007年电力消费增长率是14.4%，2008年降到5.6%；2007年铁路货运量的增长率是9%，2008年降到5.1%，2009年是0.9%。电力和货运是和经济增长关系最直接的两个指标，虽然两者都出现了大幅度增长率下滑，但2008年的经济增长率仍然保持在9.6%，2009年是9.2%。在我看来这两年的数据也是偏高的，不太真实。

我们发现，分析增长数据似乎存在这样一个规律：当经济过热的时候，实物增长率通常非常高，而GDP的增长率的上升相对缓和。在经济不景气的时候，一些实物数据增长率有大幅度下降，而GDP的增长率下降的幅度相对比较小。让人感觉我们的统计部门在统计的时候，似乎是作了某种平滑处理，上涨的时候往下修一修，下跌的时候往上修一修，这个处理方式是有益还是无益的呢？我看是无益的。当数据出现大幅度跳动的时候，我们的统计分析人员有时候可能确实很难判断究竟是数据误差，还是实际情况真的发生了大幅度变动，于是在某些情况下可能会把它当作数据误差来进行修正。但是不排除有另外一个可能性，我们统计部门的工作人员也面临行政上的压力。

1998年朱镕基总理提出目标的是8%，如果当年统计出来增长率是3%、4%，会很难看。国家统计局一直在对统计数据做"挤水分"的工作，挤的时候就存在一些人为因素的空间，有的时候多挤一点，有的时候少挤一点。这就可能导致前面说的结果。如果存在这种情况，领导人当时可能会高兴一点，统计部门的压力也会轻一点，但对经济决策是很不利的。在数据不真实的情况下，政府领导人容易作出不正确的决策，而这种不正确的决策容易导致国民经济本身蒙受损失。当然，我们不能把板子都打在统计部门身上，根本原因是某些领导人存在过度追求GDP发展的政绩观，这就跟我们的政绩指标、考核体系有关。如果考核的东西都和GDP有关，事实上就是在鼓励各级政府追求GDP，有时候甚至是不惜手段，用不正确的手段来虚报数据等等。

我们一直在讲政府职能转变，各级政府的政绩考核也作了很多改变，虽然GDP已经不是唯一的考核指标，但是很多考核指标仍然和GDP有密切的联系。比如说要看你的投资，看你的城市化率，看你就业的情况，多看一些指标应该说有所改进,但是这些指标有很多和GDP有关:投资是直接和GDP相关的,城市化率的存量很难一下子改变,每年城市化率提高多少也是和经济增长相关的一个指标。还有短期的就业也同GDP相关。所以现在地方政府的激励机制仍然没有根本的改变,还需要付出很大的努力。

二 关于工业增加值的统计

在统计里面有两个不同的工业增加值指标。工业统计中有工业增加值,GDP核算也有工业增加值,前者增长率通常比后者高2—3个百分点。原因在哪儿?在我看来恐怕还是一个挤不挤水分的问题。工业统计中的工业增加值增长率,基本上是从地方各级取得数据的汇总,而GDP中的工业增加值这部分,它的增长率是经过了所谓"挤水分",因此就造成了两个指标的差别。

这个表里面可以看到,从2007年—2013年GDP核算数中的工业增加值增长率,比工业统计的工业增加值增长率要低2—3个百分点。2007年按照GDP核算,工业增加值增长了14.9%,按照工业统计数增加了18.5%,相差明显。现在来看两者的差别小了一些,2013年GDP核算工业增加值增长率是7.8%,工业统计增加值增长率是9.7%,但两者之间还是有明显差别的。比较而言,我还是更相信GDP核算的工业增长率。

三 关于就业率的统计

关于就业统计指标的理解,经常出现一些问题,比如统计中有一个指标叫作"城镇单位就业人数",还有一个指标是"城镇就业人数",这两个指标之间有非常大的差别。包括有些经济学家在内也不太懂得这个差别,有时候这两个指标混用,用城镇单位就业人数来代替城镇就业人数,这样的用法是非常错误的。

2012年城镇就业人数37102万人,城镇单位就业人数只有15236万人,连前者的一半都不到。差别在哪儿呢？第一，城镇单位就业人数没有包括私营企业；第二，所有的个体经营者也都没有包括在内，还有其他小的统计口径的区别，因此造成了这么大的一个差别。如果把2012年城镇私营企业就业和个体就业加在一起是1.3亿人，和单位就业人数合并是2.8亿人，和城镇就业人数的3.7亿人还差了8000多万人。根据统计指标的解释，其中可能存在几方面的问题。城镇单位就业人数不包括下岗和离岗人员，不包括业余打工的学生、实习生，不包括企业通过劳务外包使用的人员，剩下8000万人的差额有一部分可能是这样的。是不是能够全部解释这8000多万人的差别，我还有一点疑问，我感觉城镇单位就业人数的统计可能存在偏低的情况。

城镇就业人数这个统计相对来说比较好，因为它和历次的人口普查是衔接的。通过人口普查，能够全面了解城乡人口和就业的情况，这个普查数据通常会反映在城镇就业人数统计数据里。当普查结果和历年的常规统计不一致的时候，统计局通常要重新调整。总的来说，城镇就业人数这个数比较可信，但是仍然不排除偏低的可能。为什么说偏低？这里有几种原因，主要原因是流动人口。国家现在统计的城镇常住人口，是指在城镇居住半年以上的人口。就业统计也应该和这个指标相衔接，就业半年以上也应该被统计在城镇就业人数里面。

但是，这个统计即便是在人口普查过程中也有可能存在遗漏。比如人口普查是按照街道、按照区域、挨家挨户进行的，理论上是每家每户都要走到。但是有很多农民工住在临时性的工棚里，也没有门牌号码，普查的时候会不会遗漏？如果遗漏了一处建筑工地的工棚，就可能漏掉了几百人，甚至更多。还有一些农民工没有正式居住场所，住在打工的餐馆里，住在地下室里，还有的住仓库里，这些都不是正式的居住场所，所以普查时都有可能遗漏。再加上农民工的流动性比较高，如果找不着本人，就很难搞清楚这个人到底是不是常住人口。这些情况，都有可能造成人口普查的过程中发生遗漏。我们也做过一些推算，认为确实存在一部分遗漏。

由于人口普查可能对流动人口和流动的就业人员产生遗漏，因此我们现在的城市化率是不是很准确？可能要打一个问号。我们作了一个推算，根据国家统计局对农民工的监测数据和经济普查数据进行对比，发现经济普查比农民工监测数据还少了一些。监测数据专门针对农民工，收集信息比较详细，因此应该比普查数据中的这部分数据更准确。2012年城镇就业按照目前统计是37102万人，如果把这个因素考虑进去作一个修正，进行计算得出的结果是，在3.7亿人之上还要再增加4000多万人，接近4.2亿。相应的农村就业人员要减少3000多万人。城市化率有可能比官方公布的数据还要高个2—3个百分点，2012年超过55%。

四 关于居民收入的统计

居民收入是大家关心的问题，在这方面争议也比较多。现在的统计中就存在两套不同的居民收入数据，一个是国家统计局的城乡住户调查数据。最近国家统计局做了一项工作，把城乡两个调查合并成一个调查，样本进一步扩大了，这是一个很好的改进。如果我们看历年城乡住户调查数据，再根据住户调查数据推算居民收入，以2011年为例，推算的结果全国居民可支配收入19.6万亿元。国家统计局还有另外一个数据，是资金流量表数据，它提供的居民可支配收入是28.6万亿元，这两个指标差了9万亿，差别相当大。

这是什么原因？可以说，其中有一部分是统计口径的差别。我们在进行住户调查的时候，居民收入和支出都是按照现金收入、现金支出进行调查。而在资金流量表数据里，它的核算是你虽然住自己的房子，既没有房租收入也没有房租支出，但这和你租住别人的房子统计不一样，因此在统计上把这块要加进去。根据统计理论，要把它计算作你的虚拟租金收入，这个收入是你付给你自己的。现在虚拟租金收入计算是偏低的，这个计算虽然会导致两个数据之间有一定程度的差别，但不会那么大。

至于为什么会有这么大的统计差别，主要的原因还是调查遗漏。比如说，住户调查对居民收入有重大的遗漏，原因有两个。一个原因是住户调查在形成样本的时候，是通过随机抽样。比如抽到某个区、某个街道的某个门牌号码的那一户，你要求他参加调查，作为国家统计局固定的观测样本。这户人家愿意做或者不愿意做？通常很多高收入居民不愿意做。你就得再另外找一户，如果碰到拒访还要另外再换样本，最后换到有人愿意做了，他的收入水平和前面的拒访者收入水平一样吗？很可能不一样。这种情况也比较多。

中等收入和低收入居民拒访率比较低，因为他的收入很简单，主要就是工资收入。而高收入居民收入来源很多，其中可能有他自己认为比较敏感的收入。即便来源都合法，也不一定愿意讲。这种情况就会造成样本中间遗漏相当一部分高收入居民。第二个原因是有些居民同意调查，但填表的时候一年50万的收入只报了10万、20万，这种情况也是存在的，而且发生率相当高。出现这种情况通常没有办法再去核查，你只有相信他报的数据。造成的结果就是，取得的高收入居民数据，明显低于真实的情况。

这里涉及一个重要的问题就是灰色收入问题。灰色收入问题也是我过去几年的研究课题。我发现我们的统计数据在居民收入方面反映的情况不够真实，没有反映出实际的居民收入，特别是高收入群体。所以几年来我们在全国各省市区的60多个大中小城市，作了三次城镇居民的抽样调查。我们采用不同的调查方法，尽可能做到数据比较真实可靠，在这个基础上再来进行模型推算，推算我们国家实际的居民收入到底有多少。

刚才说到2011年有两个数字：一个是城乡住户调查数据，全国居民收入19.6万亿元；一个是资金流量表数据，全国28.6万亿元。我们在调查的基础上经过数据分析和模型推算，得到的结果是34.7万亿，比住户调查数据高了15.1万亿，比资金流量表数据高6.2万亿。这几次调查都有报告，在报告里我把高于资金流量表数据的6.2万亿称为灰色收入。因为资金流量表数据来自经济普查，覆盖是全面的。如果有一部分收入没有被资金流量表数据包括，它的来源就是不清楚的，不知道它到底从哪里来，也不知道到底是不是合法收入，我们把这种情况称为灰色收入。它的来源和是否合法不能界定。我们的分析结果说明，这部分灰色收入，加上住户调查数据的统计遗漏和误差，主要都集中在高收入居民。

我们根据 2005 年的推算制成一表，城镇居民按照国家统计局的分类，分为最低收入、较低收入、中下收入、中等收入、中上收入、较高收入和最高收入，共 7 组。中间三组每组占 20%，两头的四组各占 10%。按这样的分类方式对居民收入作重新推算，可以发现差别最大的是最高收入组，人均收入推算结果大约是统计结果的三倍以上，而其他的组相差不太大。

2008 年的结果基本上一样，最高收入这一组相差了三倍左右。2011 年的结果还是基本上一样，最高收入这一组推算结果是人均年收入 18.8 万元，而统计数据只有 5.8 万元。

如果城镇居民中 10% 的最高收入居民，人均年收入只有 5.8 万元，会不会有那么多人买房子？会不会有那么多人买汽车？会不会有那么多人出国旅游？会不会有那么多人在国外市场上大量购买奢侈品？如果按照现在最高收入居民可支配收入的统计，这些情况恐怕都不会发生，房价也不会不断上涨，因为没有人买得起这么贵的房子。事实上说明，高收入居民的真实收入远远高于统计数据。

按照统计调查，2011 年城镇 10% 最高收入居民和 10% 最低收入居民，家庭人均收入之比是 8.6 倍，不到 9 倍。而按照推算结果来计算，两者相差 20.9 倍。实际收入差距要远大于统计数据所显示的收入差距。

这么大的收入差距问题出在哪儿？首要的问题就是腐败和收入分配不公，这是最大的问题。我们现在正在大力度反腐，也取得了初步的成效，我们希望这种情况能够继续下去。但要根本解决腐败和收入分配不公的问题，不是单纯靠行政手段反腐就能解决的，更重要的问题是要解决制度上的问题。比如政府的管理体制，如何做到更加公开透明；财政体制如何做到更加规范化，更加管理有序，更加公开透明，能够受到全社会老百姓的监督，让老百姓有发言权、监督权。我认为这是财政体制改革的一大任务。只有解决这些制度方面的问题，才能从根本上杜绝腐败、收入分配不公等等问题。

五 关于居民消费统计

关于居民消费统计也存在一些争议。比如 2012 年按照我们的支出法 GDP 核算，居民消费 26.2 万亿元，占 GDP 的比重是 36%。有学者也有商界人士质疑这个数太低了，说居民消费不可能就这么少，应该更多。他们也举出了很多例子，比如奢侈品消费。这些质疑我认为有一定程度上的合理性，但要区分两个情况。

一是居民消费总额是不是被低估了？我觉得有可能偏低。刚才说到的居民收入统计，即使按资金流量表数据，根据我们的推算也还是低估的。所以居民消费相应也会有一定程度的低估。

二是消费率是不是被低估了？居民消费现在占 GDP 的比重 36%，这个 36% 是高估还是低估呢？有些人推论说居民消费被低估了，消费率肯定也被低估了，应该是 40% 或者是 50%。我不同意这种说法，原因是当居民消费被低估的时候，居民储蓄也被低估，遗漏的程度有可能更大。我们很多高收入居民的消费率通常低于中低收入居民，他的储蓄率更高。高额收入中有相当一部分是拿来储蓄和投资的。经济学讲的储蓄，并不只是包括银行存款，所有用于投资的支出都是你的储蓄。

高收入居民的储蓄率要远高于中低收入居民，消费率要低于中低收入居民。如果收入统计低了，遗漏掉的既包括消费也包括储蓄，而且储蓄被遗漏的成分更多，这是我们在调查中发现的情况。因此在我看来，居民消费总量统计上有可能有一定程度低估，但是居民消费率并没有被低估，甚至有可能实际的居民消费率比现在的统计数据还要低，原因就在于有更大的一块是居民储蓄的遗漏。

六 关于消费价格指数（CPI）统计

经常听到一些老百姓说 CPI 统计得太低了，他们实际感受到的通胀率，比公布的 CPI 2%、3% 要高。为什么会有这个差别？有几个不同的原因可以来解释一下。

第一个原因，在 CPI 的构成中，上涨最快的部分是食品价格，而工业品价格上涨慢、不上涨甚至是下降。中低收入居民对食品价格更敏感，因为他们的收入总量低，用于食品支出的比重会更高。这个比重叫恩格尔系数，恩格尔系数越高说明你的收入水平越低。低收入居民的收入大部分都用来买吃的了，他们的恩格尔系数就高。当你的收入水平高了，除了用于食品开支，还可以有大量的收入用于文化娱乐、旅游和各种其他消费，所以你的恩格尔系数就会下降。在这种情况下，只有低收入群体对食品价格更敏感，食品价格上涨比其他的幅度要大，低收入居民感受到的通货膨胀的压力就会比公布的 CPI 更大。因为 CPI 是一个综合的指标，它包括各类消费品。

第二个原因，很多老百姓觉得房价是一个非常沉重的负担，房价在不断涨，越看越买不起。房价涨这么快，但 CPI 好像没有反映出来。实际上房价并不包括在 CPI 里面。有人批评统计局，说你不包括房价不对。这个有点冤枉了，因为按照国际统计惯例，房价是不包括在 CPI 里面的。在国际统计体系中间，是把居民买房子作为投资行为，而不是消费行为，所以在统计消费品价格的时候不统计在 CPI。你感受到了房价的压力，但是 CPI 并不反映这个情况。当然，这不等于说可以不统计房价。房价应另外统计。

第三个原因，存在某些统计困难。CPI 统计也是一个比较复杂的事情。谁也不可能把全国万亿种消费品的价格变动全都统计出来，所以只能统计有代表性的一些大宗消费品。统计局可能选择其中的几百种作代表，其中有吃的、穿的、用的各类消费品都有。但是统计的时候还是会面临困难。当我们在统计 CPI 的时候，要算的是今年的价格比去年上涨了多少，如果你碰到某种新产品，是今年才出来的，你就没法计算它比去年上涨多少。所以我们要统计的商品，必须是持续的和稳定的，去年有、今年有、明年还会有，比如大米、白菜等等商品就容易统计，也能算得出来它比去年价格上涨了多少。但是一款新牌子手机，今年刚刚出来，去年没有，就没法算。

这样就会导致统计上的困难。大宗的、稳定的商品，一般来说涨价慢，但新的产品，比如新牌子的手机比旧牌子贵，有它的道理，因为新牌子手机功能更多，样式也更漂亮了。新牌子的电视也是一样，所以你需要花更多的钱。但有的时候，只是样子变了，功能相差不多。这种情况在 CPI 统计里面没有办法区分，因为不完全是同一种产品，就不可比。这种情况也会使大家觉得物价要比公布的 CPI 高。

七 关于固定资产投资和固定资本形成统计

这样两个指标看起来很像，但有统计口径的差别。主要是固定资本形成的统计，不包括投资中的土地价值，这是最主要的一个差别。比如说我要搞一个投资项目，先要买地，然后在地上盖房子，我花的所有的钱都要计算在固定资本投资里。但固定资本形成统计，需要剔除投资中的土地价值。在理论上讲这是有道理的，固定资本形成算的是新形成的价值，而土地是原来就存在，它不是新形成的。

但是这里面会造成一个重大的差别，地价天天在涨，像北京这样的城市地价非常贵，固定资本投资中有大笔的钱花在这里面，而固定资本形成却不计算这部分。我们把 GDP 作一个拆分，其中一部分是消费，一部分是固定资本形成，还有一部分是净出口。这里面土地价值没有算。虽然在理论上有道理，但是原来的土地没有那么贵，不值这么多钱，现在土地价值高了，增值的这部分怎么算？

如果你看个别交易过程，可以把土地增值看成随机波动，把它忽略掉。但在我们国家城市化快速推进大的背景之下，这里面就可能会有问题。城市地价在上涨，反映的是整个城市经济的发展变化。随着城市经济的发展，从宏观经济的角度来看，会产生溢出效应，体现在土地价值上。在某种程度上，至少其中的一部分在我看来应该被认为是新形成的价值，因为土地生产率提高了。在经济学里迄今为止还没有解决这个问题，经济学仍然系沿袭原来的传统，土地既然是原来就存在的，土地价值就不算在新形成的价值里。这是统计里的一个问题，不只是我们没有解决，全世界都没有解决这个问题。

这两个统计指标的差别，还不限于刚才我说的这个因素，还有其他因素。2012年全国固定资本投资总额是37.5万亿元，固定资本形成总额只有24.2万亿元，固定资本形成占固定资产投资的比重只有65%，两者相差13.3万亿元。能不能都看成土地价值的差别？我认为不能。因为当年的全部土地出让收入，我的印象里不到3万亿元。这显然解释不了13万亿的差别。这部分差别发生在哪儿？某种程度上也涉及我刚才说的统计水分的问题。我们各级政府在作投资统计的时候，也存在一个想要表现政绩的问题，就高不就低，尽可能说多一点，让工作成绩更显著一点。国家统计局在作GDP核算的时候，也需要对这些数据进行分析和过滤，剔除掉认为不可靠的部分，这恐怕也是导致两个数据差别大的原因。

八　关于房价的统计

一张从网上下载的图上说统计局在统计方面做得很糟糕，这话有点偏激。图中的房价统计用了中原地产北京、上海、广州三个城市的二手房价统计。2007年到2011年，这三个城市的二手房价按照中原地产的统计，涨到原来的220%到280%左右，涨幅是120%到180%。但是根据统计局二手房价的统计，这三个城市的房价涨幅只有20%左右，差得有点太远了。不能说中原地产的统计一定就准确，但是和大家的感受相差不多，而20%恐怕是不能让人信服的。我想这方面的统计亟待改进。

前面我谈到的这些统计问题，有的涉及我们对统计指标的理解，有的涉及统计指标的复杂性，还有的涉及统计指标和政府政绩观之间的问题。因为统计工作很专业、很复杂，对有些统计指标我们不太理解，容易发生误解，这种情况容易存在。我们的统计工作本身也很困难，因为13亿人口这么大的一个国家，要把方方面面的情况和数据都搞得那么准确，实在是很困难的事情。

对统计部门来讲，需要秉承一个基本的原则，就是客观、中立、唯实，这也算是我的希望。以上是我对统计指标的一些个人感受，谢谢大家。

——清华大学经管学院2014年5月15日"长安讲坛"

粮食金融化挑战中国粮食安全

温铁军[*]

伴随着产业资本向金融资本的转化,以美元计价的大宗商品粮食也逐渐金融化,粮食市场越来越受到金融市场的影响。全球粮食金融化也给中国粮食安全带来了挑战。

粮食安全影响因素并非生产不足

我们提到粮食安全经常强调的是量的安全,其实,农业已经出现生产过剩的情况。

国际方面,近年来市场存在产需缺口的主要是大豆,其他三大主粮则产高于需。21世纪以来,总体上四大粮食的供需不平衡形势,从历史角度来看并不明显。最近五年,粮食供需形势还愈加趋于平衡。另据分析,全球谷物产量按照人均健康需求的卡路里计算过剩三分之一。之所以有贫困人口饥饿,主要是造成贫富差距显著加剧的制度不合理。

---

[*] 温铁军,中国人民大学农业与农村发展学院原院长,博士生导师,教授。

而从国内来看，中国在1998年进入工业过剩已经16年，2003年进入农业过剩也已11年。我们从一组数字上就可以看出来，世界上80%的大棚集中在中国，中国生产出了全球67%的蔬菜，而人口只占世界的19%，中国生产出的蔬菜有一半以上被浪费了。近几年各地发生的菜贱伤农情况，农民让不值钱的蔬菜直接烂在地里就是蔬菜生产过剩最好的明证。另外，50.1%的猪肉、30%的大米、50%的苹果、40%的柑橘都是中国生产的，尽管这些农产品中有一部分是用于出口的，但是出口蔬菜水果意味着把中国最为珍贵的水资源低价格地送出去。所以说，农业产业化过剩已经不可回避，应当引起重视。

粮食危机主要源于全球资本过剩

历史数据表明，粮价越是剧烈波动就越是与供求无关。世界银行统计，自2010年10月至2011年1月国际粮价大幅上涨15%，与前一年相比飙升29%，接近2008年的粮食危机时创下的历史最高水平。联合国粮农组织的统计，2010年部分粮食的价格已经破纪录，玉米的价格暴涨52%，小麦上涨49%，大豆上涨28%。而同期世界粮食供需基本平衡，实际上不具备粮食价格暴涨的供需基本面因素。

那么，是什么原因造成了粮食价格的大幅波动？是金融资本。西方金融资本从1980年代开始异化于实体经济，追求超过社会平均收益率的高收益，造成资本市场扩张和大规模吸纳流动性。冷战结束以来，金融繁荣与稳定指数和粮食价格指数相关性高达0.65。粮食的金融化利于通过多空投机消纳过剩金融资本。2000年以来，金融和能源属性成为影响粮食价格的主要方面，金融因素、能源因素对影响国际粮价波动的解释程度高达98.08%。

特别是，金融危机以来的流动性扩张对粮食市场具有递增作用。如果说2009年美联储推出的第一轮量化宽松政策（QE1）对国际粮食市场价格还存在滞后影响，那么2011年的第二轮量化宽松政策（QE2）对粮食价格则发挥了即期作用,进而市场对第三轮量化宽松政策（QE3）的预期或者说是美联储对外发布的信息就能够对国际粮食市场产生效应。当然,2012年9月QE3兑现之后,玉米、小麦、大豆等粮食价格亦受刺激大幅攀升,有的品种甚至创下数月来高位。

中国粮食安全面临两大挑战

当前,全球粮食金融化现象日盛,而这也给中国粮食安全带来了挑战。

第一,粮食价格脱离供求基本面,定价权旁落于金融国家之跨国公司操作的信息与期货。

中国农业走出去大多做第一产业,少数做第二产业,但屡战屡败,而西方跨国公司立于不败之地的原因恰在于不做一、二产业,而主要从事于金融流动性相关的物流、研发、品牌和贸易等第三产业。当下更转向占据意识形态高地的"社会企业",近期正在利用海外低价资本竞争中国农业产业化份额。

把控着三产的外资进入中国农业从养殖业入手,尤其是因为养猪业的现代化模式来自美国,生猪品种结构是清一色的"洋三元":饲料结构是标准化"玉米＋豆粕＋微量元素"。饲养方式是规模化、工厂化,从而陷入对进口饲料玉米和豆粕的依赖,客观上为国际粮食市场对国内粮食市场价格尤其是饲料粮市场以及下游养殖产业产生影响创造了条件,跨国企业进入中国期货市场也加剧了投机性。

第二,粮食生产者、消费者和地方政府都不承担安全责任,在粮价高企导致低收入阶层生存条件恶化的同时,市民作为消费主体缺乏社会组织创新条件,粮食文化方面被"消费主义"全面掌控,节约传统被抛弃,致使食物浪费恶性循环地刺激政府补贴化肥农药和机械等投入。这不仅加剧资源环境破坏,而且造成把中国粮食安全更多依赖外部市场的政策诉求和心理预期。

借力"一产三产化"实现安全农业的可持续性

目前，中国粮食安全从量上看还是有保障的。首先，粮食产量稳定。国内粮食产量长期以来随人口同步增长基本趋势未变，据国家统计局数据，迄今粮食产量已经连续十年增加。而一些外部条件也为增产提供了保障，比如：气候暖化，400mm等降水线北移百多公里带动大宗粮食生产带面积增加；国家大幅度增加支农资金投入农村基本建设。

其次，粮食库存充足。近年来，我国农户储存粮食数量已经达到当年粮食产量的一半左右，表明以农户为单位的"外部性风险内部化处理"的小农经济理性在粮食市场价格波动的压力下有所恢复。另外，值得注意的是，自2007年开始国家粮食局启动农户科学储粮专项，已在全国25个省份的近200万农户配置新型储粮装具，每年可减少农户储粮损失5.1亿斤，相当于增加49万亩无形良田，可为农户增收4.8亿元。按照计划，"十二五"期间，国家将再为800万农户配置标准化储粮装具。

但是要真正实现安全农业的可持续性，还需要再下功夫。小农农业要实现自我循环，几乎只有一个办法：把各种与农村经济相关的产业，装进综合性的大产业，农民才能在其他细分产业领域获取利益，达到社会平均收入，只有自己的生活有保障，才会帮政府种粮，粮食安全才有保障。

我认为，这一点可以通过借鉴欧盟或者日韩等国的经验，把小农经济与第三产业相结合，也就是"一产三产化"。从经济学内在规律来看，第一产业（农业）利润率远低于第二产业；第二产业的制造业面临产能过剩的困境，利润率在社会平均利润之下；第三产业（服务业）借助题材创新往往能够获得社会平均利润率以上的利润。因此，唯有通过"一产三产化"才有可能实现安全农业的可持续性。

比如，欧盟的小农场农业在生态文明的多样性和可持续性上做文章；日韩全面开展购销超市、金融保险、休闲旅游、文化创意、养生体验、生态景观等农村第三产业,都有效地帮助农民增收,值得中国借鉴。

总之,针对当前中国粮食安全问题,我有两点建议:一是抓好综合性合作社建设,加快提高农民组织化程度,以此形成"一产农业三产化(农业与服务业结合)"和综合收益反哺农业的经营方式创新的前提条件。并且,借此创新配合国家财政支持粮食生产的投入;二是大力推进粮食安全的城乡一体化,加深市民参与式"两型农业"的发展,培育市民以理性、节约型消费替代浪费型消费主义恶劣趋势。这两者有机结合,则可达到既稳定农民合作社为新经营主体的粮食生产,又保障市民作为消费主体的、多元化社会参与下的国家粮食安全。

维护中国能源安全的战略分析

赵景芳[*]

当今时代,由于世界经济的快速发展,特别是随着中国、印度等新兴经济体的崛起和国际地缘政治形势的反复动荡,能源安全成为人们热议的话题。中国作为世界最大的新兴经济体,目前是仅次于美国的第二大能源消费国,大量的能源依赖于海外进口,能源安全日益成为制约我国经济能否持续健康发展的关键因素。与此同时,能源问题与国际地缘政治相互交织,彼此互动日益密切。在当前国际政治背景下,能源安全问题日益脱离纯经贸问题而发展成为国家整体战略关注的重点。

一 中国能源安全的基本内涵

事实上,中国能源资源总量丰富、品种齐全,2011年我国能源自给率仍高达91%。然而,我国能源结构不均衡,在石油供应自给方面存在严重短板。因此,就我国而言,

---

[*] 赵景芳,国防大学战略教研部危机管理中心副教授。

维护中国能源安全的核心在于维护石油安全。中国能源安全主要包括六个方面：一是能源供应安全；二是能源运输安全；三是能源价格安全；四是战略能源储备安全；五是能源设施安全；六是能源使用安全（即环保问题）。其中，最根本和最核心的是能源供应安全和运输安全，这是有形的能源安全；能源价格安全也越来越重要，属于无形的能源安全；战略能源储备安全主要在于国内；能源设施安全既涉及国内防护也涉及国外防护，相对于前四者来说，它属于战术层次问题；能源使用安全则是新兴议题，尚未引起人们充分重视，但涉及抢占能源科技制高点的重大问题。

具体来看，能源供应安全，主要是指能够对能源供给地进行有效掌控，保持能源持续而稳定的流入，防止突然中断。我国石油供应安全形势严峻，突出表现在需求量大、对外依存度高、主要进口来源集中。随着工业化和城市化的加速发展，我国石油需求未来一段时期仍将处于刚性上升通道，能源供应安全问题最为重大和突出。

能源运输安全，是指联系能源来源与我们庞大国内市场的纽带的安全。这一能源纽带可称之为能源"脐带"，主要涉及三样东西：油轮、水域、通道。首先，"国油国运"。目前，我国远洋石油运输能力不足，由于缺少数量且吨位庞大的运输船队，国内货轮承运我国进口石油的份额不到40%，"国油国运"的程度仍很低。其次，水域安全。主要指确保油轮航行过程中没有海盗袭击和敌对国家的海上袭扰。长期以来，我们能源运输的国际水域安全主要靠搭美国的便车。除了在亚丁湾海域有护航行动外，我们缺乏全面保护能源运输海域安全的能力。最后，通道安全，包括海上通道和陆地通道的安全。目前，中国现有能源进口的四大战略通道是：西部、西南、海上、东北。重点是海上通道，因为我国油气进口90%是通过海上方向进入，而开通陆地通道是实现通道多元化、降低过分依赖海上通道的有效举措。

能源价格安全，是指以合理的可承受的价格从国际上购买到足量石油。一般来看，由于中国缺少国际油价定价权，因此国际油价走高会成为一把利剑，往往伤害国家经济。这不仅会造成石油溢价（买石油多花的钱），中国的GDP受损失，中国人必须付出更多的劳动，而且油价上涨势必传导到各种工业品和农产品价格上，进一步加剧中国的通胀压力。

能源储备安全，是指在和平时期建立国家有效的战略石油储备。它是应对因战争、自然灾害、国际封锁、禁运等短期石油供应冲击（大规模减少或中断）的有效途径之一。

能源设施安全，是指能源开采、加工、存储、运输、销售等配套设施的安全，主要包括石油管道、油井、石油港口、油码头、油船、油库、炼油厂、加油站、运输工具等硬件设施的安全。石油是国家经济和军事的重要战略物资，其设施安全是国家能源安全战略体系中的重要环节，是一个国家持续、稳定的石油供应保障之一。在战争期间，石油和石油设施，往往是敌人首轮攻击的重要目标。

能源的使用安全，是指能源在使用过程中不应对人类自身的生存与发展环境构成任何大的威胁与破坏。能源的消费不仅推动着经济的发展，也涉及环境的安全和保护，后者已越来越上升为国家安全和国际政治重要议题。能源使用安全中，能源消费结构、能源开发与利用技术和能源效率等是主要的影响因素。当前，我们面临的许多重大环境问题，如气候变暖、温室效应、酸雨等，都与能源的使用有密切关系。

总之，由于我国石油需求的日益快速增长，石油进口数量的持续增加，国际石油价格的剧烈波动，石油供需矛盾的不断加剧，以及能源富集地地缘政治环境的反复动荡，我国能源安全特别是石油安全面临严峻的挑战。从根本上说，中国能源安全的窘境是自身需求外推与外部势力内压的双重挤压作用用的结果。

二 中国应从战略高度看待能源安全问题

虽然能源安全包括六个主要方面，但当前中国能源安全面临的最严峻和最紧迫的挑战来自能源供应安全，主要来自突出表现于能源需求高度依赖海外，而又严重缺乏有效手段掌控海外安全局势。从根本上看，中国能源安全的困境是中国利益全球化与防卫本土化的矛盾在能源领域的集中反映。中国能源安全现在遭遇巨大困境，与国内认识上的普遍不足直接相关。当前，国内对能源安全问题的认识普遍存在三个不足：即对能源在国家利益格局中的地位认识不足、对能源安全作为重大战略问题的认识不足、对能源在中美战略大博弈中的关键性作用认识不足。针对以上三点不足，亟待树立三种对于能源安全的新的认识：

1. 能源问题已上升至国家核心利益，能源安全成为国家安全的新重点

国家的核心利益，就是主权、安全与发展。而在发展利益当中，能源资源是最关键的一环。

第一，能源是经济社会发展的关键性资源和物质基础。具体看，中国对海外能源的大量需求是刚性的，且依存度自 2002 年以来就超出了国际规定的 50% 警戒线。2011 年，中国累计进口原油约 2.54 亿吨，石油对外依存度达到 56.5%。预计到 2020 年，我国石油需求量将超过 5 亿吨，对外依存度估计将达到 70% 左右。在这样一种情况下，我国最重要的海外能源供应地海湾地区与非洲地区安全局势动荡，而我们无力掌控。同时，我国海外能源进口 90% 依赖海上运输，运输通道单一，80% 以上原油进口通过马六甲海峡，对于印度洋航线和马六甲海峡，我们缺乏有效的军事保障。第二，能源的占有量和使用量是衡量一个国家财富多少和人民生活水平高低的重要标志。以石油为例，目前，中国人均石油年消费量只有 2 桶，而美国是 25 桶，日本是 14 桶。第三，能源是工业经济体系的根本，而经济力量是政治和军事力量的基础。英国之所以成为历史上第一个工业大国，就因为它实际上是一个煤岛，充足而低廉的煤炭为工业革命提供了巨大推动力。随着煤炭时代让位给石油时代，作为世界上第一个煤炭超级大国的英国，让位给世界上第一个石油超级大国美国。可以说，没有充足的能源，就不可能有一个国家的经济发展，更别说全面崛起。历史上，英国、美国的快速崛起与其能够获取大量廉价的能源资源密切相关。因此，对于能源的极端重要性，我们应给予高度的重视。一个国家或军队，如果不关注或不重视能源安全问题，那么国家的安全研究是不完善的，国家安全的处境将会是十分危险的。就国家层面而言，能源安全应该单独拿出来，成为国家安全筹划的新重点。

2. 能源安全问题已超越传统的经济和贸易范畴，成为十分紧迫的重大战略问题

对于能源的获取，国内往往认为只要"不差钱"，有足够的外汇，通过贸易手段买就可以了。但事实上，就像买不来国防和军队现代化一样，能源安全也不是靠钱就能买来的。因为能源是一种特殊的商品，具有突出的政治属性或战略属性。正如法国学者菲利普·赛比耶·佩洛兹在谈及石油与地缘政治时指出的："在华盛顿主宰美国事务的部分政治家眼里，石油是与国防同等敏感的要害领域。正是在这种思维逻辑的指导下，一些本应主宰石油市场运行规律的经济和财政因素，有时不得不让位于地缘政治的考量。"①

能源的政治或战略属性突出表现在：第一，能源安全对地缘政治冲突最为敏感。一旦有事，能源价格则往往高企不下，在价格一上一下之间，就使得像中国这样的能源进口国把辛辛苦苦挣来的外汇大把大把送人。根据测算，国际原油价格每桶上涨 10 美元，中国需要多支付 185.4 亿美元。中国的 GDP 将损失 0.315%，另外还需付出 GDP 的 0.315% 用于对消费者的补贴。第二，能源是国家间"说事"的工具且影响重大而广泛。我们熟悉的俄乌"斗气"、美英对伊朗的石油禁运以及美国国内广泛流行的"若台湾有事，美国对中国实行石油禁运"等，都是因地缘政治冲突而拿能源来说事。而且，"城门失火，殃及池鱼"。两国之间发生能源斗争，往往会使第三方成为被殃及的对象。比如，俄乌"斗气"，欧洲断了炊烟；美国要制裁伊朗，日本、韩国则被迫要从伊朗大幅减少石油进口。第三，没有政治上开道和军事上保障，本国石油企业"走出去"的难度非常大。即使走出去了，风险也很高，一旦有事，往往会血本无归。比如，中国中海油公司并购美国的石油公司，因美国议会

---

① [法]菲利普·赛比耶·佩洛兹著：《石油地缘政治》，潘革平译，社会科学文献出版社 2008 年版，第 13 页。

的阻挠而没有成功。相反，由于政治友好与战略互信较高，中哈石油管道在一年多时间内就竣工投产。在利比亚战争中，由于中国没有政治和军事的介入，中国企业损失惨重，并丧失了战后再次进军利比亚的机会。2011年南北苏丹分裂，2012年初南北苏丹因石油过境费用问题发生争端，最后南苏丹关闭石油阀门，停止对外出口石油。突然中断了对中国的石油出口，其对中国的能源安全处境带来的被动可想而知。从美国的经验看，凡是有美国能源利益的地方，都必然有美国大兵的身影。美国打了两场海湾战争，都被认为是石油战争。阿富汗战争、利比亚战争也都有美欧石油利益的影子。近期以来，叙利亚和伊朗局势牵动人心。如果我们把叙利亚放在伊拉克石油出口的关键能源通道国的角度去考虑，就会理解美欧为什么对叙利亚必欲除之而后快了。在伊朗核问题上，从能源战略的角度看，若美国控制了伊朗，则会将海湾地区这一占世界石油储量60%以上的世界大油桶攥在了手里。这样的话，无论是中俄印潜在对手，还是欧日韩等盟友，都会在能源需求上受制于人。因此，能源安全问题在相当大程度上是战略问题。

三　能源领域正成为中美战略大博弈中攻守态势转换的枢纽

当今时代，在核威慑条件下，国家间战争往往发生在实力非对称的对手之间，而对于那些具有对称威慑和摧毁能力的对手如俄罗斯、中国、美国可能不会发动大规模的军事战争，通过硬碰硬的较量来摧毁对手，因为这样会玉石俱焚、同归于尽。当前，随着中国军事斗争准备和国防现代化建设步伐的加快，中国核威慑力量更加有效可靠，同时中国对美国常规作战能力也显著提升，比如建造航母、开发反航母导弹、具有反卫星能力等。在这一情况下，中美战略博弈的攻守态势就出现了一个悖论，那就是中国的军事斗争准备越充分，美国就越没有办法在军事上拿中国开刀，中方预想的大规模的军事冲突与战争就不会发生。因此，美国必然在保持对中国巨大的军事压力的情况下，在正面努力牵制中国的情况下，会从侧面积极寻找中国新的软肋，伺机在这些地方下手。美国的这种手法,用《孙子兵法》的话说就是"以正合,以奇胜"。即在正面保持对中国强大军事压力和吸引中国主要精力的同时,在中国没有注意的地方和时候猛然抽刀,杀一个措手不及,使中国损失惨重,从而达到与大规模军事战争同样的效果。根据目前情况看,这样的领域之一就是能源领域。能源战争的巨大威力,西方世界曾深有感触,因为它们曾经历过能源的匮乏和中断,那被认为简直是一场灾难。尼克松对于第四次中东战争期间阿拉伯国家对西方实行的石油禁运的影响曾有这样一段经典描述:"断绝石油供应,就像一次核攻击一样,几乎完全毁掉西欧和日本的经济。"[①]所以,谁又敢说这样的事情不会发生在中国身上呢?当前态势下,美国破坏中国的能源来源可能比直接攻击中国更能达到釜底抽薪的效果。而从历史上看,以能源禁运、能源讹诈为重点的能源战争向来是霸权国对付新兴国家的惯用手法。

四 破解中国能源安全困境的几点思考

要想破解能源安全困境,就必须站在国家大战略的高度去谋划和布局。从世界来看,美国就是把能源作为大战略筹划的核心内容之一加以综合考虑的。在美国历届政府的国家安全战略报告中,我们都会发现大段有关维护国家能源安全的论述,如,如何保持对能源供应地的进入和稳定,如何掌控能源通道等等。其目的往往是两个:一是维护自身能源安全;二是控制能源从而控制对手和盟友。简言之,突破能源安全的困境或瓶颈,单靠贸易和市场解决不了问题,关键是国家整体外交布局和军事斗争准备。笔者认为,中国破解自身能源安全困境应着力于以下五个方面。

1. 将能源安全保障纳入国家安全总体布局,整体筹划实施

从当今美国、欧盟、俄罗斯等世界大国的做法看,都是把能源放在国家安全的总体架构中进行布局,能源安全与国家安全合而为一。目前,我国已

---

① [美]尼克松著:《真正的战争》,常铮译,新华出版社1980年版,第97—98页。

经建立了统一的国家能源领导机构,即2010年1月成立的"国家能源委员会",机构的建立说明能源问题已经引起我国政府的高度重视。但是,从现状来看,维护能源安全仍然没有上升到国家战略的认识高度和达到国内各机构一体化协作、共同塑造的程度。当前及今后一个阶段,加强我国能源安全保障还应该着力于三个方面工作:第一,需要出台旨在统合国家政治、经济、军事、文化等各领域安全的总的国家安全战略报告。该报告要站在国家安全的高度统一筹划布局,以能源安全为新的侧重点,从顶层设计规划维护能源安全的多元化手段和渠道。第二,建立统一有效的国家安全领导机构,协调跨机构跨部门力量间配合,避免各自为政,确保国家政治、外交、经济、金融、军事、文化各力量真正能够联得上、统得起,齐心协力,确保各机构围绕能源安全保障协调施策、前后跟进、相互补充、信息共享、形成合力。第三,充分发挥中国社会科学院、各部委、各高校、地方和军队科研院所智囊机构的作用,加强这些智囊机构与对外经贸、能源职能部门和能源企业间的沟通联系和合作,建立国际能源安全危机战略预测预警机制,并研发相应预案,为我国能源安全保障提供有效的智力支撑。

2. 将打造能源支点国家列入国家外交整体布局考虑重点

当前,中国海外能源供应地主要有四大板块,呈现不同安全态势:海湾地区属能源动荡区,非洲地区属能源脆弱区,中亚—俄罗斯属能源稳定区,拉美—加拿大属能源机遇区。对于这四大能源板块的安全形势发展,中国应奉行总的外交方针是:绝不当旁观者,而是积极介入者。在地区安全形势上,中国首先加大外交上纵横捭阖力度,比如在当前叙利亚危机、伊朗核危机上,积极借助俄罗斯与美欧的角力,加强与俄罗斯的战略协作,并借势发力,维护中国在中东的能源利益。其次,也是更重要的一点,就是着眼长远、冷静布局,无论是在哪个能源板块中,都要积极打造1—2个能源供应的支点国家。事实证明,如果海外没有真正的朋友,国家的对外利益拓展以及海外维权行动就难有接力区和发力点。对于打造能源运输的战略支点,中国需要重点关注四个国家:缅甸、阿富汗、巴基斯坦、新加坡。其中特别是缅甸。缅甸既是油气资源丰富的国家，也是我国重要的能源通道和西南屏障，地缘政治和能源政治的重要地位显著。2010年6月，中缅油气管道正式开工建设，这是我们突破"马六甲困局"的重要举措。然而，自2011年11月以来，缅甸国内政治民主化进程明显加快，美国在缅甸的影响力显著上升，缅甸政府执行以小搏大、走"大国平衡"的外交路线呈现雏形，这必然会对我国在缅甸的既有利益和加强存在形成冲击。对此，我国应加大对缅甸的政治接触和经济融合力度，巩固对缅甸的政治影响力，保留对缅甸政府谈判的砝码。

3. 将保障能源安全纳入军事外交布局，并列为今后一个时期的工作重点

军事外交服从服务于国家整体外交，但相对于国家外交而言，军事外交对于稳定能源供应国和通道国家具有十分独特的作用，特别对于非洲和拉美地区国家而言。从保障能源安全的角度看，中国军事外交应着力加强以下工作：一是加大对能源支点国的军事人员培训力度，并保持长期感情联络与投入，培养真正的知华、爱华、亲华的友好使者。二是与重要能源通道国以及相关利益方积极开展以能源安全保障为主题的国际军事论坛和学术交流，以及反恐、反海盗联演联训，显示对外军事存在。比如，在马六甲海峡，加强同新加坡以及美、日、韩等国家联合演习。三是针对一些局势动荡的能源支点国大力开展军售、军援和军事技术合作。四是加大军舰和海军舰艇编队出访力度，展示中国海上军事存在，锤炼海军全球到达能力。总之，通过调整，要让维护国家能源安全成为中国军事外交工作的新重点。

4. 将加快开发东海、南海油气田提到国内油气开发的重要议程

目前，中国从中东、非洲、拉美地区的油气进口面临供应国局势不稳、运输线路长途跋涉和运输通道高度单一的突出问题，这就使得中国开发东海、南海这些"家门口"的油气资源的迫切性日益突出。长期以来，我们奉行"搁置争议、共同开发"的原则，但现实中越南、菲律宾、马来西亚等国都已引入国外多家公司联合开采，从而形成了中国主权遭侵蚀、利益流失的局面。在这种情况下，我们舍近求远，自己家的东西自己不用却被别人开发岂不可笑？无论中国独立开发或者真正落实共同开发，都会造成一种新的局面。而这种局面无论怎样，都比现在我们在维护海洋权益上只是动口的局面要好。如果我们处理得好，可以独立开发；退一步，独立开发不成，可以以此为砝码，造成他国与中国共同开发局面，那也比被他国独占好。总之，无论怎样，只要积极行动，总比现在消极作为和被动应对要好。

5. 将维护能源安全纳入中国今后一段时期军事斗争准备重点

军事力量是经济秩序的守护神和监护人。美国著名学者沃勒斯坦认为，财富和权力是相互补充的，它们彼此互相依靠。今后一个时期，军队除了在积极准备应对美国对中国的传统军事威胁之外，还要增加以能源安全为着眼点和重点的军事战略筹划和军事斗争准备，重点提高能源安全危机军事预警能力、战略能源设施的防护能力和能源安全突发事件应急能力。从2011年中国企业在利比亚战争和苏丹分裂过程中的遭遇来看，没有军事力量的保护，海外经济利益可谓"弱不禁风"。在国际上，我们看到，凡是有美国利益的地方，总有三种人——传教士、商人和士兵。这三种力量三位一体，形成合力，共同维护美国利益。因此，从中国国家利益发展趋势和需求看，中国军队走出国门进行非战争军事行动、维护国家海外权益势在必行。如近些年来，中国人民解放军参与联合国维和、索马里护航等行动，不仅有效地维护了中国国家利益，而且也塑造了中国负责任的大国形象。随着中国经济利益遍布全球，中国军队走向世界的战略方向是明确的，但走出去的时机与方式需要认真设计、巧妙筹划、果断行动。今后一个时期，军队除了在积极准备应对美国对我传统军事威胁之外，还要增加和强化以能源安全为着眼点的军事战略筹划和军事斗争准备，重点提高能源安全危机军事预警能力、战略投送能力、战略能源设施的防护能力和能源安全突发事件应急能力。

总之，在新形势下，随着能源安全问题日益突出，为了避免西方国家的能源敲诈，我们国家特别是我们军队对能源安全问题要有一个全新的和更高的认识，并积极行动起来，有所作为，从而为国家能源安全和可持续发展提供有力支撑。

——《中国智库》第六辑

不安来自何方

柳传志

很多人都会问我这样一个问题：中国企业现在的生存环境，和我当年创业时的环境相比，哪个更困难一些？其实，这两者有着很大的不同。当年跟我同台领奖的很多人，现在已经销声匿迹了。经历了那样一个大浪淘沙的年代，我深深感受到新旧制度的强烈碰撞，以及中国的改革所释放出来的巨大能量。

联想在20世纪80年代创办。对我来说，业务上的困难都不算真正的困难，最难的是，怎么适应环境，怎么让企业活下去。

那个年代，中国正处在计划经济向市场经济转轨的时期，国家的法律法规不健全，立法和执法不能自洽，计划内企业和计划外企业所能获得的资源有天壤之别。计划内企业拥有生产批文、拥有外汇指标，而像联想这样的企业，只能用高价买指标，到黑市上换外汇进口零部件。这么做需要冒很大的政策风险，是"踩着红线的边"走。企业要把自己的目标想清楚，把政策研究透，确定做事的底线。但即便如此，联想也有过被处罚的时候，比如当年"300%

奖金税"的故事。

回想起来，那时候的环境非常险恶，但即便被罚，我们的心态和现在的企业也是不一样的。我们没有愤愤不平，因为对方确实是在按照制度办事；当然，我们也不觉得惭愧，因为很多规定与市场经济是相违背的；我们相信将来一定会改变。事实上，在我们因为"奖金税"被罚后没多久，这项规定就被取消了。

那个年代，计划内的企业没有真正的销售，采购渠道由国家提供，价格由国家确定，卖给谁也都分配好了，开一个"订货会"就全部解决。企业就是一个生产厂，人的积极性被禁锢，产品永远处在短缺的状态，企业没有竞争力，一个大浪就可能被冲得片甲不留。

而联想被关在计划体制外面，没有背景，没有靠山，困难得几乎寸步难行。但正因如此，我们没有像体制内企业那样身上被绳子捆着，我们努力研究市场，研究环境，设定目标后，千方百计谋求发展。我们在这个过程中不断研究企业运作的规律、管理的规律，逼迫自己走上了市场经济的道路。因为我们对规律的总结，因为经历了这样的千锤百炼，联想才能够从那个年代里走出来，走到今天。

改革开放经过了30多年，中国的经济环境也发生了巨大的变化，各个领域都确立了新的法律法规，改变了过去没有规定或者规定明显不符合市场经济的状况。但新的问题也随之出现：执法不公、官员索贿的现象时有发生；政府机构的办事效率快慢之间差别很大，一些法规赋予了执法者很大的裁决空间等。比如，有些规定将所有违例项目由轻到重全都罗列在一起，相应的处罚从低到高是一个很宽泛的区间，于是执法者就有很大的解释空间，这些"空间"会引起人的不安。

企业家为什么不安

联想创业的早年间，中国是完全没有规矩，大家可以胡来；而今天一个突出的问题是，有了规矩之后，有人按规矩办，有人不按规矩办，这就形成一种不公平。

选择性执法是当前企业家们抱怨最多的问题，也是不安全感产生的一个主要来源。人们往往会有这样的担心：提了意见会不会得罪某些人？他们想找企业的问题，多多少少总还是可以找到的。另外，一些资源分配会带有个人关系色彩或一定的倾向性，有寻租的成分。

联想一贯注重说到做到，做企业要合法合规。我们从来不说过头的话，不承诺自己做不到的事情，这可能是联想到地方投资还比较受尊重的原因。同时，我们有一套制订战略的方法，非常强调从战略上规避风险。联想控股目前所进入的行业，都是受国内外政治经济影响小、更依靠市场竞争的行业，比如农业、食品行业。国家鼓励土地流转之后，各地政府对发展农业都很支持，只要我们把获得的利益让利一部分给农民，同时又注重企业文化和产品质量等问题，就不太会受到那种"争夺资源"的困扰。

企业家对于重庆事件普遍有强烈的不安，主要原因是地方政府不按规则做事。打黑维护社会秩序原本是好事，但根据其需求选择打黑对象并罗织罪名，这就太可怕。

企业家应在法律框架下认真发展企业，照章纳税，更好地解决就业，不断推动国家的经济建设，树立良好的商业道德风尚。在此之上，大的企业要更好地履行社会责任，开展公益事业，这些是应当鼓励的。如果让企业家处于一种不安的状态，一些企业会变得更注重钻营与政府的关系，而不是好好运作自己的企业，这对经济发展是不利的。所以，我们特别希望政府能够对经济、政治、社会和文化进行系统的设计。

褚时健曾将一个亏损企业做成了当时中国的利税第一大户。从企业管理的角度来说，我们是尊重他的。后来他因贪污被判无期。他贪污当然不对，但当年对他的处理，国家确有值得反思之处。像褚老先生这样的企业管理者，实际上是一只能下金蛋的鸡。过去很少去考虑这样的鸡是怎么选拔和培养出来的，只知道鸡偷吃了米就要杀掉，没有想过如何保护、扩大这种生产力。

企业与环境之间就像孵小鸡

我经常会打这样一个比喻：企业与环境之间的关系就像孵小鸡，最适合小鸡孵化的温度是 37.5 度，太高或太低都不行。

改革开放以前，好比是在 90 度的高温下，那个时候没有企业能够存活。等到我们 1984 年创业的时候，温度可能到了 40 度，只有生命力极其顽强的小鸡才能被孵化。后来温度逐渐朝着更适宜小鸡孵化的温度调整，不过近些年温度又有所升高。对于国家来说，不能要求小鸡的生命力有多么顽强，而应把环境的温度调整得更加合适，而企业作为小鸡则应该思考怎样使自己的生命力更顽强，能在较恶劣的环境中生长。

如何营造一个适合企业生存发展的环境？这需要政府在十八大之后，从最高层推进切实有效的改革。这很不容易，需要最高领导层统一思想，进行系统设计。经济、社会、外交以及军事等不同层面，各级政府、不同政府部门之间，达成共识并不容易，如何进行系统设计，是一件非常复杂的事。

近些年，越来越多的人开始移民，我想他们并不是真的想背井离乡，很多人依然认同"中国发展的机遇期并没有丢失"，仍然希望在中国继续发展事业。但同时，他们也对自身的财产感到不安全。

企业家对环境的要求总体上就两点：一是产权有保障；二是把"规矩"定好，定得正确，然后大家都按着规矩做事。定规矩时要减少可解释的空间，在执行中尽量减少人为因素。此外，政府本身的架构过于庞大，这样会影响效率，加大财政支出，应该适当缩减。

我不担心的事情

对于现在很多人所说的中国人口红利消失的问题，我并不担心。中国人是非常聪明的。改革开放以后，中国人的能量逐渐发挥出来，表现出了"很强的模仿能力""很强的上进心",这些都是中国经济发展的核心动力。此外,我也不认为中国人"创新能力低",我们才积累了多少年?我觉得只是时候未到。

中国的人口红利虽然在降低,但不容忽视的是,这些年来,国家积累了很多财富,中国企业家也积累了很多资本和经验。劳动力成本虽然增加了,但企业可以把总部设在中国,然后去国外设厂,还可以把欧美企业的管理经验跟中国企业的实践结合起来。

改革开放以后,外国企业在中国办厂,为中国培养了一大批管理人才。中国企业近些年也开始走向国际舞台,学习全球管理的经验。中国现在可以在全球视野下考虑发展的战略,在全球范围内排兵布阵,中国企业家也逐步具备了全球管理的能力。这些都是中国现在拥有的财富,善加利用,给予正确的引导,我相信中国的经济一定会发生更大的变化。

改革开放释放了中国人的积极性,换句话说,中国经济发展最根本的动力,就是改革。如果政治体制改革与经济体制改革相配套,我们就还有进一步释放能量的空间。

十八大提出建设社会主义市场经济的核心问题是处理好政府和市场的关系,说得对极了。政府主要是规则制定者,不要亲自动手,要尽量减少对市场的直接干预,对市场上的所有企业——无论国有企业还是民营企业——要平等对待。如果能处理好这些关系,中国经济就还有很大的潜力可以挖掘。

我不同意中国经济的增长速度将放缓的说法。

比如说中国的房地产业,不仅是住宅地产,还包括商业地产、工业地产、旅游地产等,都还有发展空间。同时,这个行业还能拉动能源、建材、消费等一系列产业。中国农产品的价格,特别是品牌食品的价格也有可能进一步提升。中国消费者的需求会升级,从吃饱穿暖到穿得更好、吃得更精致,各种电子产品都已经成为快速消费品。在这些基本消费需求之上,城市建设、清洁能源、医疗产业等都还可以做得更好、更精致。

联想控股已经制定了明确的中期战略,致力于在不同行业打造出更多的卓越企业,在2014年—2016年成为上市的控股公司。我们选定的几个行业,包括消费与服务、化工新材料和现代农业，都顺应了国家大的发展趋势。

但是我们不会追求短期回报，所涉足的实业，培育期短则四五年，长则七八年，有的还会更长。这样的布局能够使联想控股的力量逐渐爆发，保持企业利润的长期持续增长。我们希望联想控股上市后，能够给股市带来一股清新的风。

我国食品安全面临的挑战与选择

徐雪　宋洪远[*]

　　粮食和食品安全是关系我国经济社会发展全局、实现全面建成小康社会奋斗目标的重大问题。保障粮食和食品安全，对提高我国城乡居民生活水平、改善城乡居民生活质量、完成全面建成小康社会的目标任务具有重要意义。对于粮食和食品安全问题，党和政府一直给予高度重视。1996年在联合国粮农组织召开粮食首脑会议期间，我国政府提出了国家粮食安全概念，发表了《中国的粮食安全状况》白皮书，向国际社会作出了承诺。进入新世纪以来，我国已基本上实现了粮食和食品的自给，开始从强调数量供应转向质量安全；加入WTO之后，我国对粮食和食品安全的关注骤然提升，特别强调加强粮食和食品安全工作。自2001年我国提出加强食品质量卫生安全的要求以来，制定实施了《食品卫生法》等法律法规，建立了食品安全认证体系。党的十八大报告提出，要加快发展现代农业，确

---

[*] 徐雪、宋洪远，农业部农村经济研究中心研究员。

保国家粮食安全和重要农产品有效供给。2013年中央一号文件明确提出,构建新形势下的国家粮食安全战略,强化农产品质量和食品安全监管。

当前食品安全面临的问题和挑战

1. 农业生态环境和农业生产条件恶化对农产品质量和食品安全构成重大威胁

长期以来,为提高产量、增加供给,很多地方大量使用化肥、农药、农膜等化学投入品,这虽然保证了农业生产的发展,但同时也造成了日益严重的农业面源污染,再加上工业和生活各种排污,给农业生态环境和农业生产条件造成了一定程度的破坏,对农产品质量和食品安全产生了重要影响。由于农业发展方式依然粗放,化肥、农药、农膜等化学投入品过量使用的状况还难以在短时期内改变,对土壤和水源造成的污染问题也难以在短时期内缓解,农业生态环境和农业生产条件也难以在短时期内明显改善,对农产品质量和食品安全构成重大威胁。

2. 食品生产经营主体和经营方式多元化给农产品质量和食品安全监管带来严峻挑战

当前,中国有2亿多农户从事农产品生产,经营规模小、组织化程度低,还有40多万家食品生产企业、300多万个食品经营主体,以及难以计数的小作坊、小摊贩。这样的生产经营方式,对提高中国农产品质量和食品安全水平构成了重大制约,再加上中国农产品质量和食品安全监管机构和体系建设起步晚,监测条件和监管能力适应不了形势发展的需要,给中国农产品质量和食品安全监管带来严峻挑战。

保障农产品质量和食品安全的对策和建议

1. 完善食品安全法律法规和技术标准体系

随着《农产品质量安全法》和《食品安全法》及其实施条例的颁布实施，加上以前实施的《食品卫生法》、《消费者权益保护法》、《标准化法》、《环境保护法》、《动物防疫法》、《进出口商品检验法》、《进出境动植物检疫法》等法律，中国已经基本形成了一整套食品安全法律法规体系。随着食品安全国家标准审评委员会的组建和食品安全标准审查制度的制定，围绕农产品质量和食品安全制定和实施了一系列标准（包括国家、地方和企业标准），参与制定和积极采用了国际组织推荐的一些技术标准，中国已经初步建立了食品安全技术标准体系。

从当前的情况看，食品安全配套法规还不健全，相关法律法规之间衔接不畅，对食品安全违法犯罪行为惩处力度还需加大；地方性法规制定滞后，大部分地区尚未制定针对食品生产加工小作坊、食品摊贩的管理办法；部分食品卫生标准、质量标准、食用农产品质量安全标准以及行业标准等，还存在着缺失、滞后、重复以及相互矛盾的问题，食品法规和技术标准体系有待完善。

（1）完善食品安全法律法规体系。推进法律法规清理工作，加快《食品安全法》和《农产品质量安全法》配套法律、规章和规范性文件的制定和修订，促进法律法规有效衔接。加快制定和修订食品召回、退市食品处置、食品安全可追溯、突发食品安全事件应急处置、食品安全事故调查处理、食品安全风险监测评估、食源性疾病报告、食品从业人员管理、食品安全诚信和新资源食品、保健食品、食品添加剂、酒类、畜禽屠宰、进出口食品、粮食、食品相关产品监管等方面的行政法规和规章。推动食品安全地方立法，加快制定食品生产加工小作坊和食品摊贩管理等地方性法规。加强食品安全执法与司法工作，完善食品安全刑事侦查和立案标准等相关配套规定，提高刑事责任追究效率。

（2）完善食品安全技术标准体系。加强食品安全标准修订工作，加快现行食用农产品质量安全、食品卫生、食品质量标准和食品行业标准中强制执行标准的清理整合工作，加快食品添加剂标准、食品包装材料标准、食品生产经营规范、餐饮服务环节食品安全控制标准、农药和兽药残留标准、致病微生物标准、食品污染物标准、检验方法标准和重点产品标准等制定、修订工作，充实完善食品安全国家标准体系。要根据食品安全监管需要，及时制定食品安全地方标准。鼓励企业制定严于国家标准的食品安全企业标准。健全保障人民群众健康需要、适应中国国情并与国际接轨的食品安全标准体系。

2. 完善食品安全监管体制和监管制度

在长期的管理实践中，中国逐步形成了统一协调与分工负责相结合的食品安全监管体制。国务院设立食品安全委员会统筹指导食品安全工作，国务院食品安全办公室作为食品安全委员会的办事机构负责全国食品安全工作的综合协调和督查指导。各省、自治区、直辖市成立了由政府负责同志牵头的食品安全委员会。农业、食品药品监管等部门专门设立食品安全监督管理机构。其他有关部门包括国家卫生和计划生育委员会、商务部、国家工商总局、国家质量监督检验检疫总局也都设有专门的监管机构。地方各级政府都有这些部门的相应机构。

从当前的情况看，中国食品安全监管体制以分段监管为主、品种监管为辅，监管环节较多，还存在监管职能不清、责任不明等问题；一些地方还没有建立综合协调机制、明确办事机构，综合协调机制还有待完善；各监管环节衔接不够紧密，监管力量分散，缺乏信息、资源共享机制，监管效率较低；一些地方政府监管责任制及责任追究制不健全，监管责任落实不到位。

（1）健全食品安全监管体制和工作机制。逐步完善食品安全监管体制，明晰各相关部门监管职责，消除职责交叉和监管空白；健全食品安全监管综合协调机制，加强综合协调能力建设，提高监管效能；强化中央与地方及部门之间、地区之间的协调联动，健全资源共享、联合执法、信息通报、隐患排查、应急联动、事故处置等机制；整合各部门食品安全监管执法力量，通过集中监督执法人员和设备等方式，促进解决基层监管力量薄弱和分散的问题；完善考核评价体系，加强对地方政府和部门食品安全工作的监督检查和考核评价；制定食品安全违法违纪责任追究办法，严格落实监管责任。

（2）强化地方政府食品安全属地管理责任。加强对食品安全监管工作的领导、组织和协调，将食品安全监管工作纳入地方政府工作考核目标；加强食品安全监管队伍建设，保障经费和工作条件，提升基层监管队伍装备水平；加强对食用农产品重点产区、食品生产经营重点企业及婴幼儿食品、食品添加剂等重点品种的监管，强化对农村、城乡结合部等食品安全薄弱地区的监管；推进市县两级农产品质量安全监管机构能力建设，建立和健全乡镇农产品质量安全监管公共服务机构。

3. 加强食品安全监测体系和监管能力建设

中国已经成立了国家食品安全风险评估专家委员会和农产品质量安全风险评估专家委员会，初步建立了由国家、省级和地市级监测技术机构组成的食品安全监测体系，建立了国家食品安全和农产品质量安全风险评估制度，食品安全检验检测能力逐步提高。

从当前的情况看，各级食品安全监管部门尤其是基层单位，监测网点数量、监测范围、监测技术机构数量等与实际需要仍有较大差距，特别是中西部地区及基层单位，还存在着大面积空白、专业技术人员不足、信息难以共享等突出问题，难以为食品安全监管提供全方位的技术支撑。各级食品安全监管部门尤其是基层单位，仪器设备配置和实验室环境条件差，一些检验机构仪器设备利用率不高，一线执法快速检测能力较低，食品安全事件应急处置信息报送发布不畅，部门间、区域间协调联动不够，监管能力有待进一步提高。

（1）完善食品安全检验检测体系。建立有效的食品安全检验检测体系，科学统筹、合理布局检验检测机构。结合分类推进事业单位改革，有序推进政府所属的食品检验机构社会化。通过政策引导和政府购买服务等方式，促进第三方食品检验机构发展。严格检验机构资质认定和管理，提高检验结果公信力。推进食品检验信息共享，推动检验报告、数据电子化，实现实时调取、查询。推进食品安全标准管理机构建设，完善标准管理制度，严格食品安全国家标准审评，提高食品安全标准科技水平。

（2）健全食品安全风险评估和预警机制。提高食品和食用农产品风险评估能力，健全风险评估制度和工作机制，强化风险评估人才队伍建设，建立科学有效的评估方法，逐步提高食品安全的危害识别、危害特征描述、暴露评估以及风险特征描述的整体能力，充分发挥风险评估对食品安全监管的支撑作用。加强风险预警基础设施建设，拓宽信息来源渠道，构建风险预警信息数据库，提高食品安全风险预警能力。

（3）加强食品安全监测评估能力建设。逐步增设食品和食用农产品风险监测网点，扩大监测范围、监测指标和监测样本，使风险监测逐步从省、市、县延伸到社区、乡村，实现从农田到餐桌全覆盖。建立统一的国家食品安全风险监测数据库。改善国家级风险评估机构工作保障条件，通过有效措施吸引优秀专业人才，重点加强食品安全风险监测参比实验室、监测质量控制、风险监测数据采集与分析、评估预警技术研究与应用、信息技术应用、国际交流与合作等领域的能力建设。

（4）加强食品安全监管队伍装备建设。制定和实施食品安全监管执法装备配备标准，强化省、市、县三级监管队伍和食品安全事故应急处置专业队伍标准化配备，按照填平补齐、适用适宜的原则，配备现场快速检测设备、现场执法与调查取证设备、通信设备等，特别要加强县级监管队伍快检设备配备，为一线执法人员开展日常监管提供技术支撑。

4. 加强农产品生产过程管理和产地环境治理

（1）建立覆盖生产全过程的食品安全监管制度。加强食品产业链全过程的质量安全控制，提高各环节监管能力。严格市场准入，严把食品生产经营许可关。强化食品安全源头管理，实施农产品产地环境安全分级管理。强化农业生产过程质量控制，依法落实农产品质量安全监管责任。鼓励食品生经营企业获得相关认证，严格认证管理。完善产业政策，不断提高食品产业现代化、规模化、标准化水平。

（2）强化农业投入品使用管理，控肥、控药、控添加剂。实施良好农业规范，合理使用化肥、农药、兽药、饲料及饲料添加剂等农业投入品；大力推进农业标准化，实现清洁生产、安全生产；广泛开展环保知识和法规宣传教育，引导农民科学合理施肥、用药、用料。

（3）开展土壤和水源治理，净化农产品产地生产环境。抓紧完善法律法规，健全农产品产地环境监测网络，切断污染物进入农田的渠道；对受污染严重的耕地、水等，要划定食用农产品生产禁止区域，进行集中修复；加强农产品产地环境监管，推进污染区域种植结构调整，加大对农产品产地环境污染治理力度。

5. 加强信息平台建设和进出口食品安全监管体系建设

（1）加强国家食品安全信息平台建设。适应农产品质量和食品安全管理信息化的要求，建立功能完善、标准统一、信息共享、互联互通的国家食品安全信息平台（见下页图）。国家食品安全信息平台由一个主系统（设国家、省、市、县四级平台）和各食品安全监管部门的相关子系统共同构成，主系统与各子系统建立横向联系网络。通过国家食品安全信息平台，推进食品安全监测检验、监管执法、法规标准等方面的信息化建设。

（2）加强食品安全追溯体系建设。按照循序渐进原则，先行开展婴幼儿配方乳粉和原料乳粉、生鲜农产品、酒类产品、保健食品等食品安全电子追溯系统建设。在总结已有产品系统建设经验的基础上，逐步拓展到其他主要食品品种。

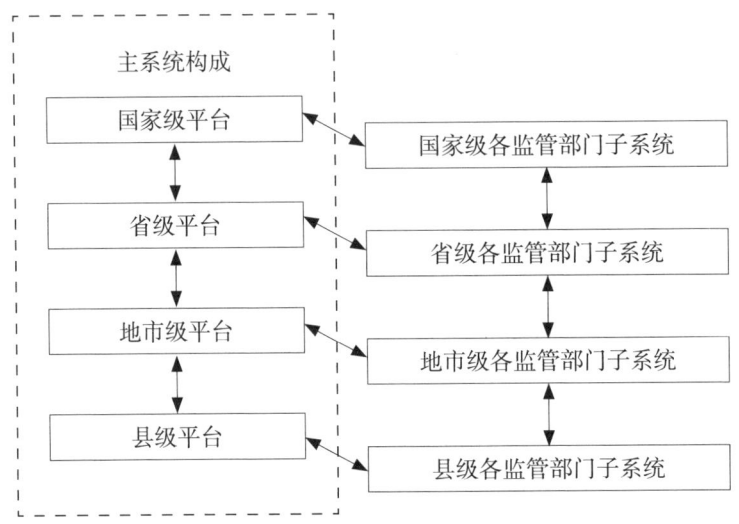

图　国家食品安全信息平台示意图

（3）加强进出口食品安全监管体系建设。完善进出口食品风险监测制度，强化进出口食品质量安全监测，保障进出口食品安全。完善进口食品安全监管体系，严格实施准入制度，加强对进口食品安全的检查、评估，有效实施进口食品生产企业注册或代理商备案制度，确保相关企业依照中国食品安全国家标准生产向中国出口的食品。健全国外食品生产企业、进出口商和销售商信誉记录，完善进口食品追溯体系，运用进口预包装食品标签管理系统，有效实施对进口食品的追溯管理。健全源头备案、过程监督和产品抽检的出口食品安全监管制度，加强出口食品质量安全示范区建设。加强与主要贸易国家、地区在进出口食品安全法规标准、监管措施、信息共享等方面的交流与合作。持续开展与国际食品法典及相关国家、地区食品安全标准的系统对比研究，积极参与国际食品标准制修订工作。

——《中国发展观察》2014 年 11 期

图书在版编目(CIP)数据

大国前途 / 于今主编. —北京：中央编译出版社，2015.4
ISBN 978-7-5117-2559-2

I. ①大… II. ①于… III. ①社会主义建设 – 中国 – 文集 IV. ① D61-53

中国版本图书馆 CIP 数据核字 (2015) 第 031390 号

大国前途

出 版 人：	刘明清
出版统筹：	董 巍
责任编辑：	陈 肃　曲建文
责任印制：	尹 珺
出版发行：	中央编译出版社
地　　址：	北京西城区车公庄大街乙 5 号鸿儒大厦 B 座（100044）
电　　话：	(010) 52612345（总编室）　(010) 52612370（编辑室）
	(010) 52612316（发行部）　(010) 52612317（网络销售）
	(010) 52612346（馆配部）　(010) 66509618（读者服务部）
传　　真：	(010) 66515838
经　　销：	全国新华书店
印　　刷：	北京时捷印刷有限公司
开　　本：	787 毫米 ×1092 毫米　1/16
字　　数：	232 千字
印　　张：	16.25
版　　次：	2015 年 4 月第 1 版第 1 次印刷
定　　价：	58.00 元
网　　址：	www.cctphome.com　　邮　箱：cctp@cctphome.com
新浪微博：	@中央编译出版社　　微　信：中央编译出版社（ID：cctphome）
淘宝店铺：	中央编译出版社直销店 (http://shop108367160.taobao.com)

本社常年法律顾问：北京市吴栾赵阎律师事务所律师　闫军　梁勤
凡有印装质量问题，本社负责调换。电话：010-66509618